Manual MLA

Novena edición adaptada al español

Traducción y adaptación de

Conxita Domènech y Andrés Lema-Hincapié

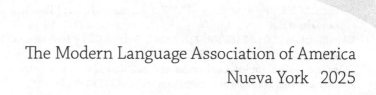

The Modern Language Association of America

Nueva York   2025

© 2025 by The Modern Language Association of America
85 Broad Street, New York, New York 10004
www.mla.org

All rights reserved. MLA and the MODERN LANGUAGE ASSOCIATION are trademarks owned by the Modern Language Association of America. To request permission to reprint material from MLA book publications, please inquire at permissions@mla.org.

To order MLA publications, visit www.mla.org/books. For wholesale and international orders, see www.mla.org/bookstore-orders. The EU-based Responsible Person for MLA products is the Mare Nostrum Group, which can be reached at gpsr@mare-nostrum.co.uk or the Mare Nostrum Group BV, Mauritskade 21D, 1091 GC Amsterdam, Netherlands. For a copy of the MLA's risk assessment document, write to scholcomm@mla.org.

The MLA office is located on the island known as Mannahatta (Manhattan) in Lenapehoking, the homeland of the Lenape people. The MLA pays respect to the original stewards of this land and to the diverse and vibrant Native communities that continue to thrive in New York City.

Library of Congress Cataloging-in-Publication Data

Names: Domènech, Conxita, translator. | Lema-Hincapié, Andrés, translator. |
    Modern Language Association of America, issuing body.
Title: Manual MLA / traduccion y adaptacion de Conxita Domènech y Andrés
    Lema-Hincapié. Other titles: MLA handbook for writers of research papers. Spanish
Description: Novena edición adaptada al español. | New York : The Modern Language
    Association of America, 2025. | Includes bibliographical references and index.
Identifiers: LCCN 2023031527 (print) | LCCN 2023031528 (ebook) |
    ISBN 9781603294034 (paperback) | ISBN 9781603294041 (epub)
Subjects: LCSH: Report writing—Handbooks, manuals, etc. | Research—Handbooks,
    manuals, etc.
Classification: LCC LB2369 .M5218 2024 (print) | LCC LB2369 (ebook) |
    DDC 371.30281—dc23/eng/20230914
LC record available at https://lccn.loc.gov/2023031527
LC ebook record available at https://lccn.loc.gov/2023031528

Índice

Prefacio

En la Modern Language Association (MLA) nos sentimos orgullosos de entregar al público hispanohablante la edición en español que lleva por título *Manual MLA*. Esta publicación existe con el fin de ayudar a autoras y a autores en la escritura clara de documentos y en la elaboración de sólidos proyectos de investigación.

La MLA es mucho más que el *Manual MLA*. Es una organización fundada en 1883 para representar a investigadores y a profesores de idiomas y de literatura. Desde entonces, junto con la publicación de libros de apoyo a la enseñanza docente, brindamos oportunidades para que los miembros de la MLA puedan dar a conocer sus propias investigaciones. Así, contamos con *PMLA* —revista académica líder en los estudios de lenguas y de literatura—, con la *MLA International Bibliography* —la fuente más completa de información para investigadores en el campo de las humanidades—, con la Convención Anual de la MLA y con muchos otros eventos.

Aquellos profesores interesados en enseñar literatura latinoamericana contemporánea, *Wuthering Heights*, humanidades digitales o literatura juvenil pueden hallar asistencia en los libros publicados por nosotros. Nuestros miembros comparten sus materiales para colaborar en equipo, gracias a nuestro sitio web: el *MLA Commons*. Asimismo, por medio de los talleres y seminarios que patrocinamos, los miembros de la MLA asesoran en el desarrollo profesional a nuevos académicos y a administradores que trabajan en instituciones de educación superior.

Nuestros miembros trabajan en colaboración, con el objetivo de fortalecer la educación y la investigación en los campos de las humanidades. Abogan por condiciones de trabajo justas para profesores universitarios y por un mejor entorno educativo para los estudiantes.

La MLA existe con el ánimo de apoyar el aprendizaje a todos los niveles. Así, ponemos nuestros recursos tanto al servicio del estudiante de secundaria que necesita una guía para evaluar fuentes y evitar el plagio como de la estudiante universitaria que utiliza nuestros libros de texto para aprender una lengua, o de la docente que busca nuevas formas de enseñar. Nuestra labor va mucho más allá del estilo MLA. Visítenos en mla.org.

Agradecimientos

En primer lugar, queremos expresar nuestro más profundo agradecimiento a Angela Gibson, Senior Director of Operational Strategy, y a Erika Suffern, Associate Director of Book and Style Publications, que trabajan bajo la dirección de Paula M. Krebs, la actual Executive Director de la MLA. Este libro no habría visto la luz sin su constancia, paciencia y supervisión. En este reconocimiento tampoco podemos olvidar a Rosemary G. Feal, ex Executive Director de la MLA, y a Nelly Furman, ex Director de la Office of Programs y de la Association of Departments of Foreign Languages, cuya visión de futuro impulsó este proyecto. Asimismo, nos gustaría agradecer la contribución de Daniel C. Connor, Associate Editor y Head of Indexing de la *MLA International Bibliography*, que ha aportado su excelente dominio de la lengua española al proyecto. Además, tuvimos la suerte de contar con cuidadosos y agudos evaluadores: sus comentarios, sugerencias y críticas mejoraron el resultado final de nuestro trabajo —aunque cualquier error en el que, sin saberlo, hayamos incurrido, será únicamente responsabilidad nuestra—. Nos hemos beneficiado del profesionalismo, en sus precisas recomendaciones, de Íñigo García Ureta, quien revisó con paciencia e interés las distintas versiones de la traducción y adaptación del *Manual MLA*. Finalmente, queremos agradecer a Francine Cronshaw, Anne Freeland, Mai Hunt, Daniel Lipara y Tess C. Rankin por su labor en el proceso de revisión.

Introducción

Sucedió hace una década, de madrugada. Habíamos recibido, días antes, el visto bueno para publicar un ensayo de investigación en una prestigiosa revista de literatura. La invitación tenía por origen un país hispanohablante. Sin embargo, la noticia produjo una mezcla de satisfacción, indignación y desesperanza: de acuerdo con las normas establecidas por la revista en cuestión, se nos exigía llevar a cabo innumerables cambios en un formato que desconocíamos. Finalmente hicimos los cambios requeridos. Al final dimos nuestro brazo a torcer, pero ajustar el formato no fue fácil: los cambios nos llevaron más tiempo que la escritura del ensayo en sí. Además, no éramos los únicos: con el tiempo supimos de muchos otros colegas que, antes o después de nosotros, habían pasado por el mal trago de adoptar otro formato editorial.

Y, en aquella madrugada cuya fecha exacta no recordamos, nació el proyecto de traducir y adaptar al español un referente de uso regular —en países angloparlantes— para la publicación de textos relacionados con las humanidades y las lenguas: el *MLA Handbook*, hoy *Manual MLA*. Este proyecto viene siendo aplaudido y anhelado por nuestros propios alumnos, colegas, revistas especializadas y, claro está, por editoriales del mundo hispánico.

Hoy tenemos la urgente necesidad de garantizar la confianza en la información y en las ideas que compartimos. Este ha sido el principio rector que fundamenta esta versión en español del *MLA Handbook*. El manual aporta un conjunto de patrones para la escritura y la documentación que habrán de usar los escritores y las escritoras con los siguientes propósitos: encontrar y evaluar información; llamar la atención de su audiencia, por medio de citas, sobre la veracidad de los hallazgos presentados; y modelar la expresión de sus ideas en conversación con los demás. Acogiéndose a los objetivos establecidos por la *MLA Style Sheet* (1951), esta obra que presentamos al público lector de lengua española define patrones uniformes para la documentación y para las citas, al tiempo que anima a escritores y estudiantes a conocer y adoptar dichos patrones. El *Manual MLA* busca ser una herramienta para dar formato a documentos de investigación; dominar la mecánica de la escritura; aprender cómo citar, parafrasear e incorporar referencias en el cuerpo de los documentos de investigación; y construir listas de obras citadas.

Al tratarse de una adaptación en toda regla, y no de un simple ejercicio de traducción, este *Manual MLA* presenta múltiples novedades que tienen en cuenta a los lectores y lectoras hispanohablantes y marcan significativas diferencias en relación con el original de la novena edición de la obra en inglés. No es este el lugar donde enumerar un listado exhaustivo de todas esas diferencias. Ahora bien, mencionaremos unas pocas variaciones cruciales que deben tenerse en consideración. Por poner un caso, el punto y la coma van siempre después de las comillas de cierre. Los guiones constituirán un ejemplo más: el llamado *en dash* (–) no existe en español. También existen diferencias con respecto a las convenciones a la hora de citar los nombres y apellidos de los autores y las autoras, pues, como es sabido, a diferencia del inglés, en español lo habitual es usar los dos apellidos, con o sin guion. Otra peculiaridad que también se resalta tiene que ver con el uso de las mayúsculas, que en español se reduce a la primera letra en los títulos y subtítulos de obras y no se observa en los meses de año, por ejemplo.

Con el paso del tiempo, la MLA ha ido modificando la creación de las listas de obras citadas. Esta edición conserva el sistema para documentar textos establecido ya por el *Handbook* de 2016. Las entradas en una lista de obras citadas siguen pautas de acuerdo con un formato de elementos o datos fundamentales —estos elementos aparecen en la mayoría de las fuentes: la autora o el autor, el título y la fecha de publicación de una obra—. Estos elementos fundamentales permiten a quienes escriben textos académicos citar cualquier tipo de obra. En lugar de pedir a los escritores que documenten una obra identificando en primer lugar su formato de publicación (p. ej., si se trata de un libro o un artículo de revista especializada) para después aplicar una fórmula para citar dicho formato, la MLA procede de otra forma: invita a los escritores a evaluar primero sus fuentes de información recurriendo a un conjunto exhaustivo de criterios estandarizados y, en segundo lugar, a crear entradas bibliográficas a partir de esa evaluación previa. La evaluación de las fuentes y las herramientas adecuadas para orientarse en el mundo de la información son, entonces, aspectos centrales del sistema MLA de documentación.

El diseño de este manual permite su fácil manejo. A lo largo de cada capítulo, las secciones se numeran de un modo lógico y asequible. Al final del libro, añadimos un índice general que usa un sistema de numeración cruzada, tanto para la versión impresa como para la de libro electrónico. Al final de muchas secciones, hay referencias en recuadros sombreados que remiten a otra información relevante, desarrollada en otras partes de este manual. Si, por ejemplo, un asunto estilístico se aplica tanto durante la escritura como en la documentación de una obra (como sucedería con el uso de mayúsculas o minúsculas en un apellido), tal asunto aparecerá tratado en el capítulo 2, titulado "Mecánica de la escritura", y también en las referencias cruzadas sobre documentación de fuentes de los últimos capítulos. Con todo, cualquier asunto de estilo referido propiamente a listas de obras citadas aparecerá en las secciones "¿Cómo presentarlo?" del capítulo 4. El índice general incluye la lista de todos los encabezamientos de las secciones presentes en este manual.

Por último, queremos expresar nuestra ilusión al poner esta obra al alcance del público hispanohablante, tanto dentro como fuera de Estados Unidos. Creemos que, con su claridad y precisión, esta obra será de gran ayuda para la creación académica, algo que sin duda contribuirá a construir puentes entre culturas.

Nota sobre el lenguaje inclusivo

Entre sus objetivos como referente para la escritura académica, este manual anima a sus lectoras y lectores a ser respetuosos a la hora de presentar sus escritos y sus ponencias orales. En consecuencia, este manual ha sido ilustrado con ejemplos de personas de diferentes edades, épocas históricas, etnias, géneros, lenguas, lugares geográficos, nacionalidades, orientaciones sexuales y situaciones económicas.

Como no podría ser de otra manera, los principios descritos a continuación son orientaciones generales. Por tanto, conviene que cada escritor o escritora evalúe con cuidado la elección de la terminología inclusiva, teniendo en mente el carácter único de los propios contextos y de los públicos concretos para los que escribe o sobre los que escribe.

Por medio del lenguaje inclusivo, un interlocutor o interlocutora busca mostrar respeto por otras personas reconociendo en sus textos que su audiencia está constituida por personas con historias personales, con tradiciones y con experiencias diversas y múltiples.

Mantenga la cautela sobre las propias suposiciones acerca de su audiencia, sin dar por sentado que comparte con esa audiencia una misma identidad, una misma formación, un mismo lugar geográfico, una misma cultura o las mismas creencias. Una estrategia eficaz es recurrir a términos o a conceptos cuya amplitud asegura no caer en ninguno de los sesgos anteriores.

Considere si son pertinentes a su discusión las peculiaridades de una persona en relación con su etnia, religión, género, orientación sexual, discapacidad física o mental, edad o condición socioeconómica. Tal vez pueda ser relevante conocer la orientación sexual de los escritores para un estudio que investiga la poesía de mujeres en el Barroco de España o en los años de colonización española en América. No obstante, acaso esté fuera de lugar o sea impertinente dar a conocer la identidad de género de los sujetos estudiados en trabajos de campo sobre desnutrición infantil en barrios marginales de Río de Janeiro.

Es probable que términos o expresiones con generalidad abstracta requieran más precisión. Por ejemplo, los vocablos *comunidad musulmana* y *lengua amazónica* mezclan diferentes tradiciones y poblaciones diversas. De esta manera, si es posible, use términos más específicos. Vayan estos dos ajustes: *musulmanes suníes en India* y *lenguas tucanas en la Amazonía*.

Con el fin de no perpetuar estereotipos, absténgase de generalizar sobre identidades grupales. Intente reformular enunciados como *los judíos creen...* con *una creencia judía consiste en...* Otra posibilidad sería especificar la comunidad judía a la que está haciendo alusión. Evite también generalizaciones donde se asume que comparte con sus lectores una misma comprensión sobre algo.

Evite el uso de terminología o de puntuación que pueda menoscabar la identidad de un individuo. Esto significa que no deberá entrecomillar ni poner en cursiva palabras que definan identidades de personas o de grupos. Tampoco deberá usar comillas ni cursivas para indicar el nombre o pronombre escogido por una persona, incluso si esos términos son neologismos —esto es, términos que todavía no han sido incluidos en el diccionario—.

No suponga que sus lectores compartan su identidad, historia, lugar geográfico, cultura o creencias. En vez de escribir enunciados como *en nuestra sociedad ya no son comunes los hogares con individuos de varias generaciones* y *ante todo valoramos una economía de libre mercado*, es mejor dejar de lado la primera persona del plural. Si se decide por la primera persona del plural, pregúntese si hay claridad sobre quién o quiénes están implicados en esos pronombres, conjugaciones o adjetivos posesivos. Pregúntese también si su texto podría estar excluyendo a posibles lectores o lectoras.

Cuando escriba sobre una persona con discapacidades, con enfermedades o con traumas psicológicos, evite expresiones descriptivas como *sufre de, afligido por* o *víctima de*. Aun cuando dichas expresiones puedan proceder en algunos contextos, es posible que el uso de palabras de tonalidad similar cause evocaciones o imágenes que tal vez no sean adecuadas. Por ejemplo, una persona en silla de ruedas no deberá ser descrita como *dependiente de* la silla o *confinada a* ese tipo de ayuda, para evitar que tales enunciados conjeturen sin justificación cuáles son las experiencias propias de dicha persona.

Si duda sobre el uso adecuado de un vocablo, consulte un diccionario fiable y actualizado, que le informará si un vocablo es considerado ofensivo o cuestionable. Dicho esto, recuerde que las lenguas están en continuo cambio, por lo que las connotaciones de las palabras varían, pierden fuerza, se intensifican o desaparecen. No olvide, además, que una palabra que en un contexto geográfico concreto tiene sentido inocuo puede adquirir una connotación ofensiva en otros lugares.

Si aparecen vocablos ofensivos en el texto que estudia, no los haga suyos: procure no reproducirlos. De tener que recurrir a esos vocablos en paráfrasis o en citas textuales, plantéese escribir una nota para indicar que el término es ofensivo. En dicha nota podrá explicar el contexto histórico-social donde dichos vocablos han sido utilizados. Otra opción es utilizar corchetes con puntos suspensivos para reemplazar dichos vocablos.

1. Formato de su trabajo escrito de investigación

Las siguientes directrices han sido ampliamente aceptadas por educadores y por instituciones educativas con el fin de estandarizar el formateo de manuscritos. Esto permite a los educadores evaluar con facilidad documentos escritos y tesis, y ayuda a los escritores a tomar decisiones relativas a la investigación, a las ideas y a la escritura en general. Estas directrices siguen convenciones reconocidas y aceptadas. Sin embargo, hay también otras variaciones posibles: si le exijen observar instrucciones de formato diferentes, deberá usar las directrices establecidas por sus profesores, su universidad o sus editores. Asimismo, debe tener en consideración las exigencias propias de su proyecto y sus condiciones específicas. Dichas condiciones podrían obligarlo a aplicar un estilo de formato distinto del que encontrará a continuación.

[1.1] Márgenes

En el documento, establezca márgenes de 2,5 cm en los cuatro lados de la página. Véase la **figura 1.3** para los márgenes usados cuando hay un encabezado con el nombre del autor o de la autora y con el número de página.

[1.2] Formateo del texto

Escoja siempre una fuente de lectura fácil —por ejemplo, la Times New Roman—, cuyo estilo tipográfico muestre un contraste claro entre letras

1

en cursiva y en redonda. Establezca en todo el documento un tamaño de fuente entre 11 y 13 —salvo si su profesor determina que es necesario un tamaño diferente—. Por lo general, utilice un mismo tipo de letra con un mismo tamaño en todo el documento.

Ahora bien, véase 6.3 para el formateo de los números de las notas a pie de página o de los números de las notas al final de su documento. Es habitual que los procesadores de textos le impongan los estilos asignados para el formato de dichos números.

No justifique las líneas de su documento en el margen derecho de la página ni active el comando automático para guiones en su procesador de textos. En su manuscrito, es innecesario proceder a la división de palabras al final de cada línea. Cuando revise la división silábica en un documento profesionalmente preparado para la imprenta, consulte un diccionario reconocido para saber cómo dividir las palabras.

Asegúrese de establecer el doble espacio interlinear en todo su documento de investigación, incluidas las citas, las notas y la lista de obras citadas.

Sangre la primera línea de un párrafo 1,25 cm a partir del margen izquierdo. Asimismo, para citas en bloque, sángrelas también 1,25 cm. Deje un solo espacio en blanco después de cada punto o después de cada signo final de puntuación, a menos que su profesor o profesora prefiera dos espacios en blanco.

> Citas largas o en bloque: 5.33, 5.36.

[1.3] Título

A 2,5 cm del borde superior de la primera página y alineado con el margen izquierdo, escriba su nombre completo, la palabra *Profesora* o *Profesor* junto con los apellidos de ella o de él, el nombre y el número del curso y, por último, la fecha. Ponga cada categoría de la información anterior en líneas diferentes con interlineado doble. En una siguiente línea, separada también por dos espacios interlineados, centre el título (**fig. 1.1**). No utilice cursivas, subrayados, entrecomillados ni negritas, ni ponga todas las letras de su título en mayúscula. Tenga en cuenta las reglas para el recurso de las mayúsculas

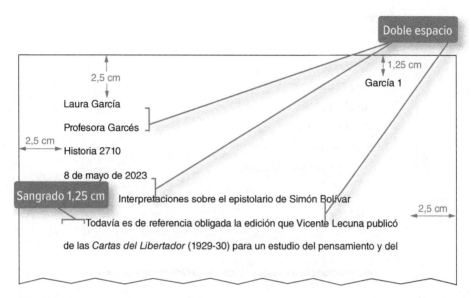

Fig. 1.1. Márgenes de la primera página de un trabajo escrito de investigación.

según 2.74. En el título, escriba en cursiva únicamente aquellas palabras que también pondría en cursiva en el cuerpo del texto.

Cobertura informativa de noticias en la guerra del Golfo

Conceptos de justicia en *Matar a un ruiseñor*

El uso de las palabras *padre* e *hijo* en *Pedro Páramo* de Juan Rulfo

El Romanticismo en Alemania y la *Scapigliatura* en Italia

No termine con un punto ni títulos, ni subtítulos, ni encabezamientos de su documento (p. ej. Obras citadas). Comience la escritura de su documento en una nueva línea a doble espacio después del título, sangrando la primera línea 1,25 cm desde el margen izquierdo. Por lo general, un documento de investigación no requiere una página independiente para el título. Sin embargo, si el documento es el resultado de un proyecto grupal, confeccione una portada donde liste a todos los autores del documento. Igualmente, añada, debajo del nombre de esos autores, el título del documento, centrado (**fig. 1.2**). Si en lugar del encabezamiento, o además del encabezamiento, su profesor o profesora estableció la necesidad de una

Sujata Das

José Rodríguez

Stephanie Smith

Profesora Calero

Historia 206

21 de noviembre de 2023

Adaptaciones cinematográficas de la *Odisea* de Homero

Fig. 1.2. Página independiente para el título en un trabajo escrito por varios autores.

página independiente para el título, proceda a formatear esa página de acuerdo con las instrucciones recibidas.

[1.4] Encabezado y números de página

En la esquina superior, numere consecutivamente las páginas de todo el documento a 1,25 cm del borde superior derecho. Escriba su apellido allí, dejando un espacio entre la última letra de su apellido y el número de página (fig. 1.3). Si el documento tiene varios autores y sus apellidos no caben en el encabezado consecutivo, incluya solo el número de página. No use la abreviación *p.* antes del número de página, ni añada puntos, guiones, marcas o símbolos. Seguramente su procesador de textos le

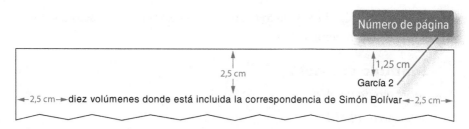

Número de página

2,5 cm

1,25 cm

García 2

2,5 cm — diez volúmenes donde está incluida la correspondencia de Simón Bolívar — 2,5 cm

Fig. 1.3. Márgenes de un encabezado en un trabajo escrito de investigación.

permitirá crear dicho encabezado de tal modo que aparezca automáticamente en cada página.

[1.5] Subtítulos internos

Los subtítulos en el cuerpo de su documento —es decir, los subtítulos internos— pueden ayudarlo a organizar y a reestructurar el texto, pero no conviene usarlos de manera excesiva. Por esta razón, nunca debe echar mano de los subtítulos para compensar una estructura endeble o para explicar una idea poco desarrollada. En caso de necesitarlos, los subtítulos deberán ser cortos y seguir las directrices básicas dadas a continuación.

Es crucial observar a lo largo del documento cierta coherencia en el estilo de los subtítulos para darle una estructura clara. A menudo, el procesador de textos dispone ya de estilos para subtítulos. En el cuerpo de su documento, los subtítulos deberán colocarse en orden descendente, según su importancia.

Los subtítulos van subordinados por niveles. El estilo y el cuerpo de las fuentes buscan expresar distintos grados de relevancia conceptual. Todos los subtítulos de nivel 1 deberán mostrar un mismo estilo y tamaño, al igual que los subtítulos de nivel 2, y así sucesivamente. En términos generales, el uso de una fuente en un tamaño mayor o en negrita indica protagonismo, mientras que el uso de una fuente en un tamaño menor o en cursiva puede indicar subordinación. Por razones de legibilidad, evite poner en mayúscula todas las letras de los subtítulos —aunque en ocasiones puede aceptarse el uso de versalitas—.

Subtítulo de nivel 1

Subtítulo de nivel 2

Subtítulo de nivel 3

Ningún nivel de subtítulo interno debería aparecer solo una vez. Por ejemplo, si usa un subtítulo de nivel 1, deberá existir al menos otro subtítulo de nivel 1. (Hay excepciones, como el subtítulo para las notas y el subtítulo para la lista de obras citadas).

En el cuerpo del documento, los subtítulos deberán aparecer alineados con el margen izquierdo y sin sangría. Para mayor legibilidad, deje el espacio de una línea arriba y abajo de un subtítulo.

En general, evite el uso de números y de letras para designar los subtítulos, a menos que su investigación se desarrolle en una disciplina donde sea la convención.

Ponga en mayúscula y puntúe los subtítulos con el mismo criterio que los títulos de obras —véanse las explicaciones en 2.78-2.95—.

[1.6] Lugar de la lista de obras citadas

La lista de obras citadas aparece al final de su documento, después de las notas finales. Centre el subtítulo "Obras citadas" a 2,5 cm de la parte superior de la página (**fig. 1.4**). Deje doble espacio entre "Obras citadas" y la primera entrada bibliográfica. Empiece cada entrada justificándola con el margen izquierdo. En caso de que la entrada tenga más de una línea, sangre en 1,25 cm la línea o las líneas subsiguientes a partir del margen izquierdo establecido de 2,5 cm.

A este formato se le denomina sangría francesa o sangrado francés. En su procesador de textos, usted puede crear automáticamente este tipo de sangrado para un conjunto de párrafos. La sangría francesa permite usar las listas alfabéticas con más facilidad. Aplique espaciado doble a la lista completa.

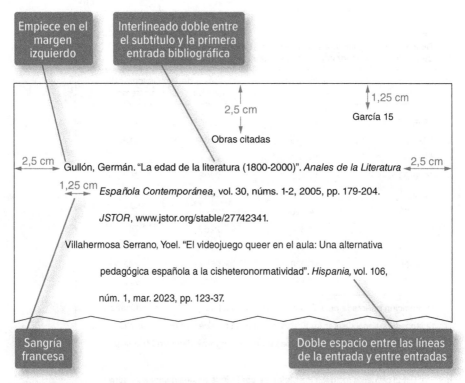

Fig. 1.4. Parte superior de la primera página de la lista de obras citadas.

[1.7] Tablas e ilustraciones

En el caso de usar tablas e ilustraciones, colóquelas lo más cerca posible de las partes del documento a las que dichas tablas e ilustraciones se refieren. Es común etiquetar una tabla con la palabra *Tabla*, numerándola con números arábigos y asignándole un título. Escriba tanto la etiqueta como el título de la tabla justificados a la izquierda en una línea independiente sobre la tabla. No escriba en mayúscula todas las letras de la etiqueta. Inmediatamente bajo la tabla, incluya la fuente bibliográfica y cualquier nota a pie de tabla que sea necesaria. Para no causar ninguna confusión entre las notas del documento y las notas a pie de tabla, desígneles a estas una letra minúscula en superíndice en lugar de una cifra en superíndice. Interlinee siempre con espacio doble y, si es necesario, use líneas divisorias (**fig. 1.5**).

Tabla 1

Diplomas en lenguas modernas y en literatura conferidos por instituciones de educación superior en los Estados Unidos[a]

Año	Diplomas de licenciatura	Diplomas de maestría	Diplomas de doctorado
1996-97	13 053	2470	793
1997-98	13 618	2367	819
1998-99	14 163	2267	757
1999-2000	14 186	2228	804
2000-01	14 292	2244	818
2001-02	14 236	2284	780
2002-03	14 854	2256	749
2003-04	15 408	2307	743
2004-05	16 008	2517	762
2005-06	16 762	2637	777

Información adaptada del US Department of Education, Institute of Education Sciences, National Center for Education Statistics. *Digest of Education Statistics*, 2007 ed., jun. 2007, tabla 297, nces.ed.gov/programs/digest/d07/tables/dt07_297.asp.

a. Estos números incluyen los diplomas conferidos en una o varias lenguas modernas, sin considerar aquellos diplomas en Lingüística, Latín, Filología Clásica, Lenguas Antiguas, Lenguas Bíblicas del Medio y del Cercano Oriente, Lenguas Semíticas, Griego Antiguo y Griego Clásico, Sánscrito, Lenguas Clásicas Hindúes, Lengua de Signos e Interpretación de Lengua de Signos.

Fig. 1.5. Tabla en un trabajo escrito de investigación.

Etiquete cualquier otro material de naturaleza ilustrativa —fotos, mapas, dibujos, gráficos, diagramas, cuadros de datos, entre otros— con la palabra *Figura* (abreviada usualmente como *Fig.*), asignándole un número arábigo y sin olvidarse de escribir un pie de ilustración.

Es convención poner la etiqueta y el pie exactamente bajo la ilustración, conservando los márgenes de 2,5 cm del texto principal (fig. 1.6). Si el pie de tabla o figura suministra la fuente bibliográfica completa y esa fuente no se cita en el cuerpo del documento, no la incluya en la lista de obras citadas al final de su documento (fig. 1.7).

Las ilustraciones musicales llevan la etiqueta *Ejemplo* (abreviada usualmente como *Ej.*), a la cual se le asigna un número arábigo, así como un pie de ilustración. Es común que tanto la etiqueta como el pie aparezcan inmediatamente después de la ilustración musical. La etiqueta y el

Fig. 1.6.
Figura en un documento de investigación, con todos los detalles bibliográficos en el pie de ilustración.

Fig. 1. Berthe Morisot, *La Lecture.* 1873, Museo de Arte de Cleveland.

Fig. 1.7.
Figura en un documento de investigación y su entrada bibliográfica.

Fig. 1. Edward Topsell, *Manticore*, xilografía, 1658.

Entrada bibliográfica

Topsell, Edward. *Manticore. Curious Woodcuts of Fanciful and Real Beasts*, de Konrad Gesner, Dover, 1971, p. 8. Publicado originalmente en *The History of Four-Footed Beasts and Serpents*, por Topsell, Londres, 1658.

Ej. 1. Ludwig van Beethoven, Tercera sinfonía en mi bemol mayor, opus 55 (*Heroica*), primer movimiento.

Fig. 1.8. Ejemplo de partitura musical en un documento de investigación.

pie conservan los mismos márgenes establecidos para el texto del documento: 2,5 cm (**fig. 1.8**).

> Puntuación de las entradas bibliográficas: 4.119.

[1.8] Listas

Las listas permiten organizar la información y presentarla sin excederse en palabras. Su función es ayudar a los lectores a comprender la información. Sin embargo, el uso excesivo de listas puede causar el efecto opuesto, obstaculizando la lectura del documento.

Las listas pueden integrarse en el mismo texto o ir colocadas de manera vertical. Allí donde la numeración sea esencial en el contexto de su argumento, proceda a numerar cada elemento de una lista.

[1.9] Listas integradas

En lugar de organizar una lista verticalmente, deberá integrarla en su párrafo siempre y cuando la información en este formato integrado pueda ser comprendida sin problemas. Es habitual usar dos puntos para introducir los elementos de una lista integrada en su párrafo.

No obstante, evite el uso de dos puntos allá donde la lista presente una función gramaticalmente esencial en relación con las palabras introductorias (p. ej., cuando la lista es el complemento directo de un verbo transitivo que la introduce, según el segundo ejemplo citado abajo). En este caso, la lista es el complemento directo del verbo *mencionar*. Puntúe los elementos de una lista integrada y no numerada como lo haría con cualquier otro fragmento de una oración.

Estos cuatro libros de ensayos de Pedro Henríquez Ureña sobre América son imprescindibles: *La utopía de América, Seis ensayos en busca de nuestra expresión, Historia de la cultura en la América hispánica* y *Las corrientes literarias en la América hispánica.*

Entre la obra ensayística de Pedro Henríquez Ureña es imprescindible mencionar *La utopía de América, Seis ensayos en busca de nuestra expresión, Historia de la cultura en la América hispánica* y *Las corrientes literarias en la América hispánica.*

En las listas integradas y numeradas, los números deberán ir entre paréntesis:

El taller guiará a los estudiantes por cinco etapas claves en el proceso de investigación: (1) seleccionar un tema, (2) buscar fuentes bibliográficas, (3) evaluar dichas fuentes, (4) leer y tomar notas de esas fuentes y (5) perfeccionar el tema.

> Punto y coma con listas: 2.25.
> Dos puntos con listas: 2.26.

[1.10] Listas verticales

Las listas verticales son más útiles cuando la información presentada es larga, está compuesta por muchas partes o resulta beneficioso ponerla de manera independiente, separada del contenido principal del escrito en cuestión. A continuación, verá listas verticales —que pueden ir o no numeradas, o recurrir a puntos de numeración— y la manera en que deben ser presentadas y puntuadas. Los procesadores de textos determinan automáticamente los estilos para las listas y su respectivo sangrado para diferenciarlas con claridad del resto del texto escrito y para que cada elemento de la lista forme una unidad propia.

[1.11] Listas introducidas por oraciones completas

Una lista puede comenzar con una oración seguida de dos puntos, como en los ejemplos siguientes. Los elementos de la lista pueden estar compuestos por oraciones enteras o fragmentos, pero se debe mantener la coherencia en el uso de una forma u otra.

Así, si los elementos son oraciones completas, la primera letra de la primera palabra para cada elemento deberá ir en mayúscula, y además deberá cerrar dicho elemento con un punto o con el signo de puntuación final correspondiente.

> Para las presentaciones en grupo, se les pidió a los estudiantes que desarrollaran una de las preguntas siguientes:
>
> > ¿Qué características del Antiguo Régimen influyen sobre la moral social de los personajes en la novela?
> >
> > ¿Cómo se muestra el realismo en la novela, y cuándo el realismo deja de ser evidente?
> >
> > ¿Cómo son descritos los trabajadores?
> >
> > ¿De qué manera los momentos de realismo mágico están relacionados con la trama secundaria sobre el golpe de Estado?

En las listas iniciadas con puntos de numeración, cada elemento de la lista empieza con una minúscula —a menos que la primera letra de la primera palabra normalmente vaya en mayúscula, como sería el caso de un nombre propio—. Cuando no constituyen oraciones completas, los elementos de la lista no se cierran con un punto.

El *MLA Style Center* (style.mla.org), complemento gratuito del *MLA Handbook*, es el único sitio web oficial dedicado al estilo MLA y ofrece un buen número de instrumentos útiles:

- la posibilidad de enviar preguntas sobre el estilo MLA
- ejemplos de documentos de investigación
- recursos didácticos
- herramientas para la construcción de listas de obras citadas

Si los elementos de una lista —numerada o no— no forman oraciones completas y no llevan puntos de numeración, abra cada elemento con una minúscula y puntúe los fragmentos como partes de una oración. Use punto y coma entre los elementos de la lista, escribiendo *y* u *o* antes del elemento final. La lista debe cerrarse con un punto.

Los contextos específicos que influyen sobre la obra del autor pueden ser clasificados en cuatro áreas principales:

1. ideas sobre la libre voluntad y sobre la mutabilidad, las cuales intervienen en la toma humana de decisiones, derivadas del pensamiento de Boecio;
2. enseñanzas sobre la importancia de traducir la Biblia al español;
3. preceptos fundamentales del humanismo y, muy en especial, los escritos de Petrarca; y
4. la insurrección política que tuvo lugar por excesivas cargas tributarias que se establecieron con el objetivo de financiar la guerra de los Cien Años.

[1.12] Listas que continúan oraciones introductorias

Una lista también puede ser introducida por una oración que continúa en la misma lista. Véanse los ejemplos a continuación. En este caso, no se ponen dos puntos antes de la lista. Por lo general, los elementos de una lista que vienen después del fragmento introductorio no son oraciones completas. Por tanto, comience cada elemento con una letra en minúscula.

En contextos formales, puede poner signos de puntuación a conjuntos de palabras en listas, numeradas o no, como si dichos conjuntos fueran partes de una misma oración. Use puntos y comas entre los elementos de la lista, escribiendo también *y* u *o* antes del último elemento. Cierre la lista con un punto.

El hospital universitario amplía sus esfuerzos de asistencia

    inaugurando una línea telefónica de atención las veinticuatro horas;

    desarrollando colaboraciones estratégicas con proveedores del servicio comunitario de salud; y

    gestionando un sitio web con información actualizada y confiable sobre temas de salud física, recursos para la salud mental y consejería nutricional.

A menos que la primera letra de la primera palabra vaya normalmente en mayúscula, los elementos de las listas con puntos de numeración empiezan siempre en minúscula. Y, salvo cuando formen una oración completa, no llevarán signos de puntuación al final.

Un complemento gratuito al *MLA Handbook* y el único sitio web oficial consagrado al estilo MLA —el *MLA Style Center* (style.mla.org)— ofrece

- la posibilidad de enviar preguntas sobre el estilo MLA

- ejemplos de documentos de investigación

- recursos didácticos

- herramientas para la construcción de listas de obras citadas

[1.13] Papel e impresión

Para imprimir un documento de investigación, use una impresora de calidad y solamente papel blanco con el tamaño llamado papel carta: 21,59 x 27,94 cm. Algunos profesores prefieren los documentos impresos a una sola cara, pues así son más fáciles de leer; otros los prefieren impresos a doble cara con el fin de ahorrar papel.

[1.14] Revisiones

Antes de presentarlo, revise y corrija con cuidado su documento. Las herramientas de corrección ortográfica pueden ser útiles, aunque deben usarse con precaución, pues la tecnología no detecta todos los errores —por ejemplo, las palabras ortográficamente correctas pero mal usadas— y algunas veces juzga como erróneo un contenido correcto. A modo de ilustración, piense en muchos nombres propios y en términos que vienen de lenguas diferentes del español.

[1.15] Encuadernación de un documento impreso

Si quedan sueltas o si usted se limita a doblar una de sus esquinas, las páginas impresas de un documento de investigación podrían desordenarse o perderse. Así pues, asegúrese de graparlas o de unirlas con un clip, incluso cuando pueda parecerle que el uso de una carpeta plástica o de una carpeta de ganchos aportaría un atractivo toque final a su trabajo. Tenga presente que buena parte de los profesores piensan que las carpetas causan dificultades a la hora de leer y corregir documentos de los estudiantes.

[1.16] Envío electrónico

Si debe enviar su documento de investigación electrónicamente, siga las instrucciones de su profesor o profesora en lo relativo al formato, al modo de envío (p. ej., si debe hacerlo por correo electrónico o por medio de un sitio web) y a cualquier otro detalle.

2. Mecánica de la escritura

Presentar información de manera estandarizada hará que su escritura sea clara y efectiva. Este capítulo está consagrado a la mecánica de la escritura —es decir, a aquellas cuestiones técnicas a las que los escritores deben enfrentarse—. Nos referimos, por ejemplo, a asuntos como la ortografía, la puntuación, el uso de mayúsculas o la presentación de los números.

[2.1] Ortografía

La ortografía debe ser consistente en todo documento, aun cuando muchas palabras puedan ser escritas de varias formas. Por lo tanto, si escribe *periodo* en un lugar, más adelante no debería escribir *período*. Ahora bien, en caso de que se trate de una cita textual, es necesario conservar la ortografía que aparece en el original (véase 5.30).

[2.2] Diccionarios y correctores ortográficos

Con el fin de asegurar la consistencia ortográfica, recurra a reconocidos diccionarios de referencia. Pensamos en el *Diccionario de la lengua española* (dle.rae.es) o en el *Diccionario panhispánico de dudas* (rae.es/dpd), ambos de la Real Academia Española. Si existen varias ortografías para una misma palabra, siga la recomendación que el diccionario le ofrece. Véase 1.14 sobre la revisión de su documento.

[2.3] Plurales

El plural de los sustantivos se forma generalmente añadiendo -s (*elefantes, osos, sillas, taxis, tribus*) o -es (*ciudades, papeles, relojes, televisores, universidades*).

Consulte un diccionario para algunos plurales que no siguen la regla anterior. Entre múltiples casos, cabe mencionar las palabras terminadas en z (la z cambia a c y, así, el plural de *cruz* es *cruces*); las palabras que terminan en y antecedida de vocal y que tradicionalmente forman su plural con *es* (*rey, reyes*); aquellas palabras que más recientemente han sido incorporadas a la lengua española y terminan en y precedida de una vocal abierta, que construyen el plural con *is* (*gay, gais*); y las palabras que desplazan la sílaba tónica al formar el plural (*régimen, regímenes*). Hay también plurales irregulares (*hipérbaton, hipérbatos*); palabras que pueden pluralizarse correctamente de dos maneras (*clubs, clubes*); construcciones nominales constituidas por dos sustantivos donde solo se pluraliza el primer elemento de la construcción (*ciudades dormitorio, mujeres objeto, sofás cama*); singulares y plurales idénticos (*crisis, crisis; tórax, tórax*); o palabras que o bien cambian de género en el plural, o bien son femeninas pero el artículo definido singular es masculino (*el agua, las aguas; el hada buena, las hadas buenas*). A diferencia del inglés, se aconseja utilizar las variantes hispanizadas de los latinismos y, por lo general, formar el plural del latinismo hispanizado añadiendo una s (el plural de *currículo* es *currículos*). Algunos sustantivos incluso cambian de significado en plural (*deber, deberes* o *esposa, esposas*). Cuando el diccionario ofrece más de un plural (como es el caso de *ají*), recomendamos, en la mayoría de los casos, que use el primer plural listado en su diccionario de referencia.

Si la palabra o la expresión pertenece a otra lengua —es decir, si se trata de un extranjerismo— añádale una s. Además, recuerde que dicha palabra extranjera debe ir en cursiva (p. ej., *flashback* es una expresión del inglés que pide una transcripción idéntica en español: *flashbacks*).

En todo caso, un diccionario de referencia suele suministrar esta información.

> Formas plurales en números: 2.118.

[2.4] **Puntuación**

La puntuación sirve, principalmente, para que la escritura sea precisa y legible. La puntuación clarifica la estructura de la oración al separar algunas palabras. Las pautas expuestas a continuación abordan cuestiones frecuentes sobre la puntuación.

[2.5] Comas

La coma es una herramienta esencial para una comunicación efectiva. Su uso puede ser obligatorio, incorrecto u opcional.

[2.6] Cuándo la coma es obligatoria

[2.7] *Antes de conjunciones coordinantes que unen cláusulas independientes*

Use la coma antes de una conjunción coordinante (que une cláusulas del mismo nivel, es decir, que tienen la misma importancia en la oración).

O cenas conmigo, o sales con tus amigos.

Se dieron cuenta de su error, pero lo corrigieron demasiado tarde.

En el proyecto participaron organizaciones de varias disciplinas, y la diversidad de perspectivas dio lugar a resultados sorprendentes.

Si la conjunción coordinante une cláusulas independientes y breves, puede omitir la coma.

Wallace canta y Armstrong toca la trompeta.

También use la coma antes de conjunciones causales o locuciones consecutivas (*así que, de manera que, pues*).

Se ha cambiado el horario, pues muchos no podían llegar a tiempo.

[2.8] *Después de una cláusula dependiente que precede a la principal*

Use la coma después de una cláusula subordinada que precede a la principal.

> Si la novia llega a la iglesia, habrá boda.

> Dado que hacía buen tiempo, fuimos a la playa.

En este caso también puede omitir la coma si las cláusulas son muy breves.

[2.9] *Entre elementos paralelos*

Use la coma entre adjetivos que modifican el mismo término, pero de distinta manera —esto es, adjetivos coordinados—.

> A los seis años aprendí este poema inesperado, profundo.

En el ejemplo anterior, los adjetivos *inesperado* y *profundo* modifican el sustantivo *poema*.

Sin embargo, cuando el adjetivo no modifica el mismo término —es decir, cuando los adjetivos no están coordinados— no se usa la coma.

> Los estudiantes leen al Arcipreste de Hita en el curso de literatura medieval española.

En el ejemplo anterior, el adjetivo *española* modifica las palabras *literatura medieval*.

Se puede comprobar que los adjetivos están coordinados alterando el orden e incluyendo la conjunción *y*.

> A los seis años aprendí este poema inesperado, profundo.

> A los seis años aprendí este poema inesperado y profundo.

Si la alteración funciona, esto significa que los adjetivos están coordinados y que se requiere una coma para situarlos uno al lado del otro. Si la alteración no funciona —es decir, si el efecto produce cambios de sentido—, no existe coordinación entre los adjetivos. Véase este ejemplo, donde separar ambos adjetivos por medio de la conjunción implica que hay dos tipos de literatura.

> Los estudiantes leen al Arcipreste de Hita en el curso de literatura española y medieval.

[2.10] *Después de vocativos o llamados*

Use la coma inmediatamente después de invocar o llamar a una persona, un animal o una cosa. Asimismo, use comas para enfatizar el sujeto convocado dentro de un enunciado exclamativo.

> ¡Lassie, no ladres tan fuerte!

> ¿Hasta cuándo, Catilina, abusarás de nuestra paciencia?

[2.11] *En pausas enfáticas*

Use la coma para causar una pausa enfática —de alegría, de disgusto—. El ritmo de la segunda oración no alcanza el énfasis de la primera y denota menos urgencia.

> Acércalo, pero no allí, [**énfasis**] más allá.

> Acércalo, pero no allí sino más allá.

[2.12] *Con conectores discursivos*

Use la coma con conectores discursivos breves que estén relacionados con el resto de la oración.

> *La tejedora de coronas*, por ejemplo, pertenece a la literatura del Caribe.

[2.13] *Incisos explicativos*

Los incisos —sea una palabra o un conjunto de palabras— se introducen en la oración para añadir información. Use comas para los incisos que se puedan eliminar sin que cambie el sentido de la oración. Tales incisos se denominan *explicativos*. Por ejemplo, en la oración *La profesora, que usualmente investigaba asuntos de gramática por las noches, les preguntó a los estudiantes si tenían dudas gramaticales*, el sintagma *que usualmente investigaba asuntos de gramática por las noches* proporciona solamente información adicional y puede ser omitido sin que cambie el sentido de la oración. En consecuencia, hay comas que delimitan el sintagma. En cambio, eliminar un inciso *especificativo* cambia el sentido de la oración. Por ejemplo, en la oración *La estudiante de la primera fila levantó la mano* el sintagma *de la primera fila* modifica *estudiante* y describe concretamente a la persona mencionada.

Deben usarse comas cuando se delimitan incisos explicativos. Estos incisos pertenecen a cuatro categorías: aposiciones, cláusulas relativas, sintagmas y cláusulas adverbiales y en secuencias.

Una aposición es un sustantivo o un grupo nominal que sigue a otro elemento del mismo tipo de modo que formen conjuntamente una unidad sintáctica.

Explicativo

Mario Vargas Llosa, el escritor peruano, ganó el Premio Nobel de Literatura en 2010.

El sintagma el escritor peruano *se puede eliminar de la oración porque no es una información imprescindible.*

Especificativo

El escritor peruano Mario Vargas Llosa ganó el Premio Nobel de Literatura en 2010.

Sin Mario Vargas Llosa *son imprecisas las palabras* El escritor peruano.

Las cláusulas relativas funcionan como adjetivos y modifican los sustantivos en una oración. La cláusula relativa explicativa añade información y no es necesaria para identificar el antecedente —es decir, la cosa o la persona de la que se habló o de la que se escribió previamente—. La cláusula relativa especificativa añade información necesaria para identificar el antecedente.

Explicativo

Las novelas, que se encuadernan en tapa dura o en rústica, han aumentado en ventas en los últimos años.

El sintagma que se encuadernan en tapa dura o en rústica *se puede eliminar porque comunica una información prescindible para el significado de la oración.*

Especificativo

Las novelas que están encuadernadas en tapa dura han aumentado en ventas en los últimos años.

El sintagma que están encuadernadas en tapa dura *no se puede eliminar, pues solo ese tipo de novelas* —las encuadernadas en tapa dura— *ha aumentado en ventas.*

Las cláusulas relativas pueden ir encabezadas por los pronombres relativos *que, quien/quienes, el/la/lo/los/las que, el/la/lo cual, los/las cuales*. Mientras que *que, quien* y *cual* se usan en las cláusulas explicativas, solo *que* se usa en las cláusulas especificativas.

Explicativo

María Zambrano, quien recibió el Premio Cervantes en 1988, fue la primera mujer en obtener este galardón.

Especificativo

El novelista que escribió *Terra Alta* ganó el Premio Planeta el año pasado.

Explicativo

La película *Alatriste* (2006), una adaptación cinematográfica de la novela homónima de Arturo Pérez-Reverte, fue protagonizada por el actor Viggo Mortensen.

Especificativo

El libro que más atención ha recibido este año dentro del país es una novela traducida del italiano.

Los sintagmas y las cláusulas adverbiales realizan funciones sintácticas similares a un adverbio, es decir, describen un verbo.

Explicativo

La novela está ambientada en México, donde se hablan muchas lenguas.
El sintagma donde se hablan muchas lenguas *se puede eliminar sin comprometer el sentido de la cláusula principal.*

Especificativo

La novela tiene lugar en un país donde se hablan muchas lenguas.
El sintagma donde se hablan muchas lenguas *no se puede eliminar, porque esto comprometería el significado de la cláusula principal.*

Use una coma después de largos sintagmas y de cláusulas introductorias.

Sintagma

Después de muchos años de investigación en el laboratorio de la universidad, Isabel Esono obtuvo su doctorado.

Cláusula

A pesar de que su trabajo no era conocido, hoy son muchos los académicos de renombre que celebran su originalidad.

Use la coma para incorporar un inciso alternativo o contrario.

Julio, no su madre, es el personaje principal de la obra.

En el ejemplo siguiente, por el contrario, la conjunción enlaza los dos adjetivos en contraste. Por ello, aquí el uso de la coma no es recomendable.

El filme es largo pero entretenido.

La coma en secuencias separa elementos gramaticales equivalentes. Use comas para separar palabras, sintagmas y cláusulas de una serie. A diferencia del inglés, el uso de la coma es incorrecto con las conjunciones *y*, *o* y *ni* cuando se usan para separar el último elemento de una serie. Esta regla se exceptúa cuando cada elemento de la serie se precede de un *ni*.

Palabras

Mercè Rodoreda escribió novelas, cuentos, poemas y obras de teatro.

Sintagmas

La novela *Lolita* ha sido traducida a varias lenguas, ha sido adaptada a la gran pantalla y ha sido musicalizada bajo el título *Lolita, My Love*.

[2.14] *Fecha, lugar y fórmulas de saludo en cartas y en documentos*

Se usa la coma en la datación de una carta o de un documento, entre el lugar y la fecha o entre el día y la fecha.

Cali, 27 de julio de 1965

Miércoles, 26 de agosto de 2021

A diferencia del inglés, se usa el paréntesis y no la coma para precisar fechas y lugares.

Roberto Bolaño nació en Santiago (Chile).

Es un anglicismo utilizar la coma en los saludos de cartas y de documentos. A diferencia del inglés, se emplean los dos puntos.

Querido Juan:
Quiero contarte sobre mi última visita a Montevideo.

[2.15] Cuándo la coma es incorrecta

No use la coma entre los siguientes elementos.

[2.16] *Sujeto y verbo*

La relevancia de Sartre para nuestra discusión **[sin coma]** tiene que ver con la riqueza contemporánea de su concepto de "mala fe".

No está de más señalar que esta práctica incorrecta de incluir una coma entre sujeto y verbo es llamada comúnmente "coma criminal" o "coma asesina".

No obstante, en algunas ocasiones conviene poner comas para enmarcar un sintagma o una cláusula que se incorporan entre el sujeto y el verbo conjugado.

Muchos personajes que dominan los primeros capítulos y que luego desaparecen, a menudo sin dejar rastro, son retratos literarios de los amigos de la autora.

[2.17] *Verbo y complemento*

La profesora informó a sus estudiantes **[sin coma]** que el calendario se encontraba al final del programa de clase.

[2.18] *Partes de un sujeto compuesto*

Una docena de sillas de madera **[sin coma]** y una ventana que deja entrar la luz constituyen los elementos de la puesta en escena.

[2.19] *Partes de un complemento compuesto*

Ptolomeo ideó un sistema astronómico aceptado hasta el siglo XVI **[sin coma]** y un enfoque científico para el estudio de la geografía.

[2.20] *Dos elementos subordinados que son paralelos*

Los animalitos de caramelo originaron que los habitantes de Macondo disfrutaran de esas delicias **[sin coma]** y que esos mismos habitantes contrajeran la peste del insomnio.

En los poemas del romancero viejo, hay ejemplos tanto de amor cortés en el mundo de la nobleza castellana **[sin coma]** como de situaciones bélicas entre moros y cristianos.

[2.21] Cuándo la coma es opcional

En los ejemplos siguientes, aunque las comas no son necesarias, no es equivocado recurrir a ellas.

[2.22] *Después de un sintagma corto o de una cláusula corta al principio de una oración*

En 2010, el uso de los teléfonos inteligentes se había generalizado.

Del sueldo, ni hablamos.

[2.23] *Entre adverbios o locuciones adverbiales*

Yo ciertamente creo en ti.

[2.24] *Antes de una conjunción de valor adversativo*

Cuando la conjunción *y* equivale a *pero*.

Pone el despertador, y sigue llegando tarde a clase.

[2.25] Punto y coma

El punto y coma causa una interrupción mayor que la pausa propia de la coma. Se suele usar entre cláusulas independientes que no están conectadas por una conjunción:

Muchos lectores prefieren leer en papel; otros, sin embargo, apuestan por el libro electrónico.

En algunos casos, cuando hay una pausa brusca, se puede usar la raya: *No toques la estufa —está caliente—*. No debe confundirse la raya con el guion —este último es de menor longitud gráfica—. Cuando la raya se usa en incisos, debe incluirse una de apertura y otra de cierre, pegadas a las palabras que enmarcan.

Si un elemento de una serie incluye comas, los elementos se separan con punto y coma:

En el simposio estaban presentes Cuauhtémoc Medina, el crítico de arte; Federico Arreola, fundador del diario *Milenio*; y Minerva Cuevas, la artista conceptual.

También se usa el punto y coma en aquellas construcciones donde una coma omite el verbo:

Algunos escritores prefieren el uso del punto y coma; otros, la raya; y, algunos más, la coma.

[2.26] Dos puntos

Los dos puntos unen dos oraciones independientes, pero también tienen otros usos. Los dos puntos se utilizan para esclarecer el contenido ya presentado, introducir la expresión formal de una regla o principio o presentar una lista.

Debe dejarse un espacio después de los dos puntos, y la primera letra de la siguiente palabra debe escribirse en minúscula, a menos que siempre vaya en mayúscula, que se reproduzca una cita textual o que se anuncie la llegada de un subtítulo en un título.

Elaboración

El estudiante no ha sacado buenas notas en el curso: tendrá que repetirlo.

Principio

Muchos libros serían más breves si sus autores siguieran el principio lógico conocido como la navaja de Ockham: las explicaciones no deben multiplicarse innecesariamente.

Lista

El programa de clase incluye tres géneros musicales: cumbia, bachata y salsa.

No use los dos puntos antes de una lista cuando los elementos de esa lista sean gramaticalmente esenciales para las palabras anteriores. En el ejemplo que sigue, los tres títulos de las novelas son el complemento directo del verbo *estudiar*. Por lo tanto, no use dos puntos.

En el curso de novela latinoamericana estudiaremos *La muerte de Artemio Cruz, Cien años de soledad* y *La casa verde*.

Antes de los dos puntos suele haber una oración completa. Una excepción a esta regla sería cuando los dos puntos presentan una cita larga. Los dos puntos nunca deben colocarse entre el verbo conjugado y sus complementos. Si antes de los dos puntos no hay una oración completa, reformule esa oración u omita los dos puntos.

Incorrecto

Los tres temas asignados para el ensayo sobre *Pedro Páramo* son: la muerte, la familia y la religión.

Correcto

Para *Pedro Páramo*, estos son los tres temas asignados sobre los que pueden escribir sus ensayos: la muerte, la familia y la religión.

Los tres temas asignados para el ensayo sobre *Pedro Páramo* son la muerte, la familia y la religión.

> Listas integradas: 1.9.
> Citas textuales largas o en bloque anticipadas por dos puntos: 5.33.

[2.27] Rayas y paréntesis

Las rayas y los paréntesis indican gráficamente una interrupción en el pensamiento. Se utilizan para proporcionar información adicional, para aclarar una palabra o una oración o para proporcionar comentarios adicionales. Si una oración completa está enmarcada entre paréntesis, el punto se coloca tras el paréntesis de cierre.

[2.28] Enmarcar una interrupción

Use rayas o paréntesis para encerrar palabras o frases que interrumpen la línea de pensamiento.

> Ciertamente, el decorado y el vestuario —y sin olvidar el verso— protagonizan el filme.

[2.29] Evitar confusiones

Las rayas marcan una interrupción mayor que las comas, pero menor que los paréntesis. Con frecuencia, usar una coma, una raya o un paréntesis para marcar pausa es cuestión de elección. Sin embargo, dado que las rayas y los paréntesis rompen la continuidad expresiva y semántica de una oración con mayor énfasis que las comas, el uso excesivo de estos signos de puntuación puede ocasionar una distracción para los lectores, entorpeciendo la lectura de una oración o de un párrafo. Recuerde que en los incisos debe haber una raya de apertura y otra de cierre, pegadas a la primera y a la última palabra, respectivamente, y separadas por un espacio que precede o que sigue a estas palabras. Un punto no reemplaza a la segunda raya o raya de cierre, y, por esta razón, no es óbice para la raya final. Si la raya de cierre viene seguida de un signo de puntuación (p. ej., punto, coma, punto y coma, dos puntos), no habrá espacio en blanco después de la raya de cierre. El espacio en blanco será introducido entre el signo de puntuación respectivo y la primera palabra después de ese signo.

Use rayas o paréntesis para encerrar un elemento de la oración que interrumpa una sucesión de pensamientos.

> Redactar el ensayo (el que, por cierto, tardé en escribir más de lo que tenía previsto) me produjo una gran satisfacción.

[2.30] **Presentar una lista o desarrollar un tema**

Use rayas o paréntesis para delimitar un elemento que contiene comas y que causaría confusión solo con las comas.

> Las virtudes del protagonista —honor, paciencia y bondad— no son compartidas por el antagonista de la obra.

Use rayas para un inciso que ya esté encerrado entre paréntesis.

> El pueblo de don Quijote (situado en la actual Castilla-La Mancha —identificado por algunos críticos con Villanueva de los Infantes— cerca de Ciudad Real) es aludido al comienzo de la novela de Cervantes.

También se puede usar una raya, en lugar de dos puntos, para presentar una lista o desarrollar algo anteriormente dicho.

> Según Roman Jakobson, existen seis funciones del lenguaje —referencial, expresiva, fática, conativa, poética y metalingüística—.

[2.31] **Guiones**

Los guiones indican una relación entre palabras con el propósito de enlazarlas. Generalmente, el guion es utilizado para vincular palabras compuestas —tanto sustantivos como adjetivos—.

Las palabras compuestas están constituidas por varias palabras cuya unión forma otra con significado propio. Las palabras compuestas pueden ser univerbales o pluriverbales. Las univerbales se integran en una sola palabra (*sacapuntas*). Las pluriverbales se separan algunas veces con guion (*escuela-taller*) y, otras veces, sin guion (*palabras clave*).

[2.32] Palabras compuestas univerbales

Dos sustantivos

bocacalle

Sustantivo y adjetivo, o viceversa

mediodía

Sustantivo y verbo, o viceversa

rompecabezas

Dos adjetivos

agridulce

Adjetivo y adverbio, o viceversa

bienintencionada

Dos verbos

vaivén

Verbo y adverbio, o viceversa

menospreciar

Verbo y pronombre, o viceversa

quehacer

Dos adverbios

anteayer

Oraciones enteras

hazmerreír

[2.33] Palabras pluriverbales con guion

Los distintos elementos de una palabra compuesta pueden vincularse con un guion. El guion sirve para enlazar palabras y suele tener un valor similar al de una conjunción o una preposición.

31

MECÁNICA DE LA ESCRITURA

[2.34] Unión de nombres propios o nombres comunes

El guion sirve para unir nombres propios o sustantivos comunes.

Ramón María del Valle-Inclán creó el género dramático del esperpento.

Vitoria-Gasteiz es la capital de Álava, en el País Vasco.

El director-guionista Ventura Pons ha adaptado al cine cuentos de Quim Monzó.

Cuando el uso del nombre común se generaliza y se incluye en el diccionario, la palabra compuesta pierde el guion (*hombre lobo*).

[2.35] Unión de adjetivos relacionales

Cuando dos adjetivos califican a un sustantivo y se unen con un guion, el primero se escribe en masculino singular, mientras que el segundo concuerda en género y en número con el sustantivo al que califica.

Hispania es una revista lingüístico-literaria.

Los gentilicios pueden unirse con o sin guion. Se elimina el guion cuando los dos elementos tienen la misma importancia semántica o crean una fusión equilibrada. Si se desea marcar la diferencia entre los gentilicios, se usa el guion. Suele recurrirse a la forma clásica del gentilicio, en caso de que la tenga (p. ej., *luso* para portugués o *anglo* para inglés).

Los estudiantes analizan los filmes de Pedro Almodóvar y de Lucrecia Martel en el curso de cine iberoamericano.

Salvatore Adamo, cantautor ítalo-belga de fama internacional, interpreta con maestría uno de sus temas, "Tombe la neige".

[2.36] Prefijos

Los prefijos normalmente van unidos a la palabra y no requieren guion. Vayan aquí algunos ejemplos:

anticuerpo	desuso	rehacer
automóvil	metaficción	supermercado
bilingüe	microscopio	televisión
coautora	posponer	ultrasonido

El guion se usa en prefijos cuando precede a una sigla, a una palabra que comienza en mayúscula o a un número.

anti-OTAN

pro-Gandhi

sub-15

Cuando se desea vincular dos prefijos asociados a una misma palabra o raíz, el primero se escribe independientemente, seguido de un guion, y el segundo se une a la palabra o raíz.

pre- y posmoderno

Hay un caso que pide particular atención: el prefijo separado de la palabra compuesta o pluriverbal por un espacio en blanco.

ex relaciones públicas

anti pena de muerte

pro derechos humanos

[2.37] Separación

El guion sirve para dividir una palabra por falta de espacio al final de un renglón. El guion no debe separar letras de una misma sílaba, salvo si se trata de palabras compuestas o de palabras con prefijos. En ambos casos se puede recurrir a una división morfológica, en lugar de silábica.

ven- / tilador, venti- / lador, ventila- / dor

mal- / acostumbrado, mala- / costumbrado

Cuando hay vocales seguidas que forman diptongo, triptongo o hiato, no se autoriza la división.

boi- / na (diptongo)

miau (triptongo)

baila- / ríais (hiato)

Solo se permite dejar una vocal aislada si va precedida de una *h*. Además, si una palabra tiene una *h* intercalada, se procederá como si esta no existiera.

he- / lado

ele- / fante

cohi- / bir

No se separa una *x* seguida de vocal. Si esta letra va seguida de consonante, la *x* no se separa de la vocal precedente.

Con- / xita

ex- / tracción

Cuando hay dos consonantes seguidas, generalmente la primera pertenece a una sílaba y la segunda a la sílaba siguiente. Sin embargo, los dígrafos *ch*, *ll* y *rr* no se separan.

ár- / bol

pelu- / che

Las reglas silábicas en otras lenguas son diferentes. Se recomienda no separar con guion palabras extranjeras, salvo si conoce esas reglas. Tampoco debe usarse el guion para dividir siglas o abreviaturas.

te- / léfono en español

tel- / *ephone* en inglés

Si el guion para dividir una palabra al final de la línea coincide con el guion de una palabra compuesta, se repetirá el guion al inicio de la siguiente línea. Deben excluirse de esta regla los apellidos compuestos.

compra- / -venta

Lema- / Hincapié

[2.38] Otro uso de los guiones

Los guiones también pueden ser usados para indicar un rango de números.

5-9

1879-1935

[2.39] Apóstrofo

A diferencia del inglés o del catalán, el apóstrofo, o coma alta, apenas se usa en el español actual, aunque aparece en nombres o en expresiones de otras lenguas y en textos antiguos. También puede usar el apóstrofo para reflejar la supresión de sonidos en la lengua oral. No debe haber espacio ni antes ni después de un apóstrofo.

O'Sullivan

Sant Joan d'Alacant

¡Ven pa'ca!

[2.40] Comillas

En español, hay tres tipos de comillas: las españolas («»), las inglesas (" ") y las simples (' '). La Real Academia Española recomienda el uso de las comillas españolas, que son habituales en España. Sin embargo, en Latinoamérica se usan más las inglesas. Hemos preferido presentar ejemplos con el recurso a las comillas inglesas, que se podrán sustituir con facilidad por las españolas. En caso de doble entrecomillado, se usan, primero, las comillas dobles y, dentro de estas, las comillas simples. Cuando a un entrecomillado le sigue un signo de puntuación (un punto, una coma o un punto y coma), dicho signo deberá escribirse inmediatamente después de las comillas de cierre.

> El consejero le explicó, "Necesitas asistir a clase, pues la profesora ha proclamado que 'la asistencia es obligatoria'".

Las comillas tienen tres usos principales.

[2.41] Cuando el sentido no es literal

En ocasiones, las comillas acompañan palabras o frases para expresar escepticismo, desaprobación o ironía. Hay que tener cuidado: deben usarse con moderación porque muchas veces el sentido que se pretende crear no es evidente.

> Muchos "expertos" ofrecen consejos para enseñar a los bebés a dormir según un horario.

[2.42] Reproducción de citas textuales

Las comillas exigen una reproducción idéntica del texto.

> Bernardino de Sahagún señalaba, "[H]abía muchas joyas de oro y plata, y de piedras preciosas, y todo lo tomaron".

Las citas que superan las cuatro líneas no van entre comillas, sino que reciben un sangrado distinto al resto del cuerpo del texto.

Citas largas o en bloque: 5.33, 5.36.

[2.43] Títulos

Se usan las comillas en los títulos de poemas, canciones, cuentos, artículos y capítulos de libros. Es decir, las comillas enmarcan el título de una obra que forma parte o que depende de otra publicación donde esa obra está incluida.

> Uno de los poemas más bellos de Rubén Darío, "Amo, amas", forma parte del poemario *Cantos de vida y esperanza*.

[2.44] Barras

Aunque poco frecuente en la escritura formal, la barra se usa principalmente entre parejas de términos opuestos o alternativos que constituyen, desde la perspectiva del significado, un solo sustantivo.

> El conferencista explicó que la construcción de oposiciones fundamentales, como bien/mal o felicidad/tristeza, afecta la comprensión de la historia y de la cultura.

Utilice el guion cuando se trata de un par de adjetivos relacionales o calificativos que modifica al sustantivo.

> examen teórico-práctico

> Barras para coediciones: 4.61.
> Barras en citas de poesía: 5.35.

[2.45] Puntos, signos de interrogación y signos de exclamación

En contraste con el punto, que marca el final de una oración, los signos de interrogación y de exclamación se colocan tanto al principio como al final de oraciones, locuciones o palabras. En la escritura formal, el signo de exclamación debe usarse con moderación. Tras un punto, un signo de exclamación o un signo de interrogación se deja un solo espacio.

> Cierre de una cita: 5.48.

[2.46] Cursiva

La cursiva permite marcar palabras que, por alguna razón, deben ser distinguidas o sobresalir en un contexto específico. Se emplea principalmente en tres casos específicos.

[2.47] Metalenguaje

Se escriben en cursiva aquellas palabras o letras que se refieren a sí mismas y no a sus referentes extralingüísticos.

> La palabra *alcohol* proviene del árabe.

> No existen muchas palabras en español que empiecen con la letra *k*.

[2.48] Extranjerismos en un documento escrito en español

En español escrito las palabras extranjeras suelen ir en cursiva. Se usa cursiva en palabras provenientes de otros idiomas, con el fin de señalar que no pertenecen al español.

> Puedes encontrar el filme *El silencio de Neto* en plataformas audiovisuales de *streaming*.

> El *ritornello*, en la música barroca, ayuda a estructurar composiciones orquestales y corales.

Hay excepciones a la anterior regla. Así, no van en cursiva las citas completas ("Antes de cruzar el río Rubicón, Julio César declara, 'Alea iacta est'"); ni aquellos títulos de poemas, cuentos o artículos escritos con palabras extranjeras y que van entre comillas ("'Two English Poems'", título de un poema de Jorge Luis Borges); ni los nombres propios (el Mont Saint-Michel).

Ante la duda, siempre conviene consultar diccionarios de referencia como el de la Real Academia Española (lema.rae.es) o el *Diccionario de uso del español*, de María Moliner.

[2.49] Énfasis

Aunque a veces la cursiva se utiliza para dar relevancia a ciertas palabras en una frase ("entreguen *todos* los documentos"), no se recomienda este uso, pues pronto se vuelve ineficaz.

[2.50] Mayúsculas

[2.51] Español

Exigen mayúscula

- la primera letra de la primera palabra en una oración
- los nombres, apellidos, iniciales, sobrenombres, apodos y seudónimos de personas y animales
- los nombres de organizaciones
- los nombres geográficos, pero no así las lenguas ni las nacionalidades
- las siglas y muchos acrónimos
- los nombres de divinidades (Dios, Ganesha, Isis), los sustantivos abstractos en su uso alegórico (la Hermosura), los libros sagrados, las órdenes religiosas (Orden de Calatrava) y las festividades religiosas y civiles
- las constelaciones, las estrellas, las galaxias, los planetas, los satélites y los signos del Zodiaco
- los nombres de edificios y monumentos
- las marcas comerciales
- los premios, certámenes y acontecimientos culturales y deportivos
- las asignaturas, licenciaturas y diplomaturas
- las épocas históricas

A diferencia del inglés, el español no usa la mayúscula para los días de la semana ni para los meses. Tampoco se escriben en mayúscula las notas musicales. Asimismo, los tratamientos (*don, santo, señora*) y los títulos (*condesa, papa, primer ministro, reina*) no llevan mayúscula inicial. No obstante, sí se usa la mayúscula inicial en las abreviaturas de los tratamientos.

> El Sr. Pérez y doña Bárbara se presentaron en mi oficina.

> La reina Letizia tiene dos hijas: la princesa Leonor y la infanta Sofía.

Recuerde que no se puede omitir la tilde sobre las mayúsculas (Ávila).

> Mayúsculas en nombres españoles: 2.60.

[2.52] Alemán

En alemán, use las mayúsculas en todos los sustantivos —y cuando palabras de otras categorías gramaticales sean usadas como sustantivos—. De igual manera, toman una mayúscula inicial el pronombre personal *Sie* (usted/ustedes), su adjetivo posesivo, *Ihr* (su) y sus formas flexionadas.

> Ich glaube an das Gute in der Welt.

> Er schreibt, nur um dem Auf und Ab der Buch-Nachfrage zu entsprechen.

> Fahren Sie mit Ihrer Frau zurück?

> Ein französischer Schriftsteller, den ich gut kenne, arbeitet sonntags immer an seinem neuen Buch über die platonische Liebe.

> *Der Staat* ist eine der bekanntesten Platonischen Schriften.

> Mayúsculas en nombres alemanes: 2.61.
> Mayúsculas en títulos y subtítulos en alemán: 2.102.

[2.53] Francés

Las mayúsculas en francés siguen las mismas normas que en español.

Un français m'a parlé en anglais près de la place de la Concorde.

Hier j'ai vu le docteur Maurois qui conduisait une voiture Ford.

Le capitaine Boutillier m'a dit qu'il partait pour Rouen le premier jeudi d'avril avec quelques amis normands.

> Mayúsculas en nombres franceses: 2.62.
> Mayúsculas en títulos y subtítulos en francés: 2.103.

[2.54] Inglés

Como en el español, en el inglés se utiliza la mayúscula en la primera letra de la primera palabra de cada oración, así como con los nombres de personas. También es preciso recurrir a las mayúsculas con

- el pronombre personal *I* (yo)
- los nombres de meses y días de la semana
- títulos que preceden a nombres propios (*President Lincoln*), aunque irán en minúscula siempre que no acompañen a un nombre propio (*the president, a professor of English*)
- las lenguas, como nombres y como adjetivos (*Spanish grammar*)
- casi todos los adjetivos derivados de nombres propios o gentilicios (*Canadian wildlife*)
- las notas musicales (*middle C*)
- las calificaciones (*I got a B in algebra*)

> Mayúsculas en nombres ingleses: 2.63.
> Mayúsculas en títulos y subtítulos en inglés: 2.104.

[2.55] Italiano

El italiano se asemeja al español en el uso de las mayúsculas.

Un italiano parlava francese con uno svizzero in piazza di Spagna.

Il dottor Bruno ritornerà dall'Italia giovedì otto agosto e lo partirò il nove.

> Mayúsculas en nombres italianos: 2.64.
> Mayúsculas en títulos y subtítulos en italiano: 2.105.

[2.56] Latín

El latín también se asemeja al español en el uso de las mayúsculas.

Semper ego auditor tantum? Numquamne reponam / Vexatus totiens rauci Theseide Cordi?

Quidquid id est, timeo Danaos et dona ferentis.

Nil desperandum.

Quo usque tandem abutere, Catilina, patientia nostra?

> Mayúsculas en nombres latinos: 2.65.
> Mayúsculas en títulos y subtítulos en latín: 2.106.

[2.57] Nombres de personas

[2.58] Primer uso del nombre de una persona

El nombre de una persona debe escribirse en su totalidad cuando aparece por primera vez en un trabajo escrito. Puede haber excepciones a esta regla por cuestiones estilísticas: por ejemplo, cuando el nombre completo es muy largo o rara vez se menciona. Conviene tener en cuenta la claridad, la coherencia, el protagonismo del nombre en una disciplina específica y la necesidad de evitar la discriminación a la hora de incluir o de excluir el nombre completo.

El nombre completo de una persona debe escribirse exactamente igual a como aparece en el texto original o en un libro de referencia.

El filólogo alemán Eberhard Müller-Bochat conecta la poesía lopesca con el petrarquismo.

No cambie Henry Louis Gates, Jr. a Henry Louis Gates, por ejemplo (fig. 2.1); tampoco omita ni el guion ni la tilde en Antoine de Saint-Exupéry. En usos posteriores, puede escribir solo el apellido, salvo cuando haya dos o más

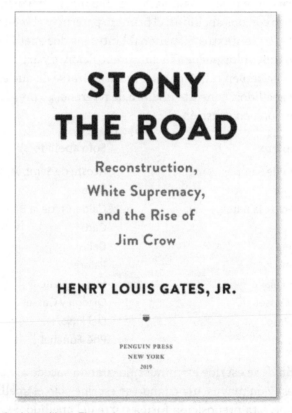

Fig. 2.1. Portada de un libro. El nombre del autor incluye el sufijo *Jr.*

personas con el mismo apellido, en cuyo caso habrá de usar el nombre completo.

> Nombres en lenguas distintas del español: 2.61-2.66.
> Nombres de pila y apodos: 2.67.
> Abreviaturas e indicaciones numéricas con nombres: 2.70.
> Colaborador o Colaboradora: ¿Cómo presentarlo? 4.43.

[2.59] Apellidos sin el nombre de pila

[2.60] Español

En muchos países de Hispanoamérica y en España, la mayoría de las personas se identifica con dos apellidos: el primero paterno y el segundo materno. Normalmente, en contextos hispanohablantes los dos apellidos no se unen con guion. Los apellidos pueden incluir preposiciones y artículos, que generalmente se escriben en minúsculas. Para asegurarse de que escribe bien el nombre y los apellidos, consulte un libro de referencia o pregúntele directamente a la persona en cuestión.

Nombre completo	Solo apellido(s)
Soledad Acosta de Samper	Acosta de Samper
Jorge Luis Borges	Borges
Pedro Calderón de la Barca	Calderón de la Barca
María José Caro	Caro
Camilo José Cela	Cela
Carmen Laforet	Laforet
Carmen Martín Gaite	Martín Gaite
José Ortega y Gasset	Ortega y Gasset
Fernando del Paso	Del Paso
Denise Phé-Funchal	Phé-Funchal

La preposición *do* se escribe en minúscula cuando sucede al nombre de pila (*Luis de Torres*) y en mayúscula cuando se escribe solo el apellido (*señor De Torres*). Aunque esta preposición forma parte del apellido, existen algunos casos ya establecidos en los que se suprime. Por ejemplo, Francisco José de Goya y Lucientes se conoce habitualmente como Goya.

En Estados Unidos y en otros contextos no hispanohablantes, el primer apellido de una persona de origen hispano a menudo es tomado como si fuera su segundo nombre (*middle name*). Esto causa confusión tanto en bases de datos como en la elaboración de listas de obras citadas.

Nombre completo	Error	Corrección
Gabriel García Márquez	Márquez	García Márquez
Emilia Pardo Bazán	Bazán	Pardo Bazán

La correcta escritura del apellido constituye la base del orden alfabético para la confección de listas de obras citadas. A continuación, le ofrecemos las normas en algunas otras lenguas para que pueda escribir correctamente el apellido sin el nombre de pila.

> Mayúsculas en español: 2.51.
> Orden alfabético: 4.122-4.129.

[2.61] Alemán

En alemán *von* generalmente no forma parte del apellido.

Nombre completo	Solo apellido(s)
Annette von Droste-Hülshoff	Droste-Hülshoff
Heinrich von Kleist	Kleist

Existen algunas excepciones, especialmente cuando la preposición *von* pertenece a personas que tienen apellido alemán pero que no son de nacionalidad o de origen alemanes, ni viven en Alemania.

Nombre completo	Solo apellido
Wernher Von Braun	Von Braun
Maria Von Trapp	Von Trapp

> Mayúsculas en alemán: 2.52.
> Mayúsculas en títulos y subtítulos en alemán: 2.102.

[2.62] Francés

La preposición *de* no cuenta como parte del apellido cuando sigue a un nombre de pila, a un tratamiento o a un título, como es el caso de *Mme* o de *duc*.

Nombre completo	Solo apellido
Simone de Beauvoir	Beauvoir
Étienne de La Boétie	La Boétie
Anne de Graville	Graville

En cambio, cuando el apellido tiene solo una sílaba, la preposición *de* se conserva.

Nombre completo	Solo apellido
Charles de Gaulle	de Gaulle

La preposición también permanece con la forma *d'*, la cual va pegada a la primera vocal del apellido.

Nombre completo	Solo apellido
Pierre d'Arcy	d'Arcy

Las contracciones *du* y *des* —que combinan respectivamente *de* con *le* y *les*— siempre van con mayúscula inicial junto al apellido.

Nombre completo	Solo apellido
Charles Du Bos	Du Bos
Bonaventure Des Périers	Des Périers

Mayúsculas en francés: 2.53.
Mayúsculas en títulos y subtítulos en francés: 2.103.

[2.63] Inglés

En inglés, las partículas a veces se escriben en mayúscula y otras veces en minúscula.

Nombre completo	Solo apellido
James Fenimore Cooper	Cooper
Daniel Defoe	Defoe
Walter de la Mare	de la Mare
Don DeLillo	DeLillo
Thomas De Quincey	De Quincey
W. E. B. Du Bois	Du Bois
Zora Neale Hurston	Hurston
Ursula K. Le Guin	Le Guin
Cormac McCarthy	McCarthy
Edna St. Vincent Millay	Millay
N. Scott Momaday	Momaday
Flannery O'Connor	O'Connor
Harriet Beecher Stowe	Stowe
Arthur Quiller-Couch	Quiller-Couch
John Edgar Wideman	Wideman

Mayúsculas en inglés: 2.54.
Mayúsculas en títulos y subtítulos en inglés: 2.104.

[2.64] Italiano

Las preposiciones y las contracciones *da*, *de*, *del*, *della*, *di* y *d'* van con mayúsculas iniciales y forman parte del apellido.

Nombre completo	Solo apellido
Gabriele D'Annunzio	D'Annunzio
Lorenzo Da Ponte	Da Ponte
Oreste Del Buono	Del Buono
Andrea Della Robbia	Della Robbia
Vittorio De Sica	De Sica
Angelo Di Costanzo	Di Costanzo

En el caso de miembros de familias históricas, la preposición se omite cuando solo se escribe el apellido, y se escribe con minúscula inicial cuando se da el nombre completo.

Nombre completo	Solo apellido
Lorenzo de' Medici	Medici

> Mayúsculas en italiano: 2.55.
> Mayúsculas en títulos y subtítulos en italiano: 2.105.

[2.65] Latín

Españolice los nombres de célebres personalidades romanas.

Nombre completo	Nombre españolizado
Marcus Tullius Cicero	Cicerón
Quintus Horatius Flaccus	Horacio
Gaius Julius Caesar	Julio César
Publius Ovidius Naso	Ovidio
Titus Livius	Tito Livio
Publius Vergilius Maro	Virgilio

> Mayúsculas en latín: 2.56.
> Mayúsculas en títulos y subtítulos en latín: 2.106.

[2.66] Lenguas de Asia

En chino, coreano, japonés y otros idiomas de Asia, el apellido suele preceder al nombre de pila. Los siguientes ejemplos son nombres completos de escritores donde el apellido precede al nombre.

Nombre completo	Solo apellido
Ariyoshi Sawako	Ariyoshi
Gao Xingjian	Gao
Yi Mun-yol	Yi

Tenga en cuenta que algunas personas de Asia siguen el orden occidental para los nombres, esto es, primero el nombre de pila y luego el apellido.

Nombre completo	Solo apellido
Haruki Murakami	Murakami

Consulte obras de referencia, el sitio web del autor o de la editorial o textos académicos para confirmar el orden de los nombres. Muéstrese coherente en el uso de una forma del nombre a lo largo de todo el documento.

> Idiomas donde el apellido va primero: 4.10.

[2.67] Nombres de pila y apodos

Algunas personas de la Edad Media y de la Alta Edad Moderna se conocen por su nombre de pila o incluso por su apodo.

Nombre completo	Nombre de pila / apodo
Doménikos Theotokópoulos	El Greco
Leonardo da Vinci	Leonardo

[2.68] Transliteración de nombres

Los nombres de personas, de lugares y de organizaciones en idiomas que no utilizan el alfabeto latino se romanizan, es decir, se escriben en el alfabeto latino.

[2.69] Tratamientos y títulos que acompañan al nombre

Es recomendable omitir el tratamiento y el título asociados con un nombre, incluso cuando en la obra original que ha consultado aparezcan dicho

Fig. 2.2.
Parte de la portada de un libro. El nombre del autor está precedido del tratamiento *San*. Al referirse a este autor en su documento de investigación, omita la palabra *San*.

tratamiento o título —como *señora*, *doña*, *fray*, *santa*, *profesor*, *reverendo* y sus abreviaturas *Sra.*, *Dña.*, *Fr.*, *Sta.*, *Prof.*, *Rvdo.*— (**fig. 2.2**).

Agustín (no san Agustín)

Emilia Pardo Bazán (no doña Emilia Pardo Bazán)

Isabel I (no la reina Isabel I)

[2.70] Abreviaturas e indicaciones numéricas con nombres

Las abreviaturas y las indicaciones numéricas pueden formar parte de algunos nombres en inglés. No hay coma entre el nombre y el número romano.

John D. Rockefeller IV

En cambio, sí hay una coma entre el nombre y abreviaturas como *Jr.* y *Sr.* Estas dos abreviaturas del inglés equivalen a hijo y a padre, respectivamente.

Dale Earnhardt, Jr.

[2.71] Iniciales

En la onomástica anglófona a veces un apellido se usa como *middle name*. El *middle name* aparece entre el primer nombre y el apellido propiamente dicho. En el caso de Edgar Allan Poe, por ejemplo, Allan es el apellido del padre adoptivo, que Edgar Poe utilizó como *middle name*. Estos nombres intermedios nunca deben confundirse con un apellido en el contexto de la onomástica hispánica, y pueden deletrearse o bien completos, o bien recurriendo solo a la inicial del *middle name*. Las iniciales del *middle name* van seguidas de un punto y un espacio.

Chimamanda Ngozi Adichie

George R. R. Martin

V. S. Naipaul

Octavia E. Butler

[2.72] Nombres de organizaciones y de grupos

Escriba con mayúscula inicial los nombres de las organizaciones públicas y privadas. También debe utilizarse la mayúscula inicial en las palabras *corona*, *estado*, *ejército*, *gobierno*, *iglesia*, *reino* y *universidad* cuando designan entidades, organismos o instituciones concretas. Sin embargo, los artículos o los adjetivos que acompañan esas palabras deben escribirse en minúscula.

El papa Francisco I es el actual pontífice de la Iglesia católica.

Nuestra profesora ofreció un discurso en el Fondo de Cultura Económica.

Bulmer pasaba doce horas al día en la Bibliothèque Nationale.

[2.73] Nombres de periodos literarios y de movimientos culturales

Los nombres de periodos o movimientos literarios o culturales se escriben con mayúscula inicial solo si se refieren a periodos amplios y abarcan varias disciplinas. Los periodos o movimientos de alcance más limitado se escriben con minúscula. En caso de duda, consulte un diccionario o una fuente de referencia o académica adecuada.

Barroco	realismo mágico
cubismo	Renacimiento
generación del 27	Romanticismo
indigenismo	Siglo de Oro
movida madrileña	surrealismo
naturalismo francés	vanguardismo

En relación a términos que pertenecen a lenguas distintas del español, consulte un diccionario reconocido o una fuente especializada para saber cuál es el uso más aceptado de las mayúsculas para periodos literarios y movimientos culturales.

Risorgimento

Siècle des Lumières

Sturm und Drang

[2.74] Títulos de publicaciones

Cuando escriba el título de una publicación, cópielo de un lugar fidedigno, por ejemplo, de la portada —la página interior donde se encuentran el título y el subtítulo del libro, el nombre del autor y el sello editorial— y no de la cubierta del libro. A diferencia del inglés, en español solo se escribe en mayúscula la primera letra de la primera palabra del título y del subtítulo (en caso de haberlo), yendo todas las demás palabras en minúscula (menos las que normalmente llevan mayúscula). El título se separa del subtítulo con dos puntos y un espacio (**fig. 2.3**).

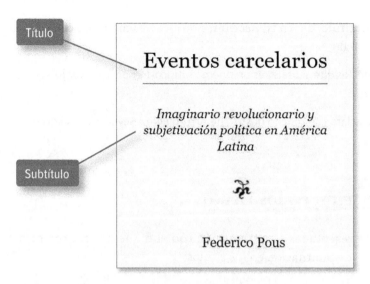

Fig. 2.3. Parte de la portada de un libro. El diseño tipográfico establece con claridad la distinción entre título y subtítulo. En la entrada bibliográfica para esta obra o en el texto principal de su documento, separe con dos puntos y un espacio el título del subtítulo de la obra: *Eventos carcelarios: Imaginario revolucionario y subjetivación política en América Latina.*

[2.75] Títulos de publicaciones periódicas

Las publicaciones periódicas no siguen la regla anterior. En los títulos de revistas o de periódicos, se escriben en mayúscula inicial todas las palabras significativas que forman parte del nombre.

Nueva Revista de Filología Hispánica

El Nuevo Día

[2.76] Cuando no hay título

Cuando un poema sin título se conoce por su primer verso, o cuando las primeras palabras pueden identificar un texto completo que no tiene título, se utilizan el verso o las palabras iniciales en lugar del título. Al convertirse esas palabras en título, deben transcribirse de idéntica manera a como aparecen en el original.

> "Hombres necios que acusáis" es un poema satírico-filosófico de sor Juana Inés de la Cruz.

> El tuit "Se lo aclaro con mucho gusto", de Arturo Pérez-Reverte, causó gran controversia.

[2.77] Puntuación en los títulos

Siga las pautas presentadas a continuación con el fin de utilizar correctamente los signos de puntuación en los títulos.

[2.78] Subtítulos

Use dos puntos y luego deje un espacio en blanco para separar el título del subtítulo, independientemente de cómo aparecen el título y el subtítulo en la portada. La palabra que sigue a los dos puntos se escribe con mayúscula inicial.

> *La casa de Bernarda Alba: Drama de mujeres en los pueblos de España*

Cuando a un título le siguen dos subtítulos, use dos puntos antes de cada subtítulo (**fig. 2.4**).

> *La risa del caballero Marías: Escolios a* El Quijote de Wellesley*: Notas para un curso en 1984*

Cuando el título de un libro termina con signos de puntuación, como el de interrogación, el de exclamación o la raya, no es necesario añadir dos puntos antes del subtítulo. Ahora bien, cuando esos signos de puntuación forman parte de un título dentro del título, escriba dos puntos y un espacio antes de introducir el subtítulo.

> *¿Por qué enfermamos? La historia que se oculta en el cuerpo*

> *"¡Bailá! ¡Vení! ¡Volá!": El fenómeno tanguero y la literatura*

> Moby-Dick *and* Absalom, Absalom!*: Two American Masterpieces*

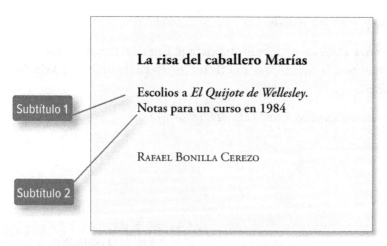

Fig. 2.4. Parte de la portada de un libro. Incluya dos puntos y un espacio antes de cada subtítulo.

Si el título principal termina en comillas, inserte dos puntos y un espacio en blanco entre las comillas y el subtítulo. En el primer ejemplo que ofrecemos abajo, el título es una cita de Shakespeare. En el segundo ejemplo, el título de un libro contiene a su vez el título de un cuento.

"To Be or Not to Be": A Study of Decision-Making in Shakespeare Tragedies

Ken Liu's "Paper Menagerie": Family, Fantasy, and Mourning

Cuando un punto o una coma separan el título y el subtítulo en la portada del libro, cambie ese punto o esa coma por dos puntos.

[2.79] Títulos dobles

Los títulos dobles unidos por la conjunción disyuntiva *o* no requieren signos de puntuación ni mayúsculas.

Don Álvaro o la fuerza del sino

Aunque los títulos dobles no requieren puntuación, se recomienda que se escriban tal como aparecen en la portada del libro.

[2.80] Fechas en los títulos

Ponga una coma antes de una fecha añadida al final del título de una obra de un solo volumen, a menos que esa fecha forme parte de la sintaxis del título (**fig. 2.5**).

La generación del sacrificio: Ricardo Zabalza, 1898-1940

La poesía cubana en 1936

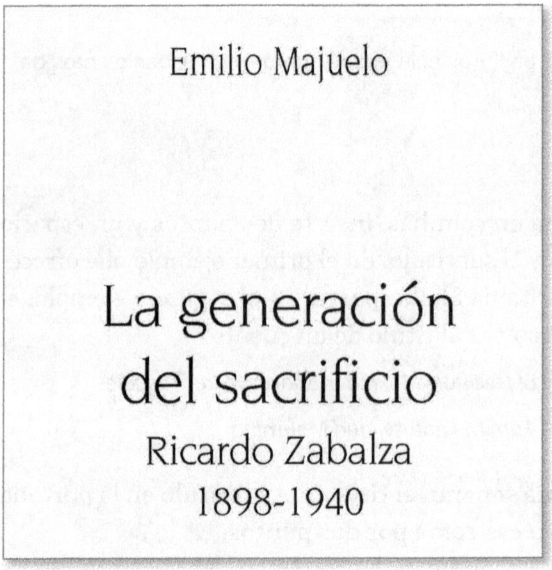

Emilio Majuelo

La generación
del sacrificio
Ricardo Zabalza
1898-1940

Fig. 2.5.
Parte de la portada de un libro. Use una coma y un espacio antes del rango de años, el cual se encuentra al final del subtítulo.

[2.81] Volúmenes

Hay volúmenes individuales que pertenecen a una obra de varios volúmenes y que carecen de un título específico. En algunos casos, se indica en la cubierta, en la portada o en otro lugar el periodo o la temática que estudia un volumen concreto (**fig. 2.6**). No es necesario que indique un subtítulo de este tipo. Si desea incluir esta información como parte del título, añada una coma antes de designaciones numéricas y dos puntos antes de designaciones descriptivas.

Clásicos Jackson: Ensayistas ingleses

Herrumbrosas lanzas, libros 8-12

Historia y crítica de la literatura española: Época contemporánea, 1914-1939

Lo mejor de Gabriela Mistral: Poemas

Obras en varios volúmenes: 4.116.

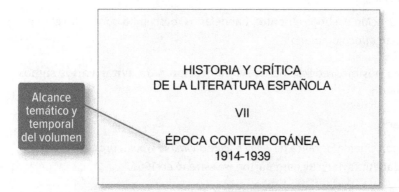

Fig. 2.6. Parte de la portada de un volumen que forma parte de una obra en múltiples volúmenes. La portada de este volumen informa de su alcance temático y temporal. Esta información no se suele incluir al citar el título en el texto principal de su documento.

[2.82] Puntuación después de títulos

Si después de un título en cursiva terminado en comillas necesita poner un punto, escríbalo después de las comillas.

El estudio aparece en *New Perspectives on "The Eve of St. Agnes"*.

Cuando se incorpora a su trabajo escrito un título que termina con un signo de interrogación o de exclamación, incluya una coma después del título si la gramática de la frase la exige. Observe las dos situaciones siguientes:

El título es un elemento de una serie

El ensayo analiza *¿Quién mató a Palomino Molero?*, *¡Hoy no, Satanás!* y *La pérdida del reino*.

Una coma es necesaria en cláusulas explicativas después del título

La pieza titulada *¿Quién teme a Virginia Woolf?*, cuyo autor es el dramaturgo estadounidense Edward Albee, se estrenó en 1962.

Si el título aparece entre comillas, la coma se coloca después de las comillas.

En la "Canción del boga ausente", Candelario Obeso imita por escrito el sociolecto afrocolombiano.

Cuando sea posible, redacte de nuevo la oración para evitar varios signos de puntuación.

Aceptado

La versión cinematográfica de *¿Quién teme a Virginia Woolf?*, protagonizada por Elizabeth Taylor y Richard Burton, se estrenó en 1966.

Preferido

Protagonizada por Elizabeth Taylor y Richard Burton, la versión cinematográfica de *¿Quién teme a Virginia Woolf?* se estrenó en 1966.

[2.83] Títulos: Cursivas y comillas

La mayoría de los títulos debe escribirse o bien en cursiva o entre comillas. En general, ponga en cursiva títulos de libros, filmes, cuadros, antologías y programas de televisión, por ejemplo, y use comillas para los títulos que forman parte de una obra mayor (p. ej., poemas, cuentos, canciones, episodios de series y de programas de televisión).

[2.84] Títulos en cursiva

Libros

El beso de la mujer araña (novela)

Las palabras y las cosas: Una arqueología de las ciencias humanas (monografía)

Canto escolar (colección de poemas publicada como libro independiente)

Coplas a la muerte de su padre (poema publicado como libro independiente)

Persépolis (novela gráfica)

Seis ensayos en busca de nuestra expresión (colección de ensayos)

Filmes

La guerra de las galaxias

Series y programas de televisión

La casa de papel

Los Simpson

Obras de teatro

Hamlet

Periódicos

El País

Revistas

Hispania

Harvard Business Review

Semana

Sitios web

El País (sitio web de noticias)

Instituto Cervantes (sitio web de una organización)

Instagram (red social)

MLA International Bibliography (base de datos)

National Endowment for the Humanities (sitio web de una organización gubernamental)

Nike (sitio web corporativo)

Proyecto Ensayo Hispánico (sitio web académico)

Wikipedia (enciclopedia virtual)

YouTube (plataforma de videos)

Aplicaciones

Spotify

TikTok

Zoom

Videojuegos

La abadía del crimen

GRIS

Sin embargo, no llevan cursivas las denominaciones para juegos de mesa, juegos de cartas y otros juegos similares.

Epopeya premoderna

Ilíada

Tesis doctoral

La iniciativa legislativa en el derecho autonómico

Programa de radio

¡Ya párate!

Pódcast

¿Por qué nos da risa?

Colección musical (álbum)

Pies descalzos

Composición musical larga identificada por su nombre

Symphonie fantastique

Arte visual

La columna rota (pintura)

Infinity Mirrors (exposición)

Muerte de un miliciano (fotografía)

Rapto de Europa (escultura)

No van en cursiva ni las obras de arte telúrico y antiguo ni las construcciones arquitectónicas.

Artes escénicas

El cascanueces (espectáculo de danza)

The Formation World Tour (serie de conciertos)

El rey león (musical)

[2.85] Cursiva en títulos que se encuentran dentro de una obra mayor

Cuando una obra cuyo título se escribe en cursiva (como una novela o una obra de teatro) aparece dentro de otra obra mayor u otro contenedor, ambos títulos se escriben en cursiva.

> *Enllà,* de Joan Maragall, se puede leer en la *Biblioteca Virtual Miguel de Cervantes.*

> *El retablo de las maravillas* y *Pedro de Urdemalas* forman parte de *Ocho comedias y ocho entremeses nuevos, nunca representados.*

[2.86] Títulos entre comillas

Artículo en una revista académica

> "Una feria de Marsella"

Artículo periodístico

> "Política, miedo y amor"

Artículo enciclopédico

> "Etrusco"

Ensayo en una colección

> "The Fiction of Langston Hughes"

Cuento

> "Las medias de los flamencos"

Poema

> "Oda al tomate"

Capítulo de un libro

> "Rabelais y la historia de la risa"

Página web

> "El fisgón histórico"

Episodio de televisión o serie

"El laberinto del tiempo"

Canción

"Bésame mucho"

Video de una canción

"Bailando"

Conferencia, charla o ponencia

"La Lima de Vargas Llosa"

Casos judiciales

En inglés los casos judiciales se escriben en cursiva y, con frecuencia, van conectados con la preposición latina *versus* o con su abreviatura *v.* (*versus* se suele abreviar *v.* en casos judiciales y *vs.* en deportes). No obstante, y si bien la Real Academia de la Lengua Española consigna la expresión "Occidente *versus* Oriente", en español no es aconsejable el uso de esta preposición latina y recomendamos cambiarla por *contra* —escrita en redonda y no en cursiva—. Además, en español los casos judiciales se escriben entre comillas y en redonda.

"Marbury contra Madison"

[2.87] Títulos en letra redonda y sin comillas

Los nombres de las siguientes categorías empiezan con la primera letra en mayúscula, como todos los títulos, pero se escriben en redonda, es decir, sin cursiva, y sin comillas.

Libros sagrados

Antiguo Testamento	Génesis
Biblia	Talmud
Corán	Upanishads
Evangelios	

Los títulos de ediciones individuales de escritos sagrados deben ir en cursiva y ser tratados como cualquier otra publicación.

Nueva Biblia latinoamericana de hoy

Antología del Talmud

Los Upanishads esenciales

Leyes, tratados y documentos legales

Acta de Chapultepec

Carta Magna

Declaración de Independencia

Tratado de Versalles

Obras instrumentales conocidas por designación descriptiva, por número o por clave

Sinfonía núm. 7 en la mayor, op. 92 de Beethoven

Concierto para dos trompetas y orquesta, RV539 de Vivaldi

Sección de un periódico o de un noticiario

Sucesos

Títulos de series en publicaciones impresas

Approaches to Teaching World Literature

Español como lengua extranjera y segunda

En cambio, los títulos de programas de televisión o que se transmiten en línea (a menudo llamados *series*) se escriben en cursiva.

Yo soy Betty, la fea

Series con títulos informales

filmes de *Viaje a las estrellas*

cómics de Kalimán

Por lo general, se identifican las series informales por el título del primer libro de la serie o por el personaje principal. Cuando el título de la serie coincide con el nombre del protagonista, será aceptable escribirlo en cursiva o en letra redonda, siempre que mantenga la coherencia en todo su trabajo.

novelas de Harry Potter

novelas de *Harry Potter*

Congresos, cursos, seminarios y talleres

Antropología 102

Congreso Internacional de la Asociación de Estudios Latinoamericanos

Convención Anual de la MLA

Introducción a la Literatura

Taller de Historia

Palabras que designan divisiones de una obra

No van en cursiva aquellas palabras que designan divisiones dentro una obra. Tampoco llevan comillas ni se escriben con mayúscula inicial ("La autora afirma en el prefacio..."; "En el canto 32 Ariosto expresa...").

acto 4	índice
apéndice	introducción
canto 32	referencias
capítulo 2	prefacio
escena 7	verso 20

Juegos

Calabozos y dragones	parchís
Comecocos	Scrabble
escondite	

Arte antiguo, construcciones y edificios

Casa de la Cascada	Stonehenge
Gran Muralla china	Taj Mahal
Great Serpent Mound	Venus de Milo

> Columnas, secciones y otros materiales con títulos en publicaciones periódicas: 4.115.

[2.88] Títulos dentro de títulos

Cuando un título aparece dentro de otro título, el título interno debe distinguirse del principal. La forma de marcar esta distinción dependerá de cómo ha sido escrito el título según las directrices explicadas anteriormente en este manual: entre comillas, en cursiva o en el encabezamiento de su propio trabajo escrito.

[2.89] Título principal entre comillas

Mantenga las cursivas en títulos internos escritos en cursiva.

"Memoria e identidad (auto)biográfica en *La ninfa inconstante* de Guillermo Cabrera Infante" (artículo sobre una novela)

Cambie las comillas dobles del título interno a comillas simples (**fig. 2.7**). Si un título que normalmente iría en cursiva aparece entre comillas dentro de otro título en la fuente, siga la fuente en el uso de las comillas; no corrija cambiándolo a cursiva.

"Trazos proto-hipertextuales en la narrativa moderna latinoamericana: 'La biblioteca de Babel'" (artículo sobre un cuento)

"The Age of 'The Age of Innocence'" (artículo sobre una novela —el título de la novela aparece entre comillas y no en cursiva en la fuente)

Trazos proto-hipertextuales en la narrativa moderna latinoamericana: "La biblioteca de Babel"

Abstract: Por sus innovaciones y técnicas narrativas, se puede leer parte de la producción narrativa de Jorge Luis Borges (1899–1986) dentro de la literatura moderna latinoamericana como un intento de establecer antecedentes proto-hipertextuales. La afirmación anterior no pretende sostener que fue la intención de Borges escribir proto-hipertextos, sino que, por sus artificios literarios, varios de sus textos contienen elementos que vendrán posteriormente a ser considerados características intrínsecas de los hipertextos.

Fig. 2.7. Primera página de un artículo de revista especializada consagrado al estudio de un cuento. Al citarlo, deberá usar comillas dobles y simples: las dobles para encerrar el título circundante (o título externo) y las simples para el título del cuento citado (o título interno).

[2.90] Título principal en cursiva

Mantenga las comillas en títulos internos.

Jorge Luis Borges, autor de "Pierre Menard" (y otros estudios borgesianos) (libro que incluye parte del título de un cuento)

Cambie títulos internos escritos en cursiva a letra redonda (no cursiva).

Apuntes sobre la estructura paródica y satírica de Lazarillo de Tormes (libro sobre una novela)

Saturno, melancolía y El laberinto del fauno *de Guillermo del Toro* (libro sobre un filme)

Si un título interno aparece escrito de igual manera que el título circundante o externo, cambie el título interno —escribiéndolo ahora en redonda, en cursiva o con comillas— según sea apropiado.

[2.91] Título principal en letra redonda y sin comillas

Mantenga la cursiva para títulos internos con cursiva.

La arquitectura abyecta en *La casa de Bernarda Alba* (encabezamiento de su propio trabajo escrito sobre una obra de teatro)

Colonialismo y dictadura en *Las tinieblas de tu memoria negra* de Donato Ndongo-Bidyogo (encabezamiento de su propio trabajo escrito sobre una novela)

Mantenga las comillas en títulos con comillas.

El dolor de la ausencia en "Me gustas cuando callas" (encabezamiento de su propio trabajo escrito sobre un poema)

El cuerpo fragmentado en "No oyes ladrar los perros" (encabezamiento de su propio trabajo escrito sobre un cuento)

[2.92] Citas, términos y títulos en otras lenguas dentro de títulos

[2.93] Citas en otros idiomas dentro de títulos

En títulos que contienen citas en otro idioma, siga las normas sobre el uso de mayúsculas en títulos del idioma del título y no de la cita.

"'Love is a subject so delightful': Concepto y casuística de amor en el mundo pastoril de la *Urania* de Mary Wroth"

"'¿Qué Pasó, Hombre?': The Long Night of White Chickens and Dracula"

[2.94] Aplicar estilos a términos extranjeros

Si un título contiene un término o una frase de un idioma extranjero, siga el original en el uso de cursiva o comillas (**figs. 2.8, 2.9**).

El *"affaire"* de la Corte Suprema argentina (la palabra *affaire* aparece entre comillas en el original)

El *kitsch político: Acción política y radicalización ideológica en los Estados Unidos del cambio de siglo* (la palabra *kitsch* se escribe de la misma manera como las otras palabras del título, siguiendo la portada del libro)

La road movie *y la* counter-road movie *en América Latina: Una modernidad ambivalente* (las frases en inglés *road movie* y *counter-road* movie están escritas en cursiva en el título y, por lo tanto, se escriben en redonda mientras el resto del título irá en cursiva)

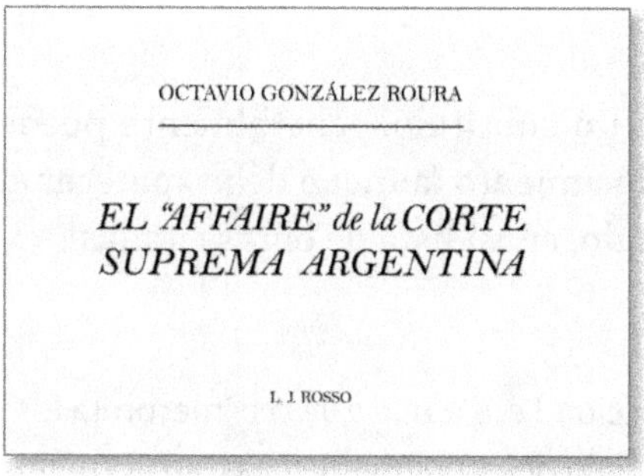

Fig. 2.8.
Título en la portada de un libro.

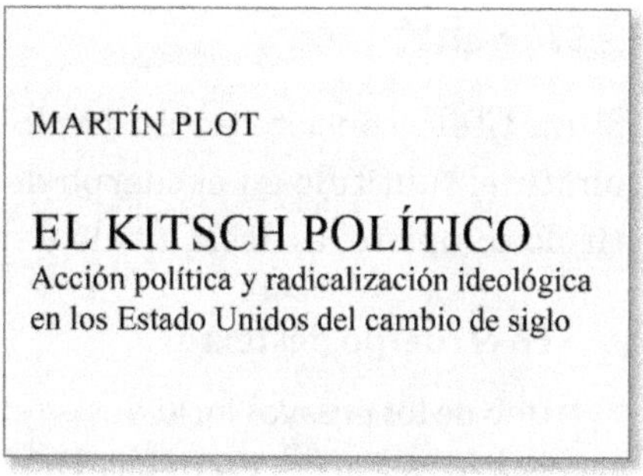

Fig. 2.9.
Título en la portada de un libro.

[2.95] Mayúsculas en títulos dentro de títulos

Para títulos en lenguas distintas del español dentro de títulos, reprodúzcalos siguiendo las reglas de las mayúsculas propias de esas lenguas. En caso de lenguas que no usan el alfabeto latino, guíese por transliteraciones de esos títulos a partir de enciclopedias y de diccionarios especializados, o por la manera en la que expertos en la materia han transliterado dichos títulos.

"Cine, teatro y poesía en *The Crying of Lot 49*"

> Mayúsculas en lenguas distintas del español: 2.52-2.56.

[2.96] Abreviación de títulos

Cuando se hace referencia a un título en un trabajo escrito, por lo general debe escribir el título en su totalidad en la primera referencia. A partir de entonces, si en el trabajo escrito el título se repite con frecuencia, puede abreviarlo (p. ej., "Gacela" en lugar de "Gacela de la terrible presencia").

[2.97] Subtítulos

Si un título consiste en un título y en un subtítulo, generalmente puede omitir el subtítulo en el cuerpo de su documento (aunque debe aparecer el título completo, es decir, título y subtítulo, en su lista de obras citadas).

En el cuerpo del texto

Uno de los ensayos incluidos en la colección *Revisitando a Berceo* interpreta los relatos celestiales y terrenales en un poema del autor medieval (García Turza).

Entrada bibliográfica

García Turza, Francisco Javier. "Los relatos celestiales y terrenales de Gonzalo de Berceo en el *Poema de Santa Oria*". *Revisitando a Berceo: Lecturas del siglo XXI*, edición de Francisco Domínguez Matito y Elisa Borsari, Iberoamericana Vervuert, 2020, pp. 93-128.

Sin embargo, es recomendable incluir el subtítulo en la primera referencia del título si este, por sí solo, no ofrece suficiente información sobre la obra.

En el cuerpo del texto

En *Los cárteles no existen: Narcotráfico y cultura en México*, Oswaldo Zavala cuestiona el mito oficial sobre el tráfico de drogas en México.

Entrada bibliográfica

Zavala, Oswaldo. *Los cárteles no existen: Narcotráfico y cultura en México*. Malpaso, 2018.

[2.98] Formas convencionales de títulos

Algunos títulos pueden ser ya conocidos según una forma más corta. Por ejemplo, una edición de la obra impresa de Cervantes titulada *El ingenioso hidalgo don Quijote de la Mancha* puede abreviarse como *Quijote*.

[2.99] Títulos largos

Algunas obras, especialmente antiguas, exhiben títulos largos.

> *Itinerario de la armada del rey católico a la isla de Yucatán, en la India, en el año 1518, en la que fue por comandante y capitán general Juan de Grijalva, escrito para Su Alteza por el capellán mayor de dicha armada*

Para abreviar un título de este tipo, escriba las palabras iniciales del título hasta al menos la segunda palabra significativa.

> *Itinerario de la armada*

Cabe señalar que cuando una obra tiene un título alternativo, también es útil incluirlo:

> *La Celestina o tragicomedia de Calisto y Melibea*

[2.100] Comillas en títulos abreviados

Si necesita abreviar un título entrecomillado que, a su vez, empieza con otro título entre comillas, use el título interno como la forma corta y conserve las comillas simples dentro de las dobles.

Título completo

"'Valiente', el original poema dedicado al éxodo cubano"

Título acortado

"'Valiente'"

Título completo

"'Sabor a mí': Aura, bolero e identidad en América Latina"

Título acortado

"'Sabor a mí'"

[2.101] Mayúsculas y minúsculas en títulos de obras escritas en otras lenguas

En los títulos y subtítulos en lenguas que utilizan el alfabeto latino, con las excepciones del inglés y el francés, solo se pone en mayúscula la primera palabra, así como todas aquellas palabras que, por normas ortográficas de cada idioma, requieran mayúscula inicial.

[2.102] Alemán

Lethe: Kunst und Kritik des Vergessens

Ein treuer Diener seines Herrn: Trauerspiel in fünf Aufzügen

Zeitschrift für vergleichende Sprachforschung

> Mayúsculas en alemán: 2.52.
> Mayúsculas en nombres alemanes: 2.61.

[2.103] Francés

Si un título o subtítulo en francés comienza con un artículo definido, escriba en mayúscula las primeras letras de todas las palabras hasta el primer sustantivo, el cual también se escribe con mayúscula. Si el título no comienza con un artículo definido, solo la primera palabra lleva mayúscula.

La Chambre claire: Note sur la photographie

Les Liaisons dangereuses

La Guerre de Troie n'aura pas lieu

"'Le Poids de la souveraineté': La Notion de souveraineté politique chez Montaigne"

"'Imaginer le visage absent de la déesse': Une Visite au palais des choses d'Henri de Régnier"

"'Un Vrai Témoignage de l'humaine imbécillité': L'Erreur et ses formes judiciaires"

Un método alternativo consiste en seguir las mismas normas que para los títulos en español. Mantenga la coherencia en el uso de un método u otro.

Mayúsculas en francés: 2.53.
Mayúsculas en nombres franceses: 2.62.

[2.104] Inglés

Para títulos en inglés, siempre ponga en mayúsculas las primeras letras de la primera palabra, de la última palabra y de todas las palabras principales, incluidas aquellas palabras compuestas con guiones. Por lo tanto, llevan mayúscula las siguientes partes de la oración:

- adjetivos (*The Ugly Duckling*)
- adverbios (*Only Slightly Corrupt; Go Down, Moses*)
- conjunciones de subordinación (p. ej., *after, although, as, as if, as soon as, because, before, if, that, unless, until, when, where, while*, como en *Life As I Find It*)
- pronombres (*Save Our Children; Some Like It Hot*)
- sustantivos (*The Flowers of Europe*)
- verbos (*America Watches Television; What Is Literature?*)

No escriba mayúsculas iniciales en las siguientes partes de la oración si no pertenecen ni a la primera ni a la última palabra del título.

- artículos (*a, an, the*, como en *Under the Bamboo Tree*)
- Conjunciones de coordinación (*and, but, for, nor, or, so, yet*, como en *Romeo and Juliet*)
- preposiciones (p. ej., *against, as, between, in, of, to, according to*, como en *The Artist as Critic*)
- el *to* de los infinitivos (*How to Play Chess*)

No obstante, los artículos al comienzo del subtítulo sí deben llevar mayúscula en la primera letra.

Our Own Image: A Story of a Māori Filmmaker

Mayúsculas en inglés: 2.54.
Mayúsculas en nombres ingleses: 2.63.

[2.105] Italiano

L'arte tipografica in Urbino

Bibliografia della critica pirandelliana

Collezione di classici italiani

Luigi Pulci e la chimera: Studi sull'allegoria nel Morgante

Studi petrarcheschi

> Mayúsculas en italiano: 2.55.
> Mayúsculas en nombres italianos: 2.64.

[2.106] Latín

En el título o subtítulo de una obra clásica o medieval, use mayúsculas solo en la primera letra de la primera palabra, así como en todas aquellas que normalmente llevan mayúsculas.

De senectute

Pro Marcello

> Mayúsculas en latín: 2.56.
> Mayúsculas en nombres latinos: 2.65.

[2.107] Otras lenguas que usan el alfabeto latino

Para títulos o subtítulos de lenguas no mencionadas más arriba que usan el alfabeto latino, la regla es reservar la mayúscula solo para la primera letra de la primera palabra del título y subtítulo, así como para aquellas palabras que por necesidad deban ir en mayúscula.

[2.108] Lenguas con alfabetos diferentes del latino

Si copia un título escrito en un alfabeto diferente del latino (p. ej., árabe, chino, griego, hebreo, japonés, ruso), sea coherente en el uso del sistema de escritura original o de la transliteración. En un título o en un subtítulo transliterados, llevan mayúsculas la primera letra de la primera palabra y cualquier otra palabra que regularmente requiera el uso de mayúscula.

Alfabeto original

بنات الرياض (*Chicas de Riad*)

Transliteración

Banāt al-Riyāḍ (Chicas de Riad)

Si no se siente seguro o segura de cómo transliterar términos de un idioma específico, en la Biblioteca del Congreso de Estados Unidos puede consultar las *ALA-LC Romanization Tables* (www.loc.gov/catdir/cpso/roman.html).

> Citas en lenguas con alfabeto no latino: 5.71.

[2.109] Traducción de títulos de obras escritas en otras lenguas

Si cita o comenta en profundidad una obra escrita en una lengua que no sea el español, indique en la primera referencia tanto la traducción del título como el título original y ponga uno de ellos entre paréntesis, mostrando coherencia al decidir cuál de los dos. Escriba el título original y la traducción en cursiva o entre comillas, según el tipo de obra. El título traducido deberá seguir las reglas de mayúsculas y minúsculas en español.

> "Aujourd'hui, maman est morte", la primera línea de *L'Étranger* (*El extranjero*), se ha traducido como "Hoy ha muerto mamá".

> Franz Kafka examina la noción de culpa en "La condena" ("Das Urteil").

En referencias posteriores, puede utilizar o bien el título original, o bien su traducción, siempre y cuando sea coherente a lo largo de todo el texto.

Por lo general, no es necesario dar a conocer el título original cuando se utiliza solo una traducción de una obra escrita en otro idioma y solo hace una breve referencia a esa obra.

Franz Kafka examina la noción de culpa en "La condena".

Ocasionalmente, el título de la obra es más conocido en el idioma original y, en esta eventualidad, no es necesario traducirlo.

El *Canzoniere* de Petrarca utiliza un lenguaje de paralelos para describir tanto la frustración del amor no correspondido como el honor que otorga ese amor.

> Traducciones de títulos: 4.30.
> Traducción de citas: 5.70.

[2.110] Números

[2.111] Uso de cifras o de palabras

En contextos donde aparecen pocos números, estos se escriben con letras cuando puedan expresarse en una o dos palabras. Asimismo, use letras en lugar de cifras cuando esas dos palabras estén unidas por una conjunción.

uno	ochocientos cincuenta
veintiocho	dos mil
treinta y seis	tres millones
quinientos	

Escriba la cifra cuando el número esté compuesto por más de dos palabras (sin contar la conjunción). Los números de cuatro cifras no deben separarse por puntos, comas ni espacios. Los números de más de cuatro cifras deben agruparse de tres en tres, separando con un espacio en blanco cada grupo y empezando de derecha a izquierda. Sin embargo, no deben separarse los años, las direcciones, los decretos, las leyes, las páginas ni los versos.

137	9 865 432
1275	página 3498

[2.112] Documentos con muchos números

En documentos donde los números aparecen con mucha frecuencia, como informes de datos experimentales, use cifras para todos los números que precedan a unidades o medidas.

5 kilogramos

30 pulgadas

En tales contextos, escriba de la misma manera los números relacionados. Así pues, utilice cifras para números que normalmente van escritos en letras en el caso de que estos aparezcan en proximidad a números escritos en cifras.

exactamente 3 automóviles y 129 camiones

solo 5 de los 250 representantes

[2.113] Direcciones

En contextos de países iberoamericanos, es costumbre que el número del portal o del domicilio vaya después del nombre de la calle. Separado por una coma y por un espacio en blanco, le siguen el número o la letra de la puerta, de la escalera o del piso. Aunque puede variar de ciudad en ciudad y de país en país, normalmente para los pisos se recurre a los números ordinales en abreviatura con ayuda de la letra volada: 1.ª (primera), 2.º (segundo), 3.er (tercer). Entre la cifra y la letra volada hay un punto.

Avenida Diagonal 4123, 2.º A

[2.114] Decimales

La normativa internacional establece la separación de la parte entera del decimal con una coma. Con todo, en algunos países hispanoamericanos se prefiere un punto para indicar los decimales. Ambos usos son aceptados.

El valor del número áureo es 1,618.

El valor del número áureo es 1.618.

[2.115] Porcentajes y cantidades de dinero

En documentos donde hay un uso poco frecuente de números, escriba en palabras el porcentaje si es menor de diez. Para las cantidades de dinero, recurra a palabras si puede limitarse a tres o menos.

uno por ciento	diez millones de dólares
treinta y cinco pesos	sesenta y ocho centavos
dos mil euros	

Emplee cifras para porcentajes mayores de diez y para las cantidades de más de tres palabras. Los símbolos de las monedas pueden ponerse delante de la cifra y sin espacio —como se suele escribir en América— o detrás de la cifra y con un espacio adicional —como se suele escribir en España—.

48%

$535

970 €

Puede combinar cifras con símbolos, pero no combine símbolos con números escritos con letras.

[2.116] Elementos numerados en serie

En general, use cifras para elementos numerados en serie.

capítulo 9	número 3
habitación 601	página 143

[2.117] Millón, billón, trillón y cuatrillón

Las palabras *millón*, *billón*, *trillón*, *cuatrillón* y sus plurales pueden ir precedidas por una cifra (p. ej., 45 millones de habitantes).

[2.118] Formas plurales

El plural de los números sigue las mismas normas de la formación del plural para los sustantivos.

treses

dieces

treintas

Plurales: 2.3.

[2.119] Uso de números romanos

Siglos

siglo XVII

Emperadores, papas y reyes

Benedicto XVI

Felipe III

Maximiliano I

Actas y congresos

Actas del X Congreso de la Asociación Internacional de Hispanistas

Nótese que los números romanos siempre deben escribirse en mayúscula.

[2.120] Fechas y hora

En el cuerpo del texto, no abrevie las fechas. Es recomendable que las disponga en orden ascendente, es decir, primero el día, luego el mes y por último el año. Sepárelos con la preposición *de*.

7 de agosto de 2020

Las décadas se escriben en palabras.

la década de los ochenta

los años veinte

Las eras se escriben con abreviaturas tanto en el texto principal como en otras partes del documento: por ejemplo, *a. C.* (antes de Cristo), *d. C.* (después de Cristo), *a. e. c.* (antes de la era común) y *e. c.* (de la era común).

19 a. e. c.

123 e. c.

La hora puede expresarse en cifras o en palabras, pero es recomendable no mezclar unas con otras. Cuando utilice cifras, puede separar la hora de los minutos con un punto o con dos puntos. En caso de que utilice las abreviaturas *a. m.* (del latín, *ante meridiem*) y *p. m.* (del latín, *post meridiem*), incluya un punto después de cada letra, así como un espacio intermedio. Si prefiere no emplear estas abreviaturas, emplee los números del 0 al 23. Para las horas en punto, los dos ceros finales pueden ser omitidos si usa la abreviatura *h.* Esta abreviatura no va seguida de un punto.

2:00 p. m.   llegada a las 14 h

2.00 p. m.   llegada a las 14:00

Con expresiones como *alrededor de*, *hacia*, *pasada*, *pasadas* o *y pico*, y siempre que preceda a una frase como *de la mañana o de la tarde*, es costumbre escribir los números con palabras.

Terminaré alrededor de las once de la mañana.

Terminaré hacia las once de la mañana.

Llegarán pasada la una.

Voy a llegar pasadas las cinco.

Voy a llegar a las cinco y pico.

Nos veremos a las dos de la tarde.

Fecha de Publicación: ¿Cómo presentarla? 4.76.
Referencia horaria: 4.79.
Rangos de fechas: 4.80.

[2.121] Rangos numéricos

Para rangos numéricos, hasta noventa y nueve deberá escribirse el número completo.

2-3

10-12

21-48

89-99

Después del noventa y nueve, escriba solo los dos últimos dígitos del número después del guion, a menos que pueda crear confusión el hecho de escribir únicamente dos dígitos.

96-101	923-1003
103-04	1003-05
395-401	1608-774

Los números romanos siempre deben escribirse de forma completa.

II-III

X-XII

XXI-XXVIII

Asimismo, es necesario escribir en su totalidad las combinaciones de números y de letras.

A110-A118

Para los años de cuatro dígitos, también omita los dos primeros dígitos del año después del guion si coinciden con los dos primeros dígitos del año escrito antes del guion. Si para ambos años los dos primeros dígitos no coinciden, escriba las cifras completas de los dos años.

2000-03

1898-1901

1945-89

No abrevie los años que van acompañados de las abreviaturas *a. C.*, *d. C.*, *a. e. c.* o *e. c.*

748-742 a. C.

4 a. e. c.-65 e. c.

Deje un espacio después del guion y antes del paréntesis para indicar un periodo inacabado o para informar sobre el año de nacimiento de una persona que aún vive.

Fernanda Melchor (1982-) reinventa géneros populares en sus novelas.

Número: ¿Cómo presentarlo? 4.53.

3. Documentar las fuentes: Generalidades

La escritura académica es una conversación que se vale de investigaciones en torno a un tema, una pregunta o un problema. Por medio de libros, artículos en revistas especializadas y otros métodos de publicación, los académicos escriben para la comunidad de investigadores. En cualquier disciplina —en ciencias naturales, ciencias sociales o humanidades—, académicos y académicas incorporan, confirman, modifican, corrigen o refutan el trabajo previo realizado por otros. En una suerte de diálogo continuo con la comunidad de eruditos, los investigadores citan, parafrasean y mencionan sus fuentes, valiéndose para ello de un sistema de documentación como el que encontrará descrito en este manual.

Un sistema de documentación sirve para indicar a los lectores la fuente de una cita, de una idea parafraseada o de cualquier otro material tomado en préstamo. Las referencias se formatean según un patrón estándar, de modo que cualquier lector pueda comprenderlas con rapidez, como sucede con el lenguaje común. Piense, por ejemplo, en los símbolos matemáticos: el símbolo de la adición nos informa que los números se suman; el de la resta, que son sustraídos. De igual forma, en un sistema de documentación, los diversos elementos muestran cómo comprender y usar la información —por ejemplo, cómo ubicar una fuente o cómo evaluar la verdad o la falsedad de un enunciado—. Así pues, todo sistema de documentación ofrece a los investigadores un método comprensible y verificable para referirse al trabajo previo de otro investigador. De igual modo, el sistema de documentación permitirá que sus lectores encuentren otras publicaciones relevantes para su formación y estructuren mejor su propio trabajo. Al reconocer la autoría ajena, ayudamos a aquellos académicos que buscan reconstruir, hasta sus inicios, una conversación en torno a un problema o una pregunta.

Practicar un estilo o un método de documentación ayuda a los académicos a familiarizarse con las convenciones del campo específico que se espera que sus miembros respeten en sus escritos de investigación. Para aludir a otro documento legal, un documento legal debe observar una serie de convenciones establecidas por los profesionales del derecho. De igual modo, un reporte de investigación científica deberá remitir a investigaciones previas, observando las convenciones propias del campo particular de dicha ciencia. Aprender cómo leer las citas de otros académicos y poner en práctica un estilo coherente de documentación ayuda a establecer la confianza entre los investigadores y su público, y constituye otro elemento crucial de la integridad académica.

En el sistema MLA, las referencias en el cuerpo de un documento llevan a las entradas de una lista de obras citadas al final. Se usa un patrón que incluye los elementos centrales necesarios para citar cualquier tipo de obra: el autor o la autora, el título y la fecha de publicación, entre otros. Este patrón posibilita que los investigadores evalúen cualquier obra según un criterio estándar y suministra un método general para la estimación de las fuentes y la creación de entradas bibliográficas a partir de dicha estimación.

Asimismo, las directrices establecidas en este manual aseguran que los escritores académicos sean capaces de distinguir con claridad entre sus propias ideas y las ideas ajenas, algo que es un componente clave de la integridad académica.

[3.1] ¿Por qué el plagio es un asunto grave?

En ocasiones, se acusa de plagio a un autor o a una figura pública. De hecho, es muy probable que usted haya participado ya, en el aula, en conversaciones sobre asuntos como el plagio y la deshonestidad académica, y también que su universidad tenga un código de honor donde se aborda este asunto. Casi con toda seguridad, la institución donde estudia o trabaja dispone de procedimientos disciplinarios relativos al plagio. No obstante, puede suceder que usted no sepa con total claridad qué es el plagio y cómo evitarlo.

El plagio consiste en presentar como propias las palabras, ideas o incluso obras enteras de otra persona. El plagio puede tener repercusiones legales, como cuando viola material sujeto a derechos de autor. En cualquier caso, plagiar es poco ético.

El plagio puede suceder de varias formas. Se comete plagio cuando, de manera deliberada o accidental, no se reconoce la autoría de la fuente al copiar material —sea publicado o inédito—, sin importar la extensión. También se plagia al parafrasear las ideas o argumentos de otra persona sin atribución, o al copiar una formulación original de una fuente. De igual forma, cometerá plagio al entregar a su profesor o profesora un documento que no ha escrito usted, incluso cuando lo haya pagado.

Es posible caer en el autoplagio. Cometerá plagio si en un nuevo documento retoma ideas o frases de un trabajo anterior suyo sin citarlas. Las normas contra la deshonestidad intelectual de algunas instituciones académicas prohíben, aun cuando haya reconocimiento de autoría, el uso de escritos anteriores en tareas, ensayos de final de curso, monografías, tesinas y tesis doctorales. Ahora bien, revisar y crear a partir de textos anteriores puede serle útil y productivo para avanzar en su propia investigación. Si quiere recuperar materiales propios de textos escritos anteriormente en un contexto educativo, consúltelo con su profesor o profesora.

Si en un contexto profesional se prueba que un escritor o una persona pública ha cometido un plagio, dicha persona podría perder su empleo y sufrir menoscabo de su reputación y su credibilidad. Basta un solo plagio para arruinar la carrera de alguien, pues levanta sospechas sobre su falta de escrúpulos, su integridad y su honestidad, y pone en entredicho la totalidad de sus publicaciones. Asimismo, conviene tener en cuenta que las consecuencias del plagio no son únicamente personales, sino también sociales. Al final, el plagio es un hecho de gran gravedad, pues erosiona la confianza del público en la información.

[3.2] Para evitar el plagio

[3.3] Investigación cuidadosa

En muchas ocasiones, el plagio involuntario tiene su origen durante el proceso de tomar notas para la investigación, y especialmente cuando dichas notas se toman sin suficiente cuidado. Es crucial mostrarse muy escrupuloso o escrupulosa al investigar y al tomar notas. A la hora de escribir, sus notas le servirán para identificar todos los contenidos que ha tomado prestados. Asegúrese de distinguir con claridad cuándo está copiando las palabras de una fuente (que debe transcribir fielmente, o conservar imágenes digitales de los pasajes citados), cuándo está resumiendo o parafraseando una fuente y cuándo apunta una idea original propia. En sus notas, acuérdese de indicar los números de página de las citas y los pasajes presentados en paráfrasis. Hay aplicaciones digitales para la toma de notas que puede utilizar para recolectar información sobre sus fuentes, así como para organizar sus propias ideas.

Encuentre el punto medio entre recopilar mucha y poca información. Por supuesto, algunos detalles —por ejemplo, frases y pasajes determinados— serán una evidencia justificativa en su documento de investigación o en su tarea escrita. Sin embargo, recuerde describir en sus notas el camino argumental usado por un autor o autora para llegar a conclusiones particulares. A la hora de redactar un documento, son de muy poca ayuda aquellas notas que no suponen más que una simple enumeración de citas. Esto significa que, sin argumentos que resalten la importancia de dichas citas y su vinculación con las fuentes de origen, o el modo en que esas notas están conectadas entre sí, o el sentido de conjunto que presentan, sus notas podrían no serle útiles.

Al investigar, apunte en un solo lugar todas las fuentes que ha usado. Esto lo ayudará a confirmar más tarde que la autoría de esas fuentes ha quedado reconocida. Incluso cuando recurra a programas digitales de referencias para tomar notas o crear documentos, no deje de prestar atención y cuidado: los datos suministrados por ese programa o aplicación podrían no ser correctos, lo que le exigiría volver a cotejar sus notas con las fuentes mismas. En dichos casos, habrá que cargar los datos manualmente. Las herramientas digitales para la confección de citas son un buen punto de partida para su trabajo, si bien el resultado ofrecido por dichas herramientas siempre deberá ser verificado y corregido.

[3.4] Reconocimiento de la autoría

Cuando se dispone de las fuentes bibliográficas completas y adecuadamente identificadas para todos los elementos de un trabajo de investigación, es relativamente fácil no cometer plagio. Tan pronto como una obra de otro venga a integrarse a las ideas de su propia investigación, reconozca la autoría de las ideas tomadas en préstamo: resuma o parafrasee la obra, o cítelas con precisión. En cualquier caso, siempre cite sus fuentes.

En los capítulos 4 y 5 de este manual encontrará explicaciones detalladas sobre cómo confeccionar listas de obras citadas, cómo citar en el cuerpo del texto, cómo incorporar citas y cómo elaborar pasajes en paráfrasis.

[3.5] Parafraseo

Al mismo tiempo, parafrasear le permite conservar su propia voz o estilo al escribir y demostrar que ha comprendido la fuente de la paráfrasis. Es decir, demuestra que es capaz de volver a enunciar el argumento de esa fuente con sus propias palabras y con una formulación original.

[3.6] *¿Cuándo parafrasear?*

Parafrasee una fuente para condensar o resumir pasajes largos, argumentos complejos o ideas elaboradas; para conservar la concisión en su escritura, manteniendo el control de sus ideas, sus argumentos y su voz o estilo propios; y para indicar que está al tanto de las conversaciones y de las líneas argumentativas centrales de las fuentes consultadas.

[3.7] *¿Cómo parafrasear?*

Gracias al uso de sus propias palabras y de una estructura original en las oraciones, la paráfrasis transmite la información relevante de las fuentes en aquellos momentos en que su documento de investigación así lo requiera.

Imagine que lee el siguiente fragmento de la pensadora franco-colombiana Florence Thomas sobre los cambios sociales profundos en relación con las reglas del erotismo (tomado de "Homosexualismos y fin de siglo", conferencia de Florence Thomas en el III Seminario Nacional sobre Ética, Sexualidad y Derechos Reproductivos, organizado por CERFAMI, Medellín, 13-14 ag. 1998).

Fragmento en la fuente

En relación con el amor y la sexualidad, las normas se trastocaron, muchos códigos se derrumbaron y nuevas estrategias, cada vez más individuales, se multiplican a sabiendas de que todas pueden aspirar hoy a una misma legitimidad y a un mismo reconocimiento social, aun si todavía estamos lejos de aceptarlo, por lo menos en Colombia.

Es insuficiente mantener la estructura de las oraciones y recurrir a sinónimos en su paráfrasis. De este modo, su texto se parecerá demasiado al original.

Paráfrasis (inaceptable)

Con respecto al amor y la sexualidad, las pautas sociales se han transformado y han surgido muchas nuevas prácticas individuales con la conciencia de que en la actualidad todas ellas puedan llegar a considerarse válidas y ser socialmente reconocidas, aunque esté todavía lejana la aprobación general en Colombia.

Ahora bien, si realiza cambios en la terminología y en la estructura de la oración, como se ve en las oraciones siguientes, su paráfrasis será exitosa.

Paráfrasis (aceptable)

En el contexto colombiano, aún llevan un fuerte estigma las prácticas que no se conforman a la heteronormatividad. Sin embargo, la resistencia y la innovación social en el ámbito del amor y la sexualidad están creciendo.

Tenga en cuenta que hay vocablos cuya paráfrasis es imposible, pues constituyen los conceptos centrales, las definiciones y los principios del fragmento. Así, es razonable, por ejemplo, expresar del mismo modo el binomio *amor y sexualidad*; del mismo modo, tampoco tendría sentido buscar sinónimos de palabras como *capitalismo, democracia* o de cualquier otro término de muy amplio uso.

[3.8] *¿Cómo parafrasear y dar crédito a las fuentes?*

Según el estilo MLA, para reconocer la autoría al parafrasear debe incluir una referencia a la fuente en el texto de su documento. Dicha referencia dirigirá lector o lectora a una entrada de la lista de obras citadas y, en caso de que esté citando una obra paginada, al número de la página donde aparecen las ideas usadas en la paráfrasis.

[3.9] Citar textualmente

Citar textualmente es un método efectivo cuando en su documento de investigación las palabras de otra persona son el objeto del análisis o expresan con perfección alguna idea. Las citas textuales son más eficaces cuando se usan de manera selectiva. Únicamente cite, con la mayor concisión posible, aquellas palabras, frases, líneas y pasajes más adecuados para su trabajo. Siempre debe explicar la relevancia de las citas para puntos específicos de sus argumentos. El proyecto de investigación debe consistir en el desarrollo argumentativo de sus propias ideas. Desde esta perspectiva, las citas textuales respaldan dichas ideas y dan a conocer cómo usted ha llegado a determinadas conclusiones.

[3.10] *¿Cuándo citar textualmente?*

Hay tres condiciones que justifican el recurso a las citas textuales tomadas de una fuente: cuando, en razón de sus argumentos, las palabras transcritas con exactitud son importantes; cuando las frases de esa fuente son particularmente convenientes; y cuando usted quiere concentrarse en el lenguaje original de la fuente. Las citas textuales no deben ser usadas para sustituir paráfrasis de ideas que usted no ha comprendido del todo. Citas y paráfrasis pueden combinarse en una oración, como verá abajo.

[3.11] *¿Cómo citar textualmente y dar crédito a las fuentes?*

Las citas deberán ser transcritas con absoluta fidelidad. Intégrelas con corrección gramatical en su documento escrito y de tal forma que se pueda distinguir claramente entre sus propias ideas y las que no lo son.

Supongamos, por ejemplo, que quiere incluir en su documento el concepto de aporofobia, tal como queda acuñado por Adela Cortina en su libro homónimo, *Aporofobia, el rechazo al pobre: Un desafío para la democracia*.

Fragmento en la fuente

Por eso no puede decirse que éstos son casos de xenofobia. Son muestras palpables de *aporofobia*, de rechazo, aversión, temor y desprecio hacia el pobre, hacia el desamparado que, al menos en apariencia, no puede devolver nada bueno a cambio.

En caso de que desee citar esta fuente en un documento, deberá usar comillas para encerrar las palabras tomadas en préstamo, acreditando la autoría de la fuente. También habrá una entrada en la lista de obras citadas.

En su texto (incorrecto)

En este siglo se habla de la "aporofobia" para referirse al desprecio hacia el pobre.

En su texto (correcto)

Adela Cortina habla de la "aporofobia" para referirse al desprecio hacia el pobre.

Entrada bibliográfica

Cortina, Adela. *Aporofobia, el rechazo al pobre: Un desafío para la democracia*. Ediciones Paidós, 2017.

[3.12] Cuándo no es necesario documentar las fuentes

La documentación es fundamental cuando se citan o parafrasean materiales ajenos; cuando las referencias son muy significativas —ya sea que se refiera a un lugar específico de una fuente (p. ej., una página, un capítulo), ya sea que se refiera a la fuente en su conjunto—; o cuando se reconoce la fuente de donde provienen los hechos presentados o las ideas formuladas. Sin embargo, no es necesario documentar cada categoría de materiales que ha consultado.

[3.13] Conocimientos generales

No es necesario que documente información o ideas que constituyan conocimientos generales compartidos con sus lectores. Dichos conocimientos generales en la disciplina de su investigación cubren datos ampliamente disponibles en obras de referencia, como por ejemplo hechos biográficos de una personalidad cultural o fechas y circunstancias relativas a momentos destacados y cruciales de la historia. No obstante, se aconseja documentar las fuentes de donde ha tomado materiales prestados cuando existen discusiones o disputas en torno a hechos concretos, o si sospecha que sus lectores querrían disponer de más información sobre el tema.

[3.14] Menciones de pasada o rápidas

No es necesario documentar las referencias a un autor o una obra que aparecen mencionadas de pasada. Suponga que expresa su especial afecto por *Delirio*, la novela de Laura Restrepo, y que, sin embargo, más allá de esa declaración, en su documento no aparecen citas ni paráfrasis de la novela, ni tampoco referencias a ningún aspecto de la misma. De hecho, usted no la usa para desarrollar conceptos, ideas o argumentos propios. Se ha limitado a afirmar que *Delirio* existe y ha expresado una opinión personal. Aquí aparece un caso de mención rápida o de pasada, que no exige citar fuentes.

[3.15] Alusiones

Por lo general, tampoco es necesario citar la fuente cuando se recurre a una alusión en busca de un efecto retórico que hace referencia, de forma indirecta o parcial, a un pasaje que es bien conocido y que pertenece a la cultura popular.

Si el fútbol fuera una canción, su estribillo diría que la vida te da sorpresas, sorpresas te da la vida.

Incapaz de asimilar todos los vaivenes que sufre, Carmen opta por pensar que toda la vida es sueño y los sueños, sueños son.

Después de escuchar la oferta muy tentadora de Mefistófeles, el doctor Fausto no vive el dilema existencial de "ser o no ser".

[3.16] Epígrafes

Los epígrafes, que deben ser usados con moderación, son citas cortas al inicio de un documento que configuran su temática o su tonalidad emocional. De naturaleza ornamental, los epígrafes no son objeto de discusión en el cuerpo del texto. No encierre entre comillas un epígrafe, pero sí debe dar el nombre del autor o de la autora, así como el título de la obra de donde proviene. No es necesaria más documentación, dado que esta obra no será incluida en la lista de referencias bibliográficas.

Disfrutar del baile fue un paso bien dado hacia el enamoramiento.
—Jane Austen, *Orgullo y prejuicio*

Ninguna cita comentada en un documento de investigación deberá ser tratada como un epígrafe. Suministre toda la documentación necesaria para dicha cita, igual que hace con todas las demás que ha utilizado en su investigación. Véase 5.30-5.39 sobre los detalles de cómo integrar las citas en su escrito.

Las páginas siguientes de este manual le mostrarán cómo citar fuentes según el sistema de documentación de la MLA.

4. La lista de obras citadas

Cada fuente bibliográfica citada en el cuerpo del texto o en las notas deberá aparecer en una lista al final del documento —después de las notas finales, en caso de haberlos—. Titule esa lista *Obras citadas*. Si también quiere documentar en la lista de referencias bibliográficas otras obras consultadas, pero no citadas, cree una nueva lista y denomínela *Obras consultadas*.

[4.1] Creación y formateo de entradas de la lista de obras citadas: Generalidades

Elabore las entradas de una lista de obras citadas siguiendo la plantilla MLA para elementos fundamentales. Las entradas bibliográficas suelen incluir el nombre de la autora o autor, el título de la fuente y la fecha de publicación (**fig. 4.1**).

Para usar la plantilla, registre los datos de publicación que aparecen en la versión de la obra que ha consultado. Antes que nada, evalúe la obra que está citando con el fin de identificar cuáles elementos son pertinentes. Luego, proceda a listar cada elemento relevante de la fuente según el orden establecido por la plantilla. Omita cualquier elemento que no sea pertinente para la fuente en cuestión, con la excepción

Fig. 4.1.
Plantilla MLA de elementos fundamentales.

93

del elemento Título de la Fuente. En caso de
que no haya título de la fuente, elabore una
descripción, la cual servirá de título. Después de cada elemento, escriba el tipo de
puntuación que la plantilla determina. Termine siempre su entrada con un punto.

Una obra que contiene otra obra puede
estar, al mismo tiempo, contenida en una
tercera. Es el caso de un artículo publicado
en una revista especializada que, asimismo,
está incluido en una base de datos. Repita el
proceso de documentación rellenando la
plantilla con todos los elementos que correspondan a cada contenedor (fig. 4.2).

Aunque las entradas de una lista
bibliográfica se elaboran siguiendo la plantilla de elementos fundamentales, es posible añadir otros elementos si cree que
sus lectores pueden necesitar información
suplementaria.

En una entrada de la lista de obras citadas, siga las mismas directrices utilizadas
en el cuerpo del texto para los siguientes
elementos:

- mayúsculas para las primeras letras
  de palabras, de nombres y de títulos

- la aplicación de estilos a los títulos
  (p. ej., cursivas o entrecomillados)

- el tratamiento de los nombres de
  personas (incluyendo cómo
  identificar el apellido)

- rangos numéricos

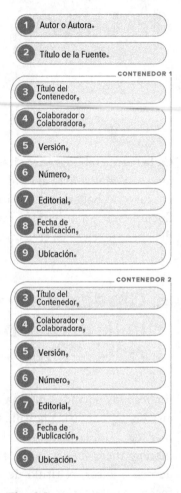

Fig. 4.2.
Plantilla MLA de elementos
fundamentales con dos
contenedores.

Puntuación de las entradas bibliográficas: 4.119.

[4.2] Los elementos fundamentales según la MLA

Cada elemento fundamental ha sido nombrado por medio de una etiqueta clave que cubre una variedad de situaciones.

Tenga en cuenta que los nombres asignados para cada elemento no siempre implican una interpretación literal. Por ejemplo, el elemento Fecha de Publicación puede incluir una fecha real de publicación, una fecha de composición para un material inédito u otras fechas relevantes para la obra que usted está citando.

El resto de esta sección explica cada elemento y define cuándo usarlo, suministra una guía sobre cómo encontrar los datos de publicación, considera otros detalles relevantes para cada elemento y explica las decisiones de estilo.

[4.3] Autor o Autora: ¿Qué es?

En el elemento Autor o Autora, liste al primer creador de la obra que está citando. En el ejemplo siguiente, Brenda Navarro escribió *Casas vacías* y, por esta razón, ella es la autora de esa obra.

> Navarro, Brenda. *Casas vacías.* Sexto Piso, 2019.

El autor o autora de una obra puede ser escritor, artista o cualquier otro tipo de creador. El autor puede ser una sola persona, un grupo de personas, una organización o un gobierno. Vayan algunos ejemplos de autores: una dramaturga, como Griselda Gambaro; un ensayista, como Alfonso Reyes; una pintora, como Frida Kahlo; un grupo musical, como Soda Stereo; una organización intergubernamental, como la Organización de Estados Americanos (OEA). Bajo el elemento Autor o Autora no dude en incluir seudónimos, nombres artísticos o sobrenombres en línea, en especial cuando es el modo en que se le conoce habitualmente al creador (p. ej., Fernán Caballero, Quino, Shakira).

En algunas ocasiones es necesario usar etiquetas para describir la función de una o más personas listadas bajo el elemento Autor o Autora. A menudo esto ocurre cuando la persona no es el primer creador de la obra: tal es el caso de los editores de una colección de ensayos escritos por varios autores, pues los editores o compiladores le dieron forma al volumen o a la obra. En el siguiente ejemplo, Gabriela Adamo es la compiladora del libro, aunque no la escritora de todos los ensayos incluidos allí. Así, su nombre va seguido de la etiqueta *compiladora*.

> Adamo, Gabriela, compiladora. *La traducción literaria en América Latina.*
> Paidós, 2012.

Cuando un libro aparece publicado sin nombre de autor, no use el término *Anónimo* para listarlo. En su lugar, deseche el elemento Autor o Autora y empiece la entrada bibliográfica con el título de la obra.

> *Lazarillo de Tormes*. Medina del Campo, 1554.

> Seudónimos y cambios en los nombres: 4.14.
> Otras clases de colaboradores: 4.41.
> Etiquetas para describir el papel de un colaborador o colaboradora: 4.44.

[4.4] Autor o Autora: ¿Dónde encontrarlo?

Por lo general, el nombre del autor de una obra aparece presentado de manera prominente. En un libro, con frecuencia el nombre del autor está cercano al título de la obra (fig. 4.3). Las figuras 4.4-4.7 muestran, en diferentes tipos de fuentes, lugares posibles para el nombre del autor o para otra categoría de creador.

Fig. 4.3.
Parte de la portada de un libro. El
nombre del autor, Sergio Chejfec,
aparece debajo del título.

Fig. 4.4.
Parte de la portada de una compilación
de ensayos. Se muestra el nombre de
la compiladora.

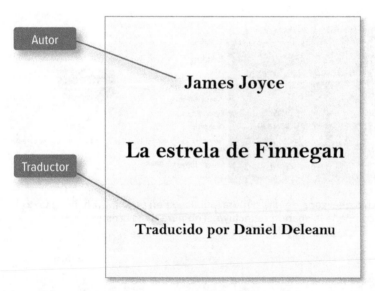

Fig. 4.5. Parte de la portada de un libro traducido. Bajo el nombre del autor,
aparece también el del traductor de la obra.

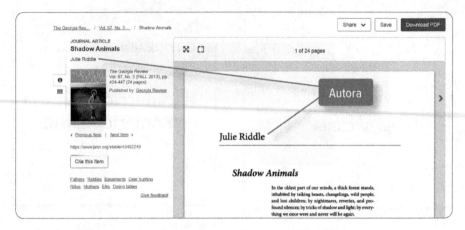

Fig. 4.6. Artículo de revista especializada en un archivo en línea. El nombre de la autora aparece debajo del título a la izquierda y sobre el título a la derecha.

Fig. 4.7. Imagen digitalizada de una pintura, publicada en un sitio web. En el texto que acompaña la imagen se incluye el nombre de la artista.

[4.5] Autor o Autora: ¿Cómo presentarlo?

[4.6] Un solo autor o autora

Cuando una entrada menciona a un autor que tiene nombre o nombres y apellido o apellidos, empiece la entrada con el apellido o apellidos, pues así esa entrada podrá ordenarse alfabéticamente a partir del primer apellido del autor. Escriba una coma después del apellido o apellidos y, después, agregue el nombre o nombres del autor. Termine el elemento Autor o Autora con un punto.

> Sáez, Adrián J. "Los santos de Cervantes". *Artifara: Revista de Lenguas y Literaturas Ibéricas y Latinoamericanas*, núm. 19, 2019, pp. 141-54.
>
> Tobin, Robert Deam. *Peripheral Desires: The German Discovery of Sex*. University of Pennsylvania Press, 2015.

> Apellidos sin el nombre de pila: 2.59.
> Nombres en idiomas distintos del español: 2.61-2.66.
> Alfabetización de entradas en listas bibliográficas: 4.122-4.129.

[4.7] Dos autores

Cuando una fuente tiene dos autores, incluya sus nombres siguiendo el orden en que aparecen en la obra (**fig. 4.8**). Según anotamos arriba, escriba primero el apellido o apellidos, y después de una coma, su nombre o nombres. A continuación, añada una coma y la conjunción copulativa (*y* o *e*). Acto seguido, escriba el nombre completo del segundo autor, esta vez según el orden usual. En caso de que sea necesario incluir una etiqueta como *editores* o *traductores*, agregue una coma después del nombre completo del segundo autor y un punto después de la etiqueta.

> Domènech, Conxita, y Andrés Lema-Hincapié. *Saberes con sabor: Culturas hispánicas a través de la cocina*. Routledge, 2021.
>
> González, Aurelio, y Lillian von der Walde Moheno, editores. *Perspectivas y proyecciones de la literatura medieval*. El Colegio de México, 2017.

SABERES CON SABOR

Culturas hispánicas a través
de la cocina

Conxita Domènech y Andrés Lema-Hincapié

Routledge
Taylor & Francis Group
LONDON AND NEW YORK

Fig. 4.8. Portada de un libro con los nombres de los autores. En la lista de obras
citadas, solo deberá invertir el orden del nombre y apellido del primero de
los dos autores.

Además de la conjunción *y*, la coma es aquí una necesidad. De este modo el
lector podrá distinguir con facilidad los nombres completos de ambos
autores.

[4.8] Tres autores o más

En la eventualidad de que la fuente tenga tres o más autores (**fig. 4.9**),
invierta el orden tan solo del nombre completo del primero siguiendo la convención descrita arriba y, por último, escriba una coma y la abreviatura
et al. (del latín, "y otros").

Hualde, José Ignacio, et al. *Introducción a la lingüística hispánica.* 2.ª ed.,
Cambridge University Press, 2010.

Introducción a la lingüística hispánica

(SEGUNDA EDICIÓN)

José Ignacio Hualde

Antxon Olarrea

Anna María Escobar

Catherine E. Travis

Fig. 4.9. Parte de la portada de un libro. Aparecen cuatro nombres de autores. En la entrada de la lista de obras citadas solo deberá anotar el nombre completo del primer autor, acompañado de la abreviatura *et al.*

[4.9] Nombres sin inversión

[4.10] *Idiomas donde el apellido va primero*

En idiomas como el chino, el japonés y el coreano, en la portada el apellido puede estar impreso antes del nombre (**fig. 4.10**). En estos casos, no invierta nombre y apellido en la lista de obras citadas. Cuando no se invierte el nombre y el apellido, la coma no es necesaria.

> Shen Fu. *Seis estampas de una vida a la deriva*. Traducción de Ricard Vela, Plataforma, 2012.

Sin embargo, algunos nombres procedentes de idiomas en los que el apellido usualmente precede al nombre no siguen ese orden. Consulte un lugar en la obra o la fuente que muestre claramente el orden del nombre y del apellido

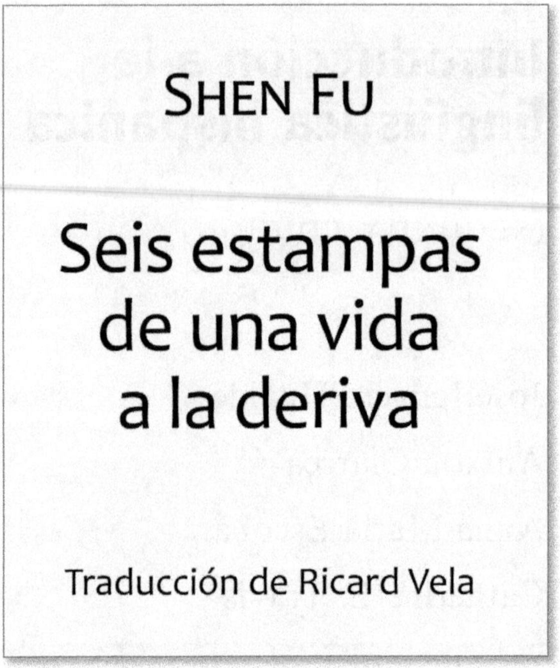

SHEN FU

Seis estampas de una vida a la deriva

Traducción de Ricard Vela

Fig. 4.10. Parte de la portada de un libro. En la parte superior se observa que el apellido del autor antecede a su nombre.

(p. ej., la introducción). También puede consultar obras de referencia, el sitio web del autor o de la editorial, o textos de académicos expertos en el tema. Cuando el apellido va después del nombre, invierta el orden en la entrada: primero el apellido, seguido de una coma y después el nombre.

Oé, Kenzaburo. *El grito silencioso*. Traducción de Miguel Wandenbergh, Anagrama, 1995.

Nombres en lenguas de Asia: 2.66.

[4.11] *Sin apellido*

No se invertirá el orden en los siguientes casos: el nombre de un autor o una autora que no tiene o prefirió no usar apellido, algunos nombres de la nobleza y nombres premodernos; seudónimos —incluidos los nombres artísticos y los nombres de usuario en línea— que no se acomodan a las pautas de nombres y de apellidos tradicionales; y los nombres de grupos o de organizaciones.

> Colectiva Editorial Hermanas en la Sombra. *La esperanza es un epicentro.* Astrolabia, 2019.
> Juan Manuel. *El conde Lucanor.* Edición de José Manuel Blecua, Castalia, 2010.
> Noelia. *Volverte a ver.* EMI Televisa Music, 2007.
> Safo. *Poemas y testimonios.* Traducción de Aurora Luque, El Acantilado, 2020.
> Willyrex. "Humanos con MÁS talento de *Tik Tok*". *YouTube*, 14 abr. 2021, www.youtube.com/watch?v=q4djahJ-mtg.

Invierta, no obstante, un seudónimo, un nombre cinematográfico, un nombre artístico o nombres de este tipo que sí se ajustan a la forma tradicional de nombre y apellido. Por ejemplo, Carmen Mola es el seudónimo bajo el cual firman los escritores Jorge Díaz, Agustín Martínez y Antonio Mercero.

> Mola, Carmen. *La Bestia.* Planeta, 2021.

[4.12] Distintas formas de un nombre de persona

Usualmente, debería citar una obra bajo el nombre completo tal y como aparece en la obra misma. Es posible, no obstante, que en algunas ocasiones los autores cambien de nombre a lo largo de sus carreras o que diferentes editores deletreen de distintas maneras el nombre de un autor. A veces será necesario recurrir a soluciones alternativas para economizar la cita, proporcionar información útil al lector sobre el autor o el canon de sus obras o evitar un nombre que el autor ya no utiliza.

[4.13] *Ortografías diferentes*

Para nombres de idiomas que no utilizan el alfabeto latino, como el chino y el ruso, la ortografía puede variar de acuerdo con el sistema usado en la romanización de las palabras —por ejemplo, *Lao Tsé, Lao Tzu; Mikhail Bulgakov, Mijaíl Bulgákov*—. Si la ortografía o la transliteración varían, decídase por la variante preferida en su diccionario enciclopédico o según otra fuente reputada. La variante escogida del nombre debe mantenerse consistentemente a lo largo de su documento de investigación. Proceda, entonces, a listar todas las obras del autor bajo esa variante.

[4.14] *Seudónimos y cambios en los nombres*

Es posible que los autores escriban y publiquen sus creaciones usando nombres diferentes, es decir, que adopten seudónimos o cambien sus propios nombres. Cuando sabe que un autor ha publicado bajo nombres diversos, piense si les resultaría útil a sus lectores saber que las obras bajo diferentes nombres pertenecen a un mismo individuo, si es preferible usar la forma más conocida del nombre para que así sea reconocido más fácilmente o si debería evitar el uso de la versión anterior del nombre de un autor.

Una forma de proceder consiste en listar bajo el nombre más conocido todas las obras de un mismo creador. Este es el método más conveniente en el caso de personas muy conocidas, aun cuando la obra citada en la lista haya sido publicada bajo un nombre diferente. Por ejemplo, si un poema de Gabriela Mistral (un seudónimo) fue escrito y publicado bajo el nombre oficial de la autora —Lucila Godoy Alcayaga—, puede usar la variante más conocida de su nombre en una única entrada bibliográfica. Al mismo tiempo, *Gabriela Mistral* será también la forma con la que se referirá a la escritora chilena en el texto principal. De esta manera, evitará la necesidad de incluir referencias parentéticas con el otro nombre. Asimismo, puede reunir bajo el nombre más conocido todas las obras que cita de un autor o autora en la lista de obras citadas, pues de este modo ocuparán un solo lugar en dicha lista.

> Mistral, Gabriela. "Ecos". *La Voz de Elqui,* 23 mar. 1905.
>
> ———. *Tala: Poemas.* Sur, 1938.

Un segundo método consiste en añadir información a las entradas entre corchetes. Por ejemplo, si la entrada es para una obra cuyo autor la publicó bajo un seudónimo, puede empezar la entrada bibliográfica con ese seudónimo e incluir entre corchetes el nombre real.

> Arazuri, Miguel [Carmela Gutiérrez de Gambra]. *La paloma negra.* Cid, 1970.
>
> Mola, Carmen [Jorge Díaz et al.]. *Las madres.* Alfaguara, 2022.

O, si decide listar la obra bajo el nombre real del autor, puede incluir entre corchetes el seudónimo con el que fue publicada una obra específica, precedido de la expresión en cursiva *publicado con el seudónimo de*.

> Gutiérrez de Gambra, Carmela [*publicado con el seudónimo de* Miguel Arazuri]. *La paloma negra*. Cid, 1970.

Hay una alternativa más: escriba la forma más conocida del nombre entre corchetes —lo cual indica que es usted quien ha proporcionado este nombre— y no incluir el nombre menos conocido que aparece en la obra publicada.

> [Mistral, Gabriela]. "Ecos". *La Voz de Elqui*, 23 mar. 1905.

Cuando cite a un autor o autora que ha publicado bajo varios nombres, puede agrupar todas las obras bajo uno solo, tanto en el cuerpo del texto como en las citas. Esto permitirá a los lectores localizar con facilidad todas las obras en la lista de obras citadas.

> Vivien, Renée [*publicado con el seudónimo de* Paule Riversdale]. *L'Être double*. Edición de Nicolas Berger, ErosOnyx, 2014.
> ———— [*publicado con el seudónimo de* Pauline Tarn]. *Le Langage des fleurs*. ErosOnyx, 2012.

Cuando las obras que cita usan solo dos nombres de los varios que tiene un mismo autor, otra opción es listar las entradas separadamente y añadir entre corchetes el otro nombre del autor, precedido de *véase también* en cursiva.

> Penelope, Julia [*véase también* Stanley, Julia P.]. "John Simon and the 'Dragons of Eden'". College English, vol. 44, núm. 8, dic. 1982, pp. 848-54. *JSTOR*, https://doi.org/10.2307/377341.
> Stanley, Julia P. [*véase también* Penelope, Julia]. "'Correctness,' 'Appropriateness,' and the Uses of English". *College English*, vol. 41, núm. 3, nov. 1979, pp. 330-35. *JSTOR*, https://doi.org/10.2307/376452.

> Autor o Autora: ¿Qué es? 4.3.
> Información adicional sobre la publicación: 4.121.

[4.15] Cuándo no suministrar información ni referencias ni la forma
impresa de un nombre

En el caso de que escriba o trabaje directamente con un autor cuyo nombre
cambió de forma y sepa que ya no utiliza más su nombre anterior al referirse
a sus propias obras —por ejemplo, en el caso de autoras y autores trans—,
use el nombre actual. No ofrezca ninguna información acerca del cambio de
nombre, y evite utilizar el nombre anterior en el cuerpo del texto.

[4.16] *Nombre de usuario en línea*

Si el nombre de usuario del autor no coincide con el nombre de la cuenta
(**fig. 4.11**), puede ser útil informar a sus lectores del nombre de usuario,
escribiéndolo después del nombre del autor o autora y entre corchetes.

> Soler, Jordi [@jsolerescritor]. "¡Blaugrana al vent!". *Twitter,* 10 abr. 2021,
> twitter.com/jsolerescritor/status/1380939906416054273.

Cuando el nombre de usuario y el nombre de un autor o autora son similares (p. ej., Ana de Armas, @ana_d_armas), puede optar por no escribir el
nombre de usuario si incluye la URL en su entrada bibliográfica.

> Armas, Ana de. Foto de la portada de *Vogue México. Instagram,* 30 sept. 2020,
> instagram.com/ana_d_armas/.

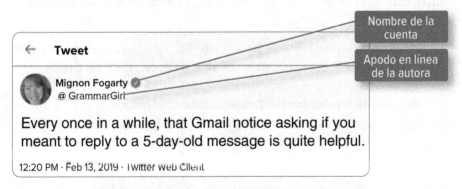

Fig. 4.11. Tuit. La autora usa un nombre de usuario distinto del nombre de su cuenta.

Si decide no incluir la URL —por ejemplo, si accede a un post desde un dispositivo móvil o prefiere seguir la opción indicada en 4.93 de omitir las URL— no omita el nombre de usuario, porque podría ser una información útil para localizar la fuente.

> Fogarty, Mignon [@GrammarGirl]. "Every once in a while, that Gmail notice asking if you meant to reply to a 5-day-old message is quite helpful". *Twitter*, 13 feb. 2019.

> Las URL en el elemento Ubicación: 4.93-4.97.

[4.17] Organizaciones, grupos o autores gubernamentales

[4.18] *Listar por nombres*

Los artículos definidos iniciales que forman parte de un nombre propio cambiarán su lugar en las entradas bibliográficas y se colocarán después de la última palabra del elemento Autor o Autora y precedidos por una coma.

Incorrecto

> Los Panchos. *Recuerdos de ti*. Columbia, 1961.
> Panchos. *Recuerdos de ti*. Columbia, 1961.

Correcto

> Panchos, Los. *Recuerdos de ti*. Columbia, 1961.

Ordene alféticamente el nombre de una organización empezando por la primera palabra sin alterar el orden.

Incorrecto

> Unidas, Naciones. *Declaración Universal de Derechos Humanos*. Derecho Internacional, 2024.

Correcto

> Naciones Unidas. *Declaración Universal de Derechos Humanos*. Derecho Internacional, 2024.

[4.19] *Evitar la redundancia*

En el caso de que la organización gubernamental sea, al mismo tiempo, el autor y el editor de una obra, puede omitir el elemento Autor o Autora. Entonces, empiece la entrada bibliográfica con el título de la obra. En esa entrada, puede limitarse a incluir la organización en el elemento Editorial. (Para una excepción al citar publicaciones gubernamentales, véase 4.22).

> *Llibre blanc del patrimoni fotogràfic a Catalunya.* Generalitat de Catalunya, 1996.

No obstante, cuando el autor de una obra es una división o un comité de la organización, liste esa división o comité como autor de la obra, y liste la organización como la editorial. En el próximo ejemplo, el Consejo Superior de Investigaciones Científicas es una subdivisión del Ministerio de Ciencia e Innovación.

> Consejo Superior de Investigaciones Científicas. *Memoria anual.* Ministerio de Ciencia e Innovación de España, 2020.

[4.20] *Autores gubernamentales*

Las publicaciones de los gobiernos provienen de muchas fuentes y presentan problemas especiales para la elaboración de las entradas bibliográficas. Si trabaja con una gran cantidad de materiales cuyos autores son gubernamentales, puede decidirse a estandarizar los nombres de esas entidades gubernamentales con el fin de agrupar las entradas en un mismo lugar de su lista de obras citadas. Pero los no especialistas y aquellos escritores y escritoras que trabajan con pocas fuentes gubernamentales pueden tratarlas como cualquier otra fuente escrita por una organización: escriba el nombre tal como aparece en la fuente.

> Ministerio de Educación. *Evaluación y nivelación de aprendizajes: 2.º año de escolaridad.* Editorial del Estado Plurinacional de Bolivia, 2021.

Agencias gubernamentales con función editorial, 4.63.
Documentos gubernamentales: 4.74.

[4.21] Estandarizar y suministrar información

Cuando el autor no se especifica, aparece abreviado o no queda del todo claro, o si usted escribe en un contexto especializado, cite como autor del documento el organismo público que lo emitió.

> Senado de España. Proyecto de Ley Orgánica de aplicación del Reglamento (UE) 2017/1939 del Consejo. www.senado.es/web/actividadpar lamentaria/iniciativas/detalleiniciativa/index.html?legis=14&id1 =621&id2=000026.

Cuando estandarice las entradas, escriba completo el nombre de la entidad de gobierno (*Senado de España*), aunque ese nombre no aparezca completo en la fuente.

> Agencias gubernamentales con función editorial: 4.63.
> Documentos gubernamentales: 4.117.

[4.22] Agrupar entradas

Al citar dos o más obras de un mismo gobierno o de una misma entidad gubernamental, puede unificar todas las obras estandarizando el nombre de la entidad y de ahí listar esas obras bajo el nombre del autor gubernamental, incluso cuando el autor y el editor sean el mismo. Organizar las obras por el nombre de un autor y no por el título de la obra ofrece ventajas en estudios especializados y en documentos extensos como libros y tesis doctorales. Comience la entrada con el nombre del gobierno y, luego, precedido de una coma, escriba el nombre de la agencia específica. Entre esos dos nombres, mencione todas las unidades organizacionales en las que participa dicha agencia (p. ej., en Guatemala, la agencia de Ámbito Patrimonial está subordinada al Ministerio de Cultura y Deportes).

> Guatemala, Ministerio de Cultura y Deportes, Ámbito Patrimonial
>
> República Dominicana, Ministerio de Obras Públicas y Comunicaciones
>
> El Salvador, Ministerio de Agricultura y Ganadería

Cuando deba añadir en el elemento Autor o Autora un nombre que ya ha aparecido en la entrada previa, no lo repita: sustitúyalo por tres guiones o tres rayas (mostrándose coherente en la elección).

Ecuador, Instituto de Investigación Geológico y Energético, Dirección
    Ejecutiva.

——, Subsecretaría de Derechos Humanos, Fiscalía Administrativa.

——, ——, Área Memoria Histórica.

> Agencias gubernamentales con función editorial: 4.63.
> Orden en la lista de obras citadas: 4.122-4.129.
> Autores corporativos: 5.6.

[4.23] Título de la Fuente: ¿Qué es?

En el elemento Título de la Fuente, escriba el título de la obra que cita. En el ejemplo siguiente, *Caramelo* es el título de la novela de Sandra Cisneros.

Cisneros, Sandra. *Caramelo.* Knopf Doubleday, 2002.

Si la obra no tiene título (**figs. 4.12, 4.13**), ofrezca una descripción concisa e informativa de esa obra.

Álvarez, Herminio. Escultura en forma de tubo, hecha de castaño y en
    equilibrio. 2001, Auditorio Príncipe Felipe, Oviedo.
Anuncio de Upton Tea Imports. *Smithsonian,* oct. 2018, p. 84.
García Lorca, Federico. *Comedia sin título.* Granada, 1936.
Lizzo. Concierto. Vega, 19 nov. 2019, Copenhague.
Ng, Celeste [@pronounced_ing]. Fotografía de una carta de Shirley Jackson.
    Twitter, 22 en. 2018, twitter.com/pronounced_ing/status/955528799
    357231104.
Ordóñez, Luisina. Paisaje en colores suaves de tierras onduladas y dos
    montañas. 1937, Colección Museo de Arte de Puerto Rico, San Juan,
    www.mapr.org/en/museum/proa/artist/ordonez-luisina.

La descripción también puede incluir otra información pertinente, como el destinatario de una carta u otro tipo de mensaje, la ubicación de una

Fig. 4.12.
Anuncio sin título. En el elemento
Título de la Fuente, escriba una
descripción.

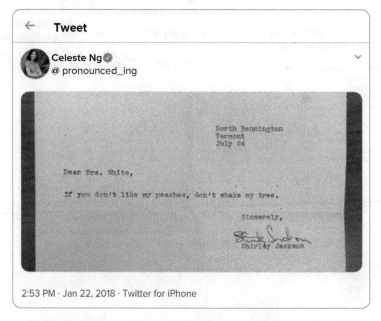

Fig. 4.13. Tuit que contiene la fotografía de una carta. En el elemento Título de la
Fuente, escriba una descripción de la fotografía.

actuación que figura en un programa cultural, el nombre de la obra y el autor que son objeto de una reseña o el artista cuya exposición se presenta en la cartela explicativa de un museo (fig. 4.14).

> Programa de *Cinco horas con Mario*, de Miguel Delibes, representada en el Teatro Bellas Artes, Madrid. 2021.
>
> Larra, Mariano José. Carta a su padre. 10 abr. 1835. Fondo Jesús Miranda de Larra, Biblioteca Miguel de Cervantes, Madrid. Manuscrito.
>
> Ledesma, Germán Abel. Reseña de *El sueño de la vaca y el tatuador de camellos*, de Ezequiel Alemian. *Revista Chilena de Literatura*, núm. 107, may. 2023, http://dx.doi.org/10.4067/S0718-22952023000100533.
>
> Texto de sala para la fotografía *3 punts 3*, de Àngels Ribé. Museu d'Art Contemporani de Barcelona.

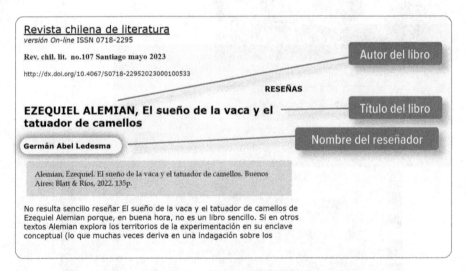

Fig. 4.14. Reseña de un libro. En su entrada bibliográfica, liste el nombre del reseñador en el elemento Autor o Autora. En el elemento Título de la Fuente, ofrezca una descripción que incluya tanto el título del libro reseñado como el nombre de su autor. El título del libro reseñado —*El sueño de la vaca y el tatuador de camellos*— va en cursiva, y el resto de la descripción va en letra redonda.

En el caso de que haya documentación pertinente de algún tipo de comunicación o mensaje dirigido a usted, dicha información habrá de incluir una referencia a usted mismo, en calidad de *autor*, o su nombre deberá aparecer como destinario en el elemento Título de la Fuente.

Zamora, Estelle. Correo electrónico a la autora. 3 may. 2018.

Zamora, Estelle. Correo electrónico a Penny Kinkaid. 3 may. 2018.

Con frecuencia, el método más claro para identificar una obra sin título es usar palabras tomadas directamente de la obra misma, como sucede con obras cortas (como poemas sin título, usualmente identificados por el primer verso) y mensajes digitales que carecen de títulos formales (es decir, tuits, correos electrónicos o mensajes de texto). Cuando un mensaje digital o un anuncio en una red social solo consiste en una foto o un video, escriba una descripción en lugar del título (véase **fig. 4.13**). Para referirse a un aspecto no textual de la fuente, como una fotografía o un video, también puede optar por proporcionar una descripción, en lugar del texto de la propia fuente.

Feusner, Josie. Video recitando el poema "Aquí", de Octavio Paz. *Snapchat*, 27 oct. 2021, www.snapchat.com/add/jbfeuz.

Storni, Alfonsina. "Golondrinas". *Poemas del Alma*, www.poemas-del-alma .com/golondrinas.htm.

Valdes, Ernesto. Cubierta de *Trabajo temporal*, de Carmen Grau. *Pinterest*, www.pinterest.com/pin/444800900668223843/.

[4.24] Título de la Fuente: ¿Dónde encontrarlo?

Por lo general, en la obra el título aparece resaltado con protagonismo, y a menudo está cerca del nombre del autor de la obra.

Algunas obras tienen subtítulo, que suele aparecer en un lugar menos destacado que el título o indicado mediante signos de puntuación: pueden ser dos puntos, un guion o un punto (**figs. 4.15, 4.16**).

Si el diseño de la obra le impide distinguir cuál es el título y cuál el subtítulo (**fig. 4.17**), consulte otro lugar oficial para corroborar el título —por ejemplo, la página de créditos del libro—.

Fig. 4.15. Parte de la portada de un libro. El título y el subtítulo se distinguen por diferencias tipográficas.

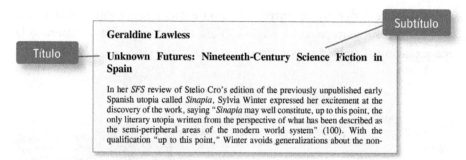

Fig. 4.16. Parte de la primera página de un artículo de revista especializada. El subtítulo viene después del título y ambos están separados por dos puntos.

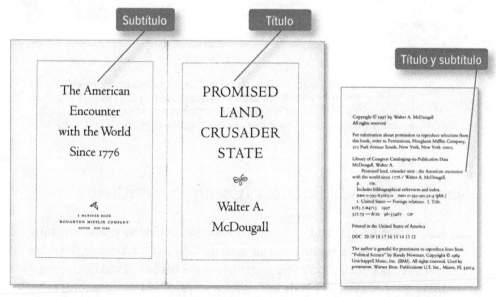

Fig. 4.17. En este ejemplo el título del libro aparece en la portada y el subtítulo en la página opuesta. Puede confirmar ambos en la página de créditos del libro.

Si le cuesta distinguir entre el título de una página web y el del sitio web en el cual aparece dicha página, fíjese en la tipografía, el diseño y la maquetación. También puede consultar la URL del sitio web (**fig. 4.18**).

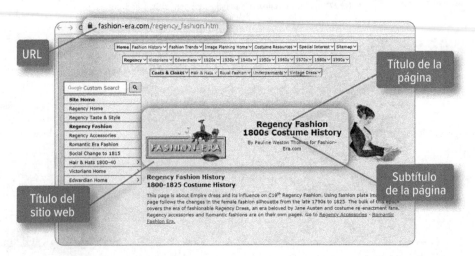

Fig. 4.18. Página de un sitio web. El título del sitio, *Fashion-Era*, así como el título de la página, "Regency Fashion: 1800s Costume History", aparecen el uno al lado del otro. El título de la página se encuentra cerca del nombre de la autora, mientras que el título del sitio web concuerda con la URL y aparece en el logo.

[4.25] Título de la Fuente: ¿Cómo presentarlo?

En una entrada de la lista de obras citadas, los títulos se presentan tal y como aparecen en la fuente, con la salvedad de que se estandarizan las mayúsculas, la puntuación entre el título y el subtítulo y el uso de cursiva o comillas. El elemento Título de la Fuente viene seguido de un punto, salvo si el título termina en signo de interrogación o de exclamación. Las directrices que encontrará en esta sección abordan asuntos propios de las listas de obras citadas y son un complemento a las directrices elaboradas en otro lugar de este manual.

Títulos de publicaciones: 2.74-2.109.

[4.26] Títulos abreviados

En la lista de obras citadas, los títulos muy largos pueden ser abreviados. Asegúrese de incluir suficientes palabras del título para que no haya ambigüedades a la hora de identificar la obra. Use puntos suspensivos para indicar que el título fue abreviado. Si una coma es necesaria para indicar el final de un elemento, insértela después de los puntos suspensivos.

> Paredes, Antonio de. *Carta edificante, en que el P. Antonio de Paredes de la extinguida Compañia de Jesvs refiere la vida exemplar de la hermana Salvadora de los Santos...* México, 1784.

> Títulos largos: 2.99.

[4.27] Secciones de una obra con etiquetas genéricas

Para documentar una introducción, un prefacio, un prólogo, un epílogo u otra sección de una obra que solo lleva una etiqueta genérica (**fig. 4.19**), escriba en mayúscula la primera letra de esa etiqueta, como si se tratara de un título. Sin embargo, no ponga cursivas ni encierre entre comillas la etiqueta.

> Carranza Romero, Francisco. Prólogo. *Diccionario español-quechua ancashino.* Iberoamericana Vervuert, 2023, pp. 9-10.

PRÓLOGO

La lengua quechua tiene un tiempo pasado verbal que, aun ya ido, sigue flotando vivo en el presente; por eso, es más aspectual que temporal.

Nuqam, illanqaykiyaq, mamaykita rikashkaa: (No te peses) yo he cuidado a tu madre mientras estabas ausente. Yo he visto a tu madre cuando estuviste ausente. La información adicional que se sobreentiende es: como ahora, yo estuve al tanto de tu madre durante tu ausencia. No te preocupes de dejarla otra vez.

Nuqam kay rimay siqita qillqashkaa: Yo he escrito este diccionario (y lo siento con afecto como en los días de su elaboración).

El morfema *-shka* hace trascender la acción pasada hacia el presente. La memoria restituye la imagen del hecho pasado que se siente en el presente. Es el pretérito trascendente.

Este diccionario está elaborado con esta mentalidad y actitud. Reúne el léxico usado en la vida real y que se mantiene en la memoria de los que no han renunciado a su lengua materna quechua. En su recopilación y explicación no se ha dependido de los informantes. Además, cuando el léxico y morfema no son de uso general, se cita el lugar donde se usa para que el interesado en verificar el dato pueda comprobarlo con mayor facilidad.

Fig. 4.19. Parte de la primera página del prólogo de un libro. El prólogo lleva por nombre una etiqueta genérica.

Cuando la introducción, el prefacio, el prólogo, el epílogo u otra sección similar tienen tanto un título particular como una etiqueta genérica (fig. 4.20), suele escribirse solo el título particular, entre comillas.

Gallego Cuiñas, Ana. "La cuestión de la literatura latinoamericana y española en el siglo XXI". *Novísimas: Las narrativas latinoamericanas y españolas del siglo XXI*, edición de Gallego Cuiñas, Iberoamericana Vervuert, 2021, pp. 11-19.

Etiquetas para describir el papel de un colaborador o colaboradora: 4.44. Sección de una obra etiquetada genéricamente: 4.108.

Introducción. La cuestión de la literatura latinoamericana y española en el siglo XXI

ANA GALLEGO CUIÑAS
Universidad de Granada

¿Cómo interpretar las narrativas de las dos últimas décadas? ¿De qué manera pensar en pasado el presente literario? ¿Qué es lo visible, lo decible y lo legible en el campo de la literatura iberoamericana del siglo XXI? ¿Cómo transformar la contingencia en historicidad?

Fig. 4.20. Parte de la primera página de la introducción de un libro. La introducción tiene un título particular, además de una etiqueta genérica.

[4.28] Descripción en lugar de título

Al describir una obra que carece de título, escriba en mayúscula la primera letra de la palabra con la que inicia su descripción. Aplique un estilo a la descripción como lo haría en una oración en el cuerpo de su documento: ponga en mayúscula la primera letra de la primera palabra y, cuando sea necesario, añada la puntuación pertinente. No use cursivas ni entrecomille esa descripción.

> Diapositiva de Mafalda con un globo terráqueo. Español 3060: El español en
>   el mundo, 4 nov. 2021, University of Wyoming. Diapositiva 2.
> Moreno, Marta Lucía. Mensaje de texto a la autora. 3 feb. 2022.
> Texto de sala para *Tamayo*, de Gabriel de la Mora. *Originalmentefalso*,
>   4 feb. 2020-14 feb. 2021, Museo Nacional de Arte, Ciudad de México.
> Rodríguez, Sonia. Correo electrónico al Comité Editorial. 15 dic. 2021.
> Santana. Folleto. *Santana*, Sony Music Media, 1997.
> Thonet, Michael. Silla de madera, metal y ratán. Circa 1930, Museo del Prado,
>   Madrid.

Cuando la descripción incluye el título de otra obra, aplique a ese título interno las directrices para formatos de títulos.

> Álamo, Alfredo. Reseña de *El prisionero del cielo*, de Carlos Ruiz Zafón.
>   *Lecturalia*, 15 abr. 2013, www.lecturalia.com/blog/2013/04/15/el
>   -prisionero-del-cielo-de-carlos-ruiz-zafon/.
> Cachamuiña, Roque. Comentario en "El misterioso robo y falsificación del
>   primer mapa del Caribe". *El País*, 26 oct. 2021, 9:00 a. m., elpais.com/
>   cultura/2021-10-26/el-misterioso-robo-y-falsificacion-del-primer
>   -mapa-del-caribe.html.

[4.29] Palabras citadas en lugar del título

Cuando utilice texto de la propia obra para identificar una obra sin título, use la primera línea de la obra (p. ej., si se trata de un poema), o un breve fragmento introductorio. Si es muy breve, incluya el texto completo (exactamente tal como aparece en la fuente). Entrecomille el texto citado y conclúyalo con un punto. Debe reproducir el texto tal como está escrito, respetando las mayúsculas tal como aparecen en la fuente.

Góngora, Luis de. "Mientras por competir con tu cabello". *Reflexiones: Introducción a la literatura hispánica*, compilación de Rodney T. Rodríguez, Pearson, 2013, p. 255.

Quevedo, Francisco de. "Miré los muros de la patria mía". *Antología poética comentada*, edición de Fernando Gómez Redondo, Biblioteca Edaf, 2004, pp. 170-71.

Suárez, Blanca. "#ElVeranoQueVivimos (12 febrero disponible en plataformas digitales)". *Twitter*, 6 feb. 2021, twitter.com/blancasuarezweb/status/1357989768836100096.

En caso de tener que reducir el número de palabras o tener que omitir elementos no verbales —por ejemplo, emojis— para fragmentos introductorios cortos, recurra a los puntos suspensivos, seguidos de un punto después de las comillas de cierre.

Capó, Pedro. "Loco de contento y gratitud con esta gran noticia...". *Twitter*, 28 sept. 2021, twitter.com/pedrocapo/status/1442858163435458560.

[4.30] Traducciones de títulos

En las listas de obras citadas no suele ser necesario traducir títulos en otras lenguas, sobre todo si su público está compuesto principalmente por personas que dominan dichas lenguas (p. ej., cuando escribe un ensayo para una clase de lenguas o para una revista especializada).

Erpenbeck, Jenny. *Gehen, ging, gegangen*. Penguin Verlag, 2015.

No obstante, si es probable que los lectores a los que se dirige no están familiarizados con un idioma o con idiomas específicos, es conveniente traducir los títulos de las entradas bibliográficas. Siguiendo el mismo formato como si se tratara de un título original, escriba entre corchetes una traducción al español de ese título (en este caso, el título original va en cursiva y la traducción también).

Erpenbeck, Jenny. *Gehen, ging, gegangen* [*Yo voy, tú vas, él va*]. Penguin Verlag, 2015.

Para los títulos escritos en alfabetos no latinos, puede ser conveniente transliterarlos además de proporcionar su traducción, sobre todo si la lista bibliográfica incluye más de una obra del mismo autor o con el mismo título en el mismo alfabeto no latino. Las traducciones y las transliteraciones de títulos de libros van en cursiva, pero los títulos en alfabetos no latinos van en letra redonda. Separe la transliteración y la traducción con un punto y coma.

Chukri, Mohamed. الخبز الحافي [*Al-jubz-al-hafi*; *El pan a secas*]. Dar al Saqi, 1999.

Alfabetice los títulos de las obras según la transliteración. De este modo, aquellos lectores no familiarizados con el idioma extranjero podrán identificar con más facilidad las entradas bibliográficas de esas obras citadas en el cuerpo del texto con títulos transliterados.

> Traducción de títulos de obras escritas en otras lenguas: 2.109.
> Orden alfabético en la lista de obras citadas: 4.123-4.129.

[4.31] Título del Contenedor: ¿Qué es?

En la plantilla MLA de elementos fundamentales (véase **fig. 4.1**), un contenedor es una obra que contiene otra obra. En el ejemplo siguiente, el sitio web *Cuentos en red* incluye el cuento "El circo de las mariposas". El nombre del sitio web aparece en el elemento Título del Contenedor.

Corona, Eréndira. "El circo de las mariposas". *Cuentos en Red*, sept. 2021, cuentos enred.com/index.php/el-circo-de-las-mariposas-erendira-corona.

En la lista siguiente y en la **figura 4.21**, hay ejemplos de contenedores:

- Una publicación periódica —como es el caso de una revista especializada, de un magacín o de un periódico (diario o semanario)— es el contenedor de un artículo que aparece en esa publicación periódica.

- Una antología —publicada tanto en papel como en formato de libro electrónico— es el contenedor de un ensayo, de un poema o de un cuento publicado en dicha antología.

- Un sitio web, una red social, una plataforma de emisión en continuo o una base de datos pueden ser el contenedor de un anuncio, un comentario, una reseña, una canción o una grabación, un video o filme, una imagen, un libro o ensayo digitalizados u otro tipo de contenido publicado en ese sitio web o en esa base de datos.

- Un álbum —publicado tanto en vinilo como en formato CD— es el contenedor de una canción.

- Las series de televisión, los pódcast y los programas de radio son los contenedores de cada episodio individual.

- Una exposición de arte es el contenedor de una obra de arte exhibida en la misma.

Editorial: ¿Qué es? 4.54.

Contenedor	Contenido
revista especializada, magacín, periódico	artículo
antología	ensayo, poema o cuento
blog	entrada de blog
Twitter	tuit
sitio web como *Facebook*	entrada o comentario
sitio web como *SoundCloud*	canción
álbum	canción
sitio web como *YouTube*	videoclip o filme
pódcast, serie de televisión, programa de radio	episodio individual
sitio web como *Google Libros*	libro digitalizado
sitio web o aplicación como *Instagram*	foto o videoclip
sitio web de un museo	imagen digital de una pintura
exposición de arte	obra de arte
aplicación como *Biblo Gateway*	versión de la Biblia

Fig. 4.21. Ejemplos de contenedores, obras que contienen otras obras.

[4.32] Obras que se contienen a sí mismas

Algunas obras se contienen a sí mismas, como la versión impresa de una novela o el estreno original de una película. El título de la obra figura en el elemento Título de la Fuente y el elemento Título del Contenedor queda en blanco, pero cualquier detalle relevante de la publicación se incluirá en la sección del contenedor tanto de la plantilla como de la entrada correspondiente.

Portela, Edurne. *Los ojos cerrados*. Galaxia Gutenberg, 2021.

Roma. Dirección de Alfonso Cuarón, Esperanto Filmoj / Participant Media, 2018.

[4.33] Obras con más de un contenedor

Un contenedor puede estar contenido en otro contenedor. Por ejemplo, un ensayo puede encontrarse en un libro impreso, que a su vez puede estar digitalizado en un sitio web. En este caso, tanto el libro como el sitio web son contenedores: el libro contiene el ensayo; el sitio web, el libro (**fig. 4.22**).

Helber, Silja. "¿Cuánto más marginal, más central? La escritura de Rita Indiana". *Literatura latinoamericana mundial: Dispositivos y disidencias*, compilación de Gustavo Guerrero et al., De Gruyter, 2020, pp. 279-90. *ResearchGate*, www.researchgate.net/publication/338722968_Cuanto_mas_marginal_mas_central_-_La_escritura_de_Rita_Indiana.

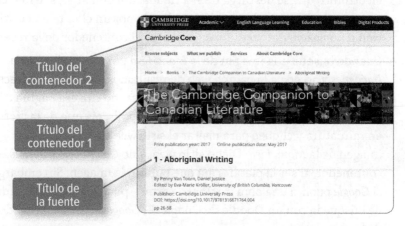

Fig. 4.22. Ensayo en una compilación, disponible en formato electrónico.

[4.34] Para saber si un sitio web es un contenedor

Según se muestra en la figura 4.21, los sitios web pueden ser contenedores.
Ahora bien, no siempre lo son. Un sitio web es un contenedor cuando sirve
como plataforma para la publicación de una versión particular de una obra
que usted ha consultado. En contraste, no lo será cuando únicamente sirva
como instrumento para el acceso a esa obra. La figura 4.23, al igual que los
siguientes ejemplos, ilustran el principio anterior:

- Cuando usted cliquea en un enlace de *Facebook* que lo lleva a un
  artículo del diario argentino *Clarín*, *Facebook* no es el contenedor de
  dicho artículo; el contenedor es el sitio web del *Clarín*. Sin embargo,
  cuando usted lee en *Facebook* un comentario publicado allí por
  alguno de sus amigos, en esta ocasión *Facebook* sí es el contenedor
  de ese comentario.

- Un sistema de gestión de aprendizaje, como *Blackboard*, no es un
  contenedor si se limita a conectarlo con una obra alojada en un sitio
  web externo, como *Project Muse*, por ejemplo. No obstante, si lee una
  presentación de clase en *Blackboard* y decide citar esa presentación en
  su documento de investigación, *Blackboard* se convierte ahora en un
  contenedor, puesto que es la plataforma específica donde se halla
  publicada la versión de la presentación citada.

- Una tienda en línea como *Amazon* no es el contenedor de un libro
  electrónico que se descarga de esa tienda. Sin embargo, si usted cita
  una reseña del libro electrónico publicada por un cliente en el sitio
  web de *Amazon*, entonces *Amazon* sí será el contenedor de la reseña.

- Cuando busque una imagen de la *Mona Lisa* por medio de *Google
  Imágenes* y acceda a la página web de resultados, donde se le ofrecen
  imágenes en miniatura de esa obra pictórica, no cite esa página de
  resultados como el contenedor de la imagen. Escoja una de las fotos
  en miniatura y cliquee para visitar el sitio web que hospeda la
  imagen de la *Mona Lisa*. Dicho sitio web, y no *Google Imágenes*, es el
  contenedor, al ser la plataforma que publicó la imagen. Sin embargo,
  si *Google* publica una obra original de arte —por ejemplo, el recuadro
  de búsqueda con un Doodle de Google—, *Google* sí es el contenedor
  de la obra de arte.

	No es un contenedor	Es un contenedor
Blackboard	cuando lo conecta a usted con otro sitio web	cuando alberga materiales, como una conferencia, que están publicados allí
Amazon	cuando usted descarga un libro electrónico	cuando allí aparece publicada una reseña de un cliente
Google	cuando aparecen fragmentos de texto en la página de resultados de una búsqueda	cuando alberga obras originales de arte, como es el caso de un Doodle de Google
Facebook	cuando usted cliquea en un enlace (p. ej., un enlace de noticias) que lleva a otro sitio web	cuando allí aparece un comentario sobre un enlace o una entrada

Fig. 4.23. Un sitio web solo puede ser un contenedor cuando sirve de plataforma para la publicación de una versión específica de una obra que usted ha consultado.

[4.35] Aplicaciones y bases de datos

Con el fin de determinar si una aplicación o una base de datos es un contenedor, aplique los mismos criterios que para un sitio web.

Cuando descarga (en su celular, en su tableta o en su computadora) una aplicación como *Bible Gateway*, que contiene otras obras —en este caso, versiones diferentes de la Biblia—, la aplicación es una obra que contiene otras obras, y por tanto es un contenedor. Sin embargo, lo que comúnmente se conoce como aplicación no siempre es una obra. Por ejemplo, si usted cita un PDF de un artículo que ha descargado y guardado en la aplicación *Google Drive* de su teléfono, la aplicación no es ni una obra ni la plataforma de publicación de la obra. Aquí, *Google Drive* no es más que un programa por medio del cual usted ha accedido a una obra publicada en otro lugar.

De igual forma, en algunas ocasiones, aunque no siempre, las bases de datos para la investigación en línea, así como las plataformas que engloban bases de datos, contienen obras completas y no simplemente avances o fragmentos de esas obras. Si en esos sitios web usted lee, ve o escucha una obra en su totalidad, entonces se trata del contenedor de la obra. Suponga, por ejemplo, que usted busca en el sitio *EBSCOhost* (**fig. 4.24**) artículos acerca del papel de la literatura para promover el alfabetismo en las bibliotecas públicas. Y, entonces, encuentra el artículo "The Latinx Family" y procede a leerlo en el PDF respectivo (**fig. 4.25**). La publicación periódica titulada *Bilingual Review / La*

Revista Bilingüe contiene el artículo, y *EBSCOhost* es el contenedor de esa revista.

Dávila, Denise, et al. "The Latinx Family: Learning *y la Literatura* at the Library". *Bilingual Review / La Revista Bilingüe*, vol. 33, núm. 5, may. 2017, pp. 33-49. *EBSCOhost*, search.ebscohost.com.

Ahora bien, si usted está buscando un artículo sobre los programas bilingües y se decide a leer el artículo "Preparing Teacher Candidates for the Instruction of English Language Learners" (**fig. 4.26**), será dirigido al sitio web eric.ed.gov, donde podrá leer ese artículo (**fig. 4.27**). Así pues, el sitio web denominado *ERIC* (una abreviatura de *Education Resources Information Center*, cursivas y mayúsculas) es el contenedor del artículo, no *EBSCOhost*.

Gonzalez, Monica Marie. "Preparing Teacher Candidates for the Instruction of English Language Learners". *Networks: An Online Journal for Teacher Research*, vol. 18, núm. 2, otoño 2016. *ERIC*, eric.ed.gov/?id=EJ1152320.

Los filtros de búsqueda que utilice en una base de datos como *EBSCOhost* —la MLA International Bibliography en el primer ejemplo y ERIC en el segundo— no son contenedores.

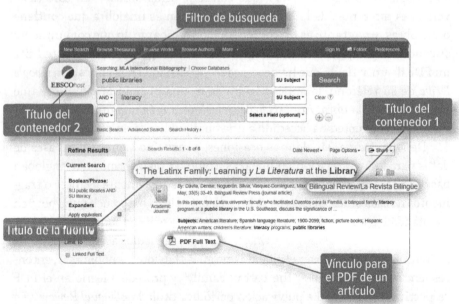

Fig. 4.24. Resultados de una búsqueda en *EBSCOhost*.

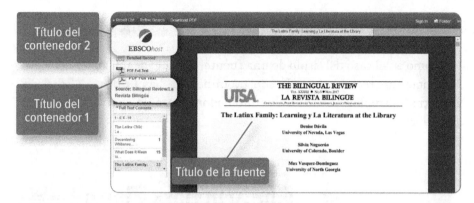

Fig. 4.25. Una obra buscada y vista en *EBSCOhost*.

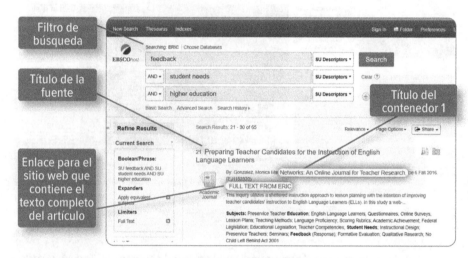

Fig. 4.26. Resultados de una búsqueda en *EBSCOhost*.

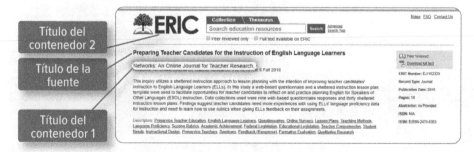

Fig. 4.27. Obra buscada en *EBSCOhost* y más tarde leída en *ERIC*.

[4.36] Título del Contenedor: ¿Dónde encontrarlo?

Así como en el caso del título de una fuente, el título de un contenedor por lo general aparece presentado con prominencia. Las **figuras 4.28-4.35** muestran ejemplos de títulos de contenedores para una variedad de tipos de fuentes.

Fig. 4.28. Artículo impreso de un periódico. El título del contenedor, *The New York Times*, aparece en la parte superior de la página.

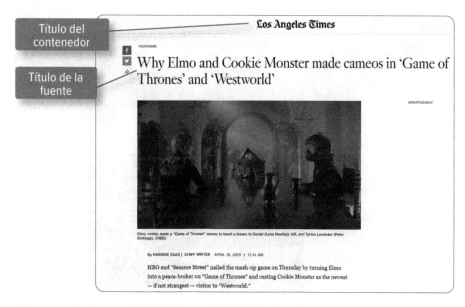

Fig. 4.29. Artículo en línea de un periódico. El título del contenedor, *Los Angeles Times*, aparece en la parte superior de la página.

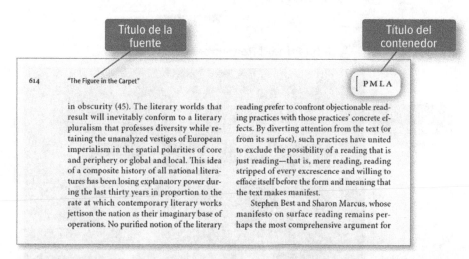

Fig. 4.30. Artículo en una revista especializada impresa. El título del contenedor, *PMLA*, se puede encontrar en el encabezado, en la portada y en la cabecera de la revista.

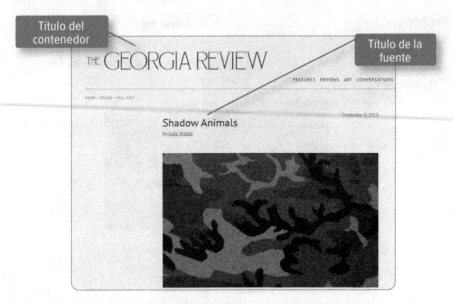

Fig. 4.31. Ensayo en una revista literaria en línea. El título del contenedor, *The Georgia Review*, aparece resaltado en la parte superior de la página.

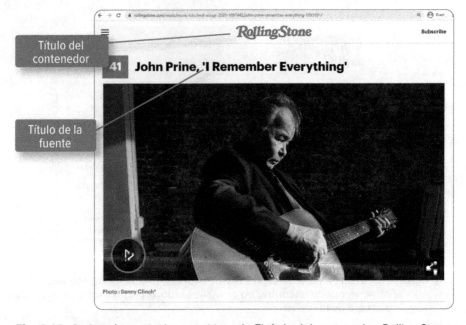

Fig. 4.32. Grabación musical en un sitio web. El título del contenedor, *Rolling Stone*, aparece en la parte superior de la página.

Fig. 4.33. Canción en un sitio web. El título del contenedor, *SoundCloud*, aparece en la esquina superior izquierda. Este mismo título también puede encontrarse en la sección "¿Quiénes somos?" del sitio web.

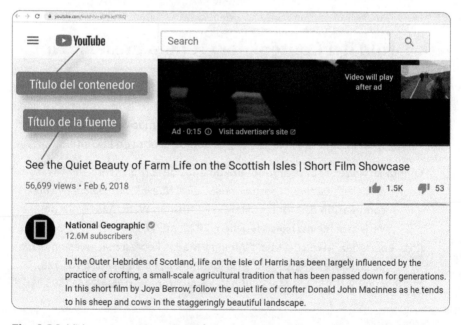

Fig. 4.34. Video en un sitio web. El título del contenedor, *YouTube*, aparece en la esquina superior de la página.

Fig. 4.35. Episodio de un programa de televisión en un sitio web. El título del contenedor 2, *Netflix*, aparece en la parte superior de la página de destino o página preliminar para cada episodio.

[4.37] Título del Contenedor: ¿Cómo presentarlo?

Precise el elemento Título del Contenedor siguiendo las mismas directrices establecidas para el elemento Título de la Fuente. El título del contenedor suele ir en cursiva y seguido de una coma, ya que la información que viene a continuación proporciona detalles de la publicación de la obra en el contenedor.

Quintana, Àngel. "Sobre algunos imaginarios de la representación y la revuelta". *Escenarios postnacionales en el Nuevo Cine Latinoamericano*, compilación de Mónica Satarain y Christian Wehr, Akademische Verlagsgemeinsch aft München, 2020, pp. 17-28.

Rosa-Rodríguez, María del Mar. "'Amina y María': Representaciones simuladas de la madre del escogido en la literatura aljamiada". *MLN*, vol. 128, núm. 2, 2013, pp. 245-55. *JSTOR*, www.jstor.org/stable/24463393.

En el caso de que un contenedor no tenga título, descríbalo. En el primer ejemplo de abajo, *Colección de afiches políticos y culturales* aparece en el elemento Título del Contenedor. La información subsiguiente tiene que ver con el elemento Ubicación.

> Álvarez Amaya, Jesús. "La tierra". Colección de afiches políticos y culturales, Centro de Documentación e Investigación de la Cultura de Izquierdas en Argentina, Buenos Aires, inv. 1190, sob. 83, doc. 10.
>
> Reyes Zúñiga, Maximiliano, y José Ignacio Piña Rojas. "México y Brasil, actores indispensables en la integración regional". Boletín mensual de la Embajada de México en Brasil, sept. 2021, https://embamex .sre.gob.mx/brasil/images/pdf/2021/boletin/BI_septiembre_ 2021.pdf.

Títulos de publicaciones: 2.74-2.109.

[4.38] Colaborador o Colaboradora: ¿Qué es?

Personas, grupos y organizaciones pueden colaborar en una obra, aun cuando no sean su creador primario. Este puede ser el caso de obras que tienen un autor primario —específico o anónimo—, por una parte, y, por otra, puede ser el caso de obras colectivas que son el producto de muchos colaboradores, es decir, que no tienen un autor primario o único. Los colaboradores principales siempre deberán aparecer listados en la entrada bibliográfica. Otras clases de colaboradores pueden listarse en el elemento Colaborador o Colaboradora, dependiendo de cada situación. Cuando liste a un colaborador o a una colaboradora, incluya una etiqueta que describa el papel que ha desempeñado en la publicación.

Colaborador o Colaboradora en el elemento suplementario: 4.106.

[4.39] Colaboradores principales

Siempre debe listar a todos los siguientes colaboradores en su entrada bibliográfica, generalmente en el elemento Colaborador o Colaboradora:

- traductores
- editores responsables de ediciones académicas y de antologías de las obras de un autor primario
- editores responsables en la edición de volúmenes colectivos de obras creadas por varios autores primarios, de los cuales usted citará una colaboración individual

Otros colaboradores clave que suelen figurar en el elemento Colaborador o Colaboradora son los cineastas, los directores de orquesta y los grupos de artes escénicas, como las compañías de danzas y los coros. Los ejemplos subsiguientes muestran cómo debería indicar la participación de uno o más colaboradores principales en varios tipos de obras.

Traductor de una obra con un autor primario

Morton, Kate. *El jardín olvidado*. Traducción de Carlos Schroeder, Santillana, 2010.

Traductora de una obra de autor anónimo

Cantar de Roldán. Traducción de Isabel de Riquer, Gredos, 1999.

Editora de una edición con autor primario

García Lorca, Federico. *Diván del Tamarit*. Edición de Pepa Merlo, Cátedra, 2018.

Editor de una edición de una obra anónima

Lazarillo de Tormes. Edición de Stanley Appelbaum, Dover Publications, 2001.

Editor de una compilación de la cual se cita un ensayo con autor primario

Sabau, Ana. "The Perils of Ownership: Property and Literature in Nineteenth-Century Mexico". *Mexican Literature in Theory*, compilación de Ignacio M. Sánchez Prado, Bloomsbury Academic, 2018, pp. 33-54.

Editor de una antología de la cual se cita un poema con autor anónimo

"Montesinos y Rosaflorida". *Romancero general, ó colección de romances castellanos anteriores al siglo XVIII*, edición de Agustín Durán, 2.ª ed., vol. 1, M. Rivadeneyra, 1859, p. 259.

Director de un filme

Dolor y gloria. Dirección de Pedro Almodóvar, El Deseo, 2019.

Compañía de danza que interpretó la obra de un coreógrafo para un evento en vivo

Vilaro, Eduardo. *El beso*. Puesta en escena por Ballet Hispánico, 9 abr. 2014, Teatro Joyce, Nueva York.

Música que interpretó la obra de un compositor para un estudio de grabación

Granados, Enrique. *Goyescas*. Interpretado por Alicia de Larrocha, The Decca Record, 1977. Vinilo LP.

Director de la puesta en escena de una obra de teatro

Buero Vallejo, Antonio. *El concierto de San Ovidio*. Dirección de Mario Gas, 3 abr. 2018, Teatro María Guerrero, Madrid.

Director y conjunto musical que interpretaron un concierto de autor anónimo

Concierto de marchas fúnebres. Dirección de Héctor Gómez, interpretado por la Banda Filarmónica de Héctor Gómez, 30 ag. 2013, Santuario de San Felipe de Jesús, Guatemala.

[4.40] Colaboradores principales en el elemento Autor o Autora

Ocasionalmente, es razonable listar a un colaborador principal en el elemento Autor o Autora. Por ejemplo, si usted está estudiando una obra traducida y su estudio se centra en las decisiones llevadas a cabo por el traductor, usted puede poner al traductor en el elemento Autor o Autora (seguido de la etiqueta *traductor* o *traductora*). Si la obra tiene un autor primario, escriba el nombre del autor primario en el elemento Colaborador o Colaboradora precedido de la preposición *de*.

> Olid, Bel, traductore. *Americanah*. De Chimamanda Ngozi Adichie,
> Fanbooks, 2021.

De igual manera, si analiza una obra en colaboración que normalmente listaría por el título pero está centrándose en las contribuciones de un colaborador principal en particular, puede incluir a ese colaborador en el elemento Autor o Autora, seguido de la etiqueta apropiada.

> Arau, Alfonso, director. *Como agua para chocolate*. Miramax, 1992.

En el caso de largas listas de obras citadas, resulta útil poner a los colaboradores principales —editores, traductores o directores— en el elemento Autor o Autora. Tales listas son habituales en libros o en tesis doctorales, publicaciones donde es crucial organizar la información de manera eficiente. De esta forma, las referencias parentéticas en el cuerpo del texto serán más concisas, y sus lectores podrán localizar más fácilmente las entradas bibliográficas de las obras mencionadas.

[4.41] Otras clases de colaboradores

Puede ser necesario incluir otros tipos de colaboradores si intervinieron en la presentación de la obra, si si la contribución de dichos colaboradores es central para su argumento o si resultan imprescindibles para identificar una versión concreta de la obra. Así, la persona o la organización responsable de subir un video en un sitio web, la creadora de un programa de televisión, el narrador de un audiolibro o una intérprete destacada pueden figurar en el elemento Colaborador o Colaboradora. A diferencia del caso de los colaboradores principales, estos otros colaboradores por lo general no aparecen listados en el elemento Autor o Autora.

Organización responsable de subir un video en un sitio web

"Diálogo sobre cambio climático: Certezas e incertidumbres. Facultad de
    Geografía e Historia UCM". *YouTube*, subido por Universidad
    Complutense de Madrid, 29 abr. 2024, www.youtube.com
    /watch?v=gAOfpBWUu7Q.

Creador de un programa de televisión

"El tiempo es el que es". *El ministerio del tiempo*, creado por Javier y Pablo
    Olivares, temporada 1, episodio 1, RTVE, 2015.

Narrador de un audiolibro cuya contribución es objeto de estudio en su texto

Navarro, Julia. *De ninguna parte*. Narrado por Tito Asorey, audiolibro, ed.
    íntegra, Penguin Audio, 26 ag. 2021.

Cantante cuya contribución es objeto de estudio en su texto

Guridi, Jesús. *Mirentxu*. Interpretada por Ainoha Arteta, 24 nov. 2019, Teatro
    de la Zarzuela, Madrid.

Actores cuyas contribuciones son objeto de estudio en su texto

La teta asustada. Dirección de Claudia Llosa, interpretado por Magaly Solier y
    Susi Sánchez, Dogwoof, 2009.

Actores que son importantes a la hora de identificar la versión de una obra

Othello. Dirección de Stuart Burge, representado por Laurence Olivier et al.,
    BHE Films, 1965.

Autor o Autora: ¿Qué es? 4.3.

[4.42] Colaborador o Colaboradora: ¿Dónde encontrarlo?

Algunas veces, los nombres de los colaboradores, y en especial de aquellos que tuvieron funciones de importancia en relación con la obra, aparecen cerca del nombre del autor primario, si hay solo uno (véase fig. 4.5). En otras ocasiones, los nombres de los colaboradores aparecen en algún otro lugar de la fuente (figs. 4.36-4.38).

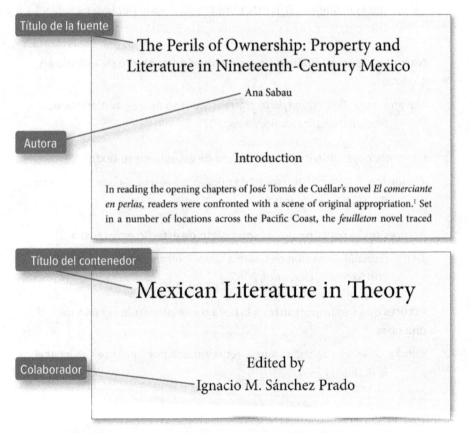

Título de la fuente

The Perils of Ownership: Property and Literature in Nineteenth-Century Mexico

Ana Sabau

Autora

Introduction

In reading the opening chapters of José Tomás de Cuéllar's novel *El comerciante en perlas*, readers were confronted with a scene of original appropriation.[1] Set in a number of locations across the Pacific Coast, the *feuilleton* novel traced

Título del contenedor

Mexican Literature in Theory

Edited by

Colaborador

Ignacio M. Sánchez Prado

Fig. 4.36. Ensayo en una compilación. El nombre del compilador aparece en la portada del volumen. En la entrada bibliográfica, liste el nombre de la autora del artículo o del ensayo en el elemento Autor o Autora y el nombre del compilador en el elemento Colaborador o Colaboradora.

Fig. 4.37. Fotograma de un filme. El nombre de la directora aparece en los créditos. Un filme es una obra colectiva, por lo que el nombre de la directora está listado en el elemento Colaborador o Colaboradora.

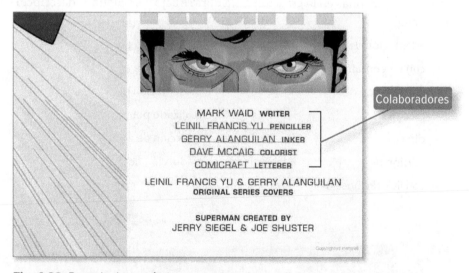

Fig. 4.38. Portada de un cómic que muestra los nombres de varios colaboradores. Los nombres de los colaboradores que son importantes para su documento de investigación pueden figurar en el elemento Colaborador o Colaboradora.

[4.43] Colaborador o Colaboradora: ¿Cómo presentarlo?

Los nombres en el elemento Colaborador o Colaboradora deben estar escritos de igual manera que los otros nombres que aparecen en el texto principal. Tenga presente que, a diferencia de los nombres en el elemento Autor o Autora, los nombres completos (nombres y apellidos) en el elemento Colaborador o Colaboradora no se escriben invertidos por razones de orden alfabético, puesto que el elemento Colaborador o Colaboradora nunca empieza una entrada bibliográfica.

> Aplicar estilos a nombres en el texto principal: 2.58-2.71.

[4.44] Etiquetas para describir el papel de un colaborador o colaboradora

Introduzca cada nombre —o cada grupo de nombres, si más de una persona realizó la misma función— describiendo el papel realizado por esa persona o personas en la creación de la obra. Abajo verá algunas descripciones usuales.

adaptación de	interpretado por
con coreografía de	narración de
compilación de	presentación de
creado por	realizado por
dirección de	selección de
edición de	traducción de
con ilustraciones de	

Puede crear una etiqueta específica de acuerdo con la naturaleza de la colaboración.

> *Othello*. Dirección de Stuart Burge, subtítulos en japonés por Shunji Shimizu, BHE Films, 1965.

Cuando el autor de una obra está listado en el elemento Colaborador o Colaboradora, escriba la preposición *de* antes del nombre del autor. La preposición *por* seguirá a los participios pasados: *creado por, interpretado por, realizado por*. No olvide el género gramatical de la obra en cuestión para la concordancia con el participio pasado: una canción *interpretada* por José Carreras. Al usar un sustantivo con *de* en lugar del participio (*traducción de, edición de, dirección de* en lugar de *traducido por, editado por, dirigido por*) cuando esta opción existe, se evita el problema de precisar el género en casos ambiguos (una misma obra puede ser una película o un filme, un libro o una obra de teatro, etc.).

> Fernández Castañeda, Luis, et al., traductores. *Libro de los pasajes*. De Walter Benjamin, Akal, 2005.

Si la tarea de un colaborador no puede ser descrita usando una expresión con las preposiciones *por* o *de*, especifique dicha función con un sustantivo o una frase nominal encerrada entre comas después del nombre, tal como lo verá en el siguiente ejemplo con el editor general.

> Marvell, Andrew. "The Mower's Song". *The Norton Anthology of English Literature*, M. H. Abrams, editor general, 4ª ed., vol. 1, W. W. Norton, 1979, p. 1368.

Cuando en una obra se usan términos como *con* o *con la colaboración de* en lugar de especificar el tipo de contribución de la persona mencionada, ponga su nombre en el elemento Colaborador o Colaboradora, precedido de la preposición *con*.

> Resina, Joan Ramon, editor. *Burning Darkness: A Half Century of Spanish Cinema*. Con Andrés Lema-Hincapié, State University of New York Press, 2008.

Si el colaborador tiene más de una función, añada una etiqueta antes del nombre del colaborador identificando cada una de sus funciones.

Nietzsche, Friedrich. *Estética y teoría de las artes*. Edición y traducción de
Agustín Izquierdo, Tecnos, 2001.

No necesita indicar que el editor o el traductor también se ha encargado de
escribir el prefacio, el prólogo, la introducción u otra sección de la obra,
incluso si su fuente sí lo indica. De igual modo, incluso cuando el nombre
del autor de un prefacio, introducción o similar aparezca en la portada, no
lo incluya en el elemento Colaborador o Colaboradora (**fig. 4.39**). Al citar
un prólogo o una introducción, liste a su autor en el elemento Autor o
Autora.

Flaubert, Gustave. *Madame Bovary*. Traducción de Geoffrey Wall, ed. rev.,
Penguin Books, 2007.

> Autor o Autora: ¿Qué es? 4.3.
> Secciones de una obra con etiquetas genéricas: 4.27.

Fig. 4.39. Parte de la portada de un libro traducido. La portada informa que el
traductor contribuyó con la introducción y con las notas que aparecen
en el libro, mientras que otra persona contribuyó con el prefacio. Sin
embargo, esta información —la introducción, las notas y el prefacio— no
aparece incluida en la entrada de la lista de obras citadas.

[4.45] Mayúsculas para las etiquetas

La etiqueta que describe la función de un colaborador o de una colaboradora debería escribirse en minúsculas, salvo cuando se trate de un nombre propio. No olvide que la primera letra de la palabra inicial después del punto que concluye un elemento debe ir en mayúscula. En el ejemplo siguiente, la palabra *compilación* va en minúsculas después de una coma. En contraste, en el segundo ejemplo la primera letra de la etiqueta aparece en mayúscula, pues dicha etiqueta va después del punto que sucede al elemento Título de la Fuente.

> Fernández Vítores, David. "El idioma español crece y se multiplica". *Más de 555 millones podemos leer este libro sin traducción: La fuerza del español y cómo defenderla*, compilación de José María Merino y Álex Grijelmo García, Taurus, 2019, pp. 71-88.
>
> Valdés, Juan de. *Diálogo de la lengua*. Edición de Cristina Barbolani, Cátedra, 1998.

[4.46] Múltiples colaboradores con la misma función

Cuando una fuente tiene tres o más colaboradores, escriba solo el nombre del primer colaborador e inmediatamente después escriba la abreviatura *et al.* (y otros).

> Abellán Chuecos, Isabel. "De lo efímero y lo intenso: *La tregua*, de Mario Benedetti". *Cien años de Mario Benedetti*, compilación de José Carlos Rovira et al., Iberoamericana Vervuert, 2021, pp. 33-48.

Si está enumerando a más de un colaborador con funciones diferentes, reproduzca el orden según lo establece la fuente o, si prefiere, escriba la lista de los colaboradores por orden de prominencia o importancia en su contribución a la obra. Sin embargo, y como verá a continuación, si se decide por incluir al autor en el elemento Colaborador o Colaboradora, deberá escribir el nombre del autor en primer lugar.

> Maza, Virginia, traductora. *Entre el amor y el odio: Una vida gitana*. De Philomena Franz, edición de María Sierra, Xordica, 2021.

[4.47] Nombres personales repetidos en una entrada

Cuando el nombre que figura en el elemento Colaborador o Colaboradora ya aparezca completamente registrado en una entrada, abrévielo de acuerdo con la forma que usted usaría para referencias subsiguientes en el cuerpo del texto.

> Dung Kai-cheung. *Atlas: The Archaeology of an Imaginary City.* Traducción de Dung et al., Columbia University Press, 2012.
> Mazzotti, José Antonio. "Resentimiento criollo y nación étnica: El papel de la épica novohispana". *Agencias criollas: La ambigüedad "colonial" en las letras hispanoamericanas,* compilación de Mazzotti, Instituto Internacional de Literatura Iberoamericana, 2000, pp. 143-60.

Por lo general, cuando el nombre del autor ya está incluido en el título de la obra, no es necesario que aparezca escrito en el elemento Colaborador o Colaboradora.

> Palomo, Pilar, e Isabel Prieto, editoras. *Obras completas de Tirso de Molina.* Turner, 1994-2007. 5 vols.

[4.48] Versión: ¿Qué es?

Si una fuente incluye una anotación que indica que se trata de una versión de una obra con varias versiones existentes, identifique en su entrada de la lista de obras citadas de qué versión se trata. Es común que un libro tenga sucesivas versiones, las cuales reciben el nombre de *ediciones.* Una versión revisada de un libro puede tener la etiqueta *edición revisada* o ir numerada (p. ej., *segunda edición,* etc.). Distintas versiones de un mismo libro pueden identificarse también por medio de una descripción.

> Habif, Daniel. *Inquebrantables.* Ed. limitada de aniversario, HarperCollins, 2020.
> Mallea, Eduardo. *Fiesta en noviembre.* 4.ª ed., Losada, 1968.
> Pharies, David A. *Breve historia de la lengua española.* 2.ª ed. rev., University of Chicago Press, 2015.

También puede haber diferentes versiones de obras en otros formatos, como sitios web, aplicaciones, composiciones musicales y filmes.

> *Bible Gateway.* Versión 42, Bible Gateway / Zondervan, 2016.
>
> *Minecraft.* Ed. Java para Mac, 2017.
>
> *El profesor chiflado.* 1963. Dirección de Tom Shadyac, nueva versión, Universal Pictures, 1996.
>
> Schubert, Franz. *Schubert Piano Trio in E Flat Major D 929.* Interpretado por Wiener Mozart-Trio, versión integral, Preiser Records, 2011.

Asimismo, usted puede recurrir al elemento Versión para especificar que ha usado una edición digital de un título concreto. Aquí, se entiende como libro electrónico un libro digital sin URL, capaz de ser leído en un dispositivo electrónico personal que cuente con el programa correspondiente.

> García Santos, Juan Felipe. *Comunicación avanzada en español: El componente gramatical.* Ed. libro electrónico, Ediciones Universidad de Salamanca, 2020.
>
> *MLA Handbook.* 9.ª ed., ed. libro electrónico, Modern Language Association of America, 2021.

> Inclusión del formato de libro electrónico en cuanto elemento suplementario final: 4.111.

[4.49] Versión: ¿Dónde encontrarla?

En el caso de libros en papel, la edición suele figurar en la portada (fig. 4.40).

Para obras publicadas en otros formatos, es posible que los datos sobre la versión aparezcan en la página web denominada "¿Quiénes somos?", en la caja o en la portada del álbum que contiene la obra o en el folleto que acompaña la obra.

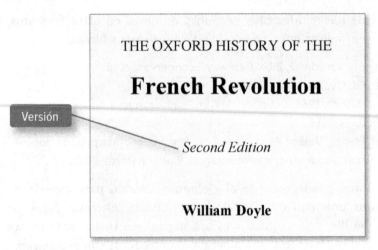

Fig. 4.40. Parte de la portada de un libro que incluye información sobre la versión: en este caso se trata de una segunda edición.

[4.50] Versión: ¿Cómo presentarla?

Cuando cite versiones en la lista de obras citadas, utilice números ordinales en abreviatura y con la última letra volada. Abrevie *edición* y *revisada* como *ed.* y *rev.*, respectivamente.

> Grijelmo, Álex. *La gramática descomplicada.* Ed. rev., Taurus, 2017.
> Mallea, Eduardo. *Fiesta en noviembre.* 4.ª ed., Losada, 1968.

Los términos descriptivos para las versiones, tales como *ed. ampliada*, van en minúsculas, aunque toda letra inicial después de un punto deberá ir en mayúscula.

> Han, Byung-Chul. *La sociedad del cansancio.* Traducción de Arantzazu Saratxaga Arregi, nueva ed. ampliada, Herder, 2017.
> Iborra, Elisabeth G. *Anécdotas de enfermeras.* Ed. ampliada, Debolsillo, 2021.

Apéndice: Abreviaturas académicas usuales.

[4.51] Número: ¿Qué es?

La fuente que usted documenta podría formar parte de una serie de obras. Piense, por ejemplo, en un volumen numerado, en las varias entregas de una revista, en un episodio o en una temporada. Si su fuente responde a un sistema de numeración, incluya el número en su entrada bibliográfica, precedido de una abreviatura que identifique el tipo de división al que se refiere el número (véase el apéndice para las abreviaturas más habituales).

Así, un texto demasiado largo para ser impreso en un solo libro puede aparecer en múltiples volúmenes que, por lo general, irán numerados. Si consulta un volumen en concreto de un conjunto numerado, donde cada volumen lleva el mismo título, indique el número del volumen al que se refiere.

> Barrero Rodríguez, Concepción. *Lecciones de derecho administrativo*. 4.ª ed., vol. 2, Editorial Tecnos, 2018.
>
> Mate Rupérez, Manuel Reyes, et al., editores. *Filosofía iberoamericana del siglo XX*. Vol. 2, Consejo Superior de Investigaciones Científicas, 2017.

Si cada volumen tiene un título específico, consulte las directrices que se ofrecen en 4.116.

Cada una de las entregas de una revista especializada suele ir numerada. Algunas revistas especializadas usan dos números: uno para numerar el volumen y otro para cada entrega. En líneas generales, los números o entregas de una revista especializada publicados en un mismo año constituyen un volumen. Los volúmenes suelen ir numerados secuencialmente, mientras que la numeración de las entregas de una revista suele empezar adjudicando el número 1 a la entrega que inicia cada nuevo volumen.

> Rozotto, David. "El criollismo en la América de habla hispana: Revisita y reflexiones sobre el patrimonio de una literatura centenaria". *Literatura: Teoría, Historia, Crítica*, vol. 21, núm. 1, 2019, pp. 117-41.

También existen revistas especializadas que no asignan números a los volúmenes. En su lugar, estas revistas van numerando en secuencia cada una de las entregas.

> Culver, Melissa M. "El 'yo' de la detective: Dolores Redondo y Carolina Solé". *Lectora*, núm. 21, 2015, pp. 57-71.

Asimismo, los cómics suelen numerarse como si se tratara de las entregas o números de una revista especializada.

Escobar, Josep. *Zipi y Zape: Los cuates*. Núm. 12, Bruguera, 1979.

Las temporadas de una serie de televisión suelen ir numeradas, así como los episodios de cada temporada. Ambos números —el de la temporada y el del episodio— deben quedar registrados en la lista de obras citadas, siempre que estén disponibles.

"La leyenda del tiempo". *El ministerio del tiempo*, creada por Javier y Pablo Olivares, temporada 1, episodio 8, RTVE, 2015.

[4.52] Número: ¿Dónde encontrarlo?

Son varios los lugares donde puede hallarse el número de una obra. Por lo general, el número del volumen de un libro aparece localizado en la portada del libro en cuestión (fig. 4.41) o en la cubierta, como sucede en una narración gráfica (fig. 4.42). En el caso de revistas especializadas, el número del volumen y de la entrega pueden encontrarse en varios lugares: en la portada de la revista, en el encabezado o en el pie de página, en la página de destino de la base de datos donde se consultó dicho artículo o en la portada del PDF descargado desde una base de datos (figs. 4.43-4.45). La información relativa al número de temporada o de episodio de un programa de televisión que vemos en directo no siempre está disponible. Sin embargo, si se trata de una emisión en continuo de un programa, suele aparecer dicha información en el menú de navegación o en la página de destino. De manera similar, los pódcast u otras fuentes audiovisuales publicadas en línea o por emisión en continuo a través de aplicaciones darán a conocer tanto el número de la transmisión emitida como otra información relevante para este tipo de publicaciones.

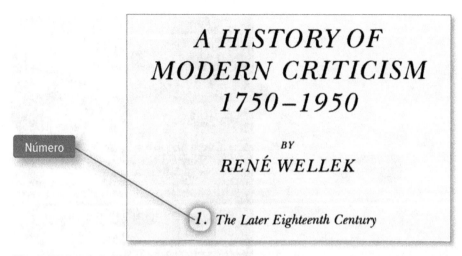

Fig. 4.41. Parte de la portada de un libro. Al pie se encuentra el número del volumen.

Fig. 4.42.
Una narración gráfica. En la cubierta y en el lomo se encuentra el número del volumen.

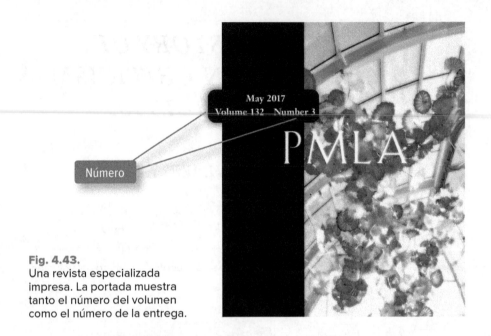

Fig. 4.43.
Una revista especializada impresa. La portada muestra tanto el número del volumen como el número de la entrega.

Fig. 4.44. Página de destino de un artículo de revista especializada en una base de datos. La página de destino incluye el número del volumen y el de la entrega. El formato *30.3* hace referencia al volumen 30, número 3.

Número

> **A Laying on of Hands: Toni Morrison and the Materiality of *Love***
>
> **Anissa Janine Wardi**
> Chatham College
>
> It is almost impossible not to read *Love*, Toni Morrison's most recent novel, intertextually with *Beloved*, as *Love*/love, linguistically and thematically, are part of *Beloved*/beloved. While a dead baby's ghost may be at the center of *Beloved*, it is the depth of mother love and its manifestation that haunts the novel. *Beloved* challenges the reader to consider the ethics of love. Does love play by different rules at different times or in different situations? How do we ensure the safety of our beloved? Is it possible that Paul D is right—Sethe's love is too thick? Or does the novel ultimately redeem Sethe's position: "thin love ain't love at all" (*Beloved* 164)? Morrison's commentary on the novel is likewise cryptic as she holds that Sethe did the right thing, but questions whether she had the right to do it. Even a cursory reading of Morrison's canon reveals that she is as fascinated with love as she is with death, exposing them as close allies. As she works, Morrison reframes, problematizes, and plumbs the depths of love not merely in what she has labeled her love trilogy—*Beloved*, *Jazz*, and *Paradise*—but beginning with her first novel, *The Bluest Eye* (Matus 155-56). [1]
>
> *The Bluest Eye* concludes with a treatise on love: "Love is never any better than the lover. Wicked people love wickedly, violent people love violently, weak people love weakly, stupid people love stupidly, but the love of a free man is never safe. There is no gift for the beloved. The lover alone possesses his gift of love. The loved one is shorn, neutralized, frozen in the glare of the lover's inward eye" (206). While love is described as a "gift," it is not one
>
> *MELUS*, Volume 30, Number 3 (Fall 2005)

Fig. 4.45.
PDF de un artículo de revista especializada encontrado en una base de datos. En el pie de página se leen el nombre, el número y el volumen de la revista donde aparece el artículo.

[4.53] Número: ¿Cómo presentarlo?

Use números arábigos en el elemento Número. Si en la fuente hay números romanos, conviértalos en arábigos. Además, los números que en la fuente aparecen deletreados deberán ser convertidos en números arábigos.

En la fuente	En el elemento Número
Volumen Dos	vol. 2
Número XXIX	núm. 29

Anteceda el número con una etiqueta, de ser posible abreviada, por medio de la cual se pueda identificar el tipo de división. Algunas obras pueden requerir más de un componente en el elemento Número: por ejemplo, una revista especializada que publica números por entregas y volúmenes o un programa de televisión o un pódcast que produce episodios y temporadas numerados. Cuando su fuente use más de un número, muestre ambos componentes, etiquetando cada uno de ellos de manera apropiada. Separe por medio de una coma dos componentes en el elemento Número.

> "La leyenda del tiempo". *El ministerio del tiempo,* creada por Javier y Pablo Olivares, temporada 1, episodio 8, RTVE, 2015.
> Locane, Jorge J. "Del orientalismo a la provincialización de Europa: A propósito del viaje a los albores de la República Popular China". *Transmodernity: Journal of Peripheral Cultural Production of the Luso-Hispanic World,* vol. 9, núm. 3, 2020, pp. 56-73.

Si la etiqueta viene después de una coma, escriba en minúscula la primera letra de esa etiqueta. Por el contrario, si viene después de un punto, escriba en mayúscula la primera letra de la etiqueta.

> Salvadores Merino, Claudio F. *Hoja de ruta del español.* Vol. 2, Sette Città, 2007.

> Números en el texto principal: 2.110-2.121.
> Apéndice: Abreviaturas académicas usuales.

[4.54] Editorial: ¿Qué es?

La editorial es la entidad responsable de producir la obra y de ponerla a disposición del público. En el siguiente ejemplo, Alfaguara es la editorial del libro *Sálvame, Joe Louis.*

> Solano, Andrés Felipe. *Sálvame, Joe Louis.* Alfaguara, 2007.

El elemento Editorial puede incluir la información siguiente:

- la editorial de un libro
- el estudio, la compañía, el distribuidor o la red informativa que produjo o que teledifundió un filme o un programa de televisión
- la institución responsable de crear el contenido de un sitio web
- la compañía de teatro encargada de montar una pieza dramática
- la agencia o el departamento que imprimieron o produjeron una publicación gubernamental

El nombre de la editorial puede omitirse cuando, por convención, no sea necesario incluir ese nombre, o cuando no haya editorial. Vayan ejemplos de obras en esta categoría:

- publicaciones periódicas (obras cuya publicación esté en curso, como es el caso de revistas especializadas, magacines y diarios)

- obras publicadas directamente por sus mismos autores o editores, es decir, obras autopublicadas

- sitios web cuyos títulos son, esencialmente, los nombres de sus editores (p. ej., la Modern Language Association publica un sitio web bajo ese mismo nombre)

- sitios web que no han producido las obras a las que dan acceso (p. ej., un servicio donde los usuarios suben y gestionan contenido propio, tal como *WordPress* o *YouTube*), o una plataforma que agrupa contenidos previamente publicados, como *JSTOR*; si los contenidos de un sitio de este tipo están organizados de manera total y unificada —como lo están en *YouTube* o en *JSTOR*—, ese sitio web será mencionado en el elemento Título del Contenedor.

> Contenedores: 4.31.

[4.55] Editorial: ¿Dónde encontrarla?

[4.56] Libros

Para saber qué editorial ha publicado un libro, examine la portada del mismo (**fig. 4.46**). Si allí no aparece el nombre de la editorial, busque en la página de créditos —en libros en papel, dicha página se encuentra normalmente en el reverso de la portada—. Si el nombre de una compañía asociada aparece registrado junto con una o más divisiones corporativas (**fig. 4.47**), consulte *WorldCat*, el *Library of Congress Catalog* u otro recurso reputado para determinar cuál es la entidad responsable de la obra (**fig. 4.48**).

> Coediciones: 4.61.

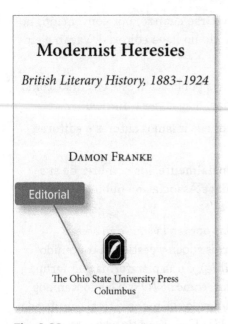

Fig. 4.46.
Portada de un libro donde aparece el nombre de la editorial.

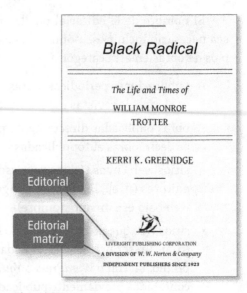

Fig. 4.47.
Portada de un libro donde aparecen listadas una editorial matriz y una división de la misma. En su entrada bibliográfica incluya únicamente la división, Liveright Publishing.

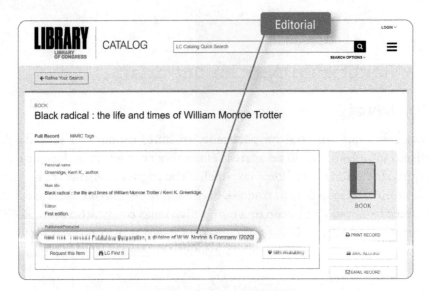

Fig. 4.48. El catálogo de la Biblioteca del Congreso de los Estados Unidos identifica Liveright Publishing como la entidad responsable de la publicación de *Black Radical*. Liveright Publishing aparece mencionada como una división de W. W. Norton.

[4.57] Sitios web

Los sitios web son publicados por personas o por diversas clases de organizaciones, como compañías de medios de comunicación, corporaciones, gobiernos, museos, bibliotecas y universidades o departamentos de esas universidades. Es frecuente encontrar el nombre de la entidad editora en el aviso de los derechos de autor, situada en el faldón de la página de inicio de un sitio web, o en la página que suministra información sobre dicho sitio (**fig. 4.49**).

Fig. 4.49. Aviso de los derechos de autor en el faldón de una página web, con el nombre de la entidad que publica el sitio: Modern Language Association of America.

[4.58] Medios audiovisuales

Los datos sobre la publicación para filmes y series de televisión se encuentran, por lo general, en los créditos al inicio o al final de la obra, en la página de destino, en el menú de navegación o en el menú del servicio de emisión en continuo que transmite la obra (**fig. 4.50**). Los filmes y los programas de televisión a menudo son producidos y distribuidos por varias compañías, las cuales tienen a su cargo diferentes tareas. Cuando documente una obra cinematográfica o de televisión, conviene que cite la compañía que la produjo o la red informativa que la trasmitió (**fig. 4.51**). Seleccione la entidad con el mayor despliegue visual o, si sabe que una de las entidades tuvo un papel preponderante en la creación de la obra, cite esa entidad. Sin embargo, no sería un error citar tanto la compañía productora como la red informativa transmisora en calidad de editoriales (véase 4.61).

Fig. 4.50.
Detalles editoriales
de un programa de
televisión transmitido
en continuo. La
información incluye el
nombre de la red
informativa que
transmitió el programa.

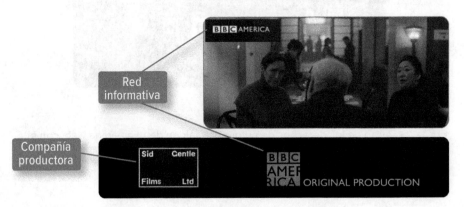

Fig. 4.51. Red informativa que transmitió el programa de televisión. La red
informativa y la compañía productora aparecen en los créditos del
programa.

[4.59] Editorial: ¿Cómo presentarla?

Escriba el nombre de la editorial —sin olvidar ningún tipo de puntuación,
en caso de existir— tal como aparece en la obra que está citando (**fig. 4.52**).

Fallarás, Cristina. *Últimos días en el Puesto del Este.* Editorial Salto de Página,
    2013.
Drabble, Margaret. *The Pattern in the Carpet: A Personal History with Jigsaws.*
    Houghton Mifflin Harcourt, 2009.

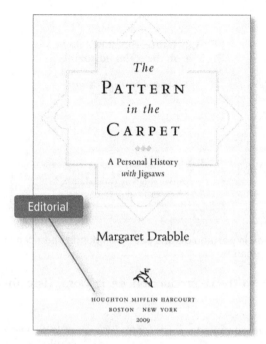

Fig. 4.52.
Portada de un libro. Escriba el nombre
de la editorial sin puntuación, según
aparece en la fuente.

[4.60] Mayúsculas

Estandarice el uso de mayúsculas para los nombres de las editoriales de
acuerdo con las directrices establecidas para las mayúsculas en los nombres de organizaciones.

> Nombres de organizaciones y de grupos: 2.72.

[4.61] Coediciones

Si dos o más organizaciones independientes aparecen mencionadas en la
fuente, y si ambas parecen ser igualmente responsables de la obra
(**fig. 4.53**), incluya ambas en el elemento Editorial, separando sus nombres
con una barra (/). Ahora bien, si usted sabe que una de las organizaciones

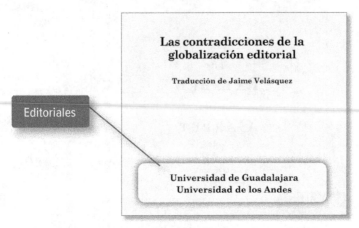

Fig. 4.53. Parte de la portada de una coedición donde aparecen los nombres de dos editoriales.

asumió el grueso de la producción de la obra, liste únicamente dicha organización.

> Sapiro, Gisèle, compiladora. *Las contradicciones de la globalización editorial.* Traducción de Jaime Velásquez, Universidad de Guadalajara / Universidad de los Andes, 2021.

> Más de un dato informativo en un elemento: 4.120.

[4.62] Divisiones de organizaciones no gubernamentales con función editorial

Cuando una obra es publicada por una división de una organización no gubernamental, escriba los nombres de cada entidad, empezando por el nombre de la más importante y separando esos nombres con una coma. El ejemplo siguiente muestra tres editoriales —University of Texas, University of Oxford y Folger Shakespeare Library—, y dos de ellas tienen múltiples entidades ordenadas de mayor a menor: University of Texas, Austin, Harry Ransom Center, y University of Oxford, Bodleian Libraries.

> *Manifold Greatness: The Creation and Afterlife of the King James Bible.* University of Texas, Austin, Harry Ransom Center / University of Oxford, Bodleian Libraries / Folger Shakespeare Library, 2016, manifoldgreatness.org.

[4.63] Agencias gubernamentales con función editorial

Si una agencia gubernamental con función editorial tiene muchos componentes constitutivos, puede mantener tan solo el nombre de la agencia principal (fig. 4.54).

Martín Muñoz, Joaquín. *Evaluación de la educación secundaria obligatoria.*
Ministerio de Educación, Cultura y Deporte, 2000.

Estandarizar los nombres de entidades gubernamentales: 4.21.
Agrupar entradas para documentos gubernamentales: 4.22.

Fig. 4.54. Reporte gubernamental. La agencia que lo publicó está compuesta por una agencia primaria (Ministerio de Educación, Cultura y Deporte) y dos agencias subordinadas (Secretaría General de Educación y Formación Profesional e Instituto Nacional de Evaluación y Calidad del Sistema Educativo). Puede omitir, en el elemento Editorial, las agencias subordinadas.

[4.64] Términos incluidos u omitidos y abreviaturas en los nombres de las editoriales

Al dar los nombres de las editoriales en la lista de obras citadas, incluya las palabras *Ediciones, Editoriales, Estudios* o *Producciones* —estas dos últimas en el caso de productoras cinematográficas—, si dichas palabras forman parte de los nombres. No obstante, omita las palabras relativas a la categoría legal de una entidad editorial, por ejemplo, *compañía* (*Cía.*), *corporación* (*Corp.*), *sociedad anónima* (*S. A.*) o *sociedad limitada* (*S. L.*). Omita también todo artículo inicial que acompañe al nombre.

Aquí recomendamos evitar el uso de abreviaturas en el elemento Editorial para las entradas bibliográficas relativas a editoriales universitarias anglófonas. Así pues, no deberá sustituir las palabras *University* y *Press* por la inicial en mayúscula de cada una de dichas palabras.

[4.65] Signos en los nombres de las editoriales

En la lista de obras citadas, cambie el signo & o el signo +, que aparecen en el nombre de algunas editoriales, por la conjunción *y*.

En la fuente

Plaza & Janés

En su entrada bibliográfica

Plaza y Janés

[4.66] Ciudad de edición

Tradicionalmente, se incluía el nombre de la ciudad donde tenía su sede la editorial de un libro. Hoy, esta práctica es de poca utilidad. Sin embargo, hay circunstancias en que puede merecer la pena mencionar la ciudad de publicación.

Suele citarse la ciudad de publicación en el caso de aquellos libros publi cados antes de 1900. Para toda entrada bibliográfica cuyo año de edición sea anterior a 1900, usted podrá escribir el nombre de la ciudad en lugar del nombre de la editorial.

Cuevas, Francisco de las. *Experiencias de amor y fortuna*. Barcelona, 1649.

Jáuregui y Aguilar, Juan de. *Discurso poético*. Madrid, 1624.

Una editorial con sedes en varios países puede lanzar un mismo título en dos versiones ahí donde puedan existir versiones dialectales importantes. En tal caso, necesitará hacer constar la ciudad de publicación para dejar claro qué fuente está utilizando: antes del nombre de la editorial, escriba el de la ciudad, seguido de una coma.

Stamateas, Bernardo. *Gente tóxica*. Buenos Aires, Vergara, 2011.

[4.67] Fecha de Publicación: ¿Qué es?

El elemento Fecha de Publicación informa al lector o a la lectora cuándo fue publicada la versión de la obra que usted cita. En el ejemplo que verá a continuación, 2021 es el año de publicación de la novela *Los ingratos*.

Simón, Pedro. *Los ingratos*. Espasa, 2021.

Junto con el año de publicación, este elemento puede incluir otros datos relevantes:

- la fecha de composición en el caso de un material inédito (p. ej., correspondencia)
- la fecha de revisión, si esa fecha es más pertinente (p. ej., la fecha de un anuncio wiki si fue actualizado después de la fecha inicial)
- la etiqueta *de próxima aparición* para obras que aún no han sido publicadas
- la fecha en que una fuente fue vista u oída de primera mano (p. ej., la fecha en que asistió a la representación de una obra de teatro)

El elemento Fecha de Publicación puede incluir uno o más de los siguientes componentes:

- año
- día y mes
- estación del año
- temporada
- marca de tiempo
- rango de fechas o de años

Las obras pueden estar asociadas con más de una fecha de publicación. Deberá incluir la fecha de publicación que aparece en la versión de la fuente consultada.

Fecha original de la publicación: 4.107.

[4.68] Fecha de Publicación: ¿Dónde encontrarla?

[4.69] Libros impresos

Antes que nada, busque la fecha de publicación de un libro en la portada. Si la portada no incluye el año de publicación, revise la página de créditos. En el caso de incluir varias fechas de publicación, use la más reciente (**fig. 4.55**).

> Ellison, Ralph. *Invisible Man*. 2.ª ed. de Vintage International, Random House, 1995.

Evite tomar las fechas de publicación de otra fuente que no sea el libro mismo —por ejemplo, de una lista de obras citadas, de una reseña, de un catálogo en línea o del catálogo impreso de una librería—. Es posible que las fechas que encuentre allí no sean correctas (**fig. 4.56**).

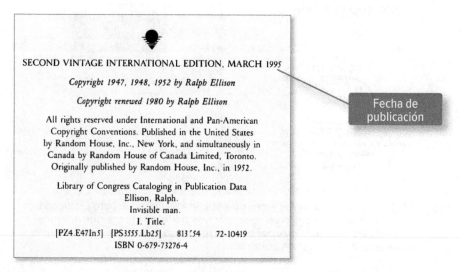

Fig. 4.55. Cuando la página de créditos incluye varias ediciones, ponga la fecha de la más reciente.

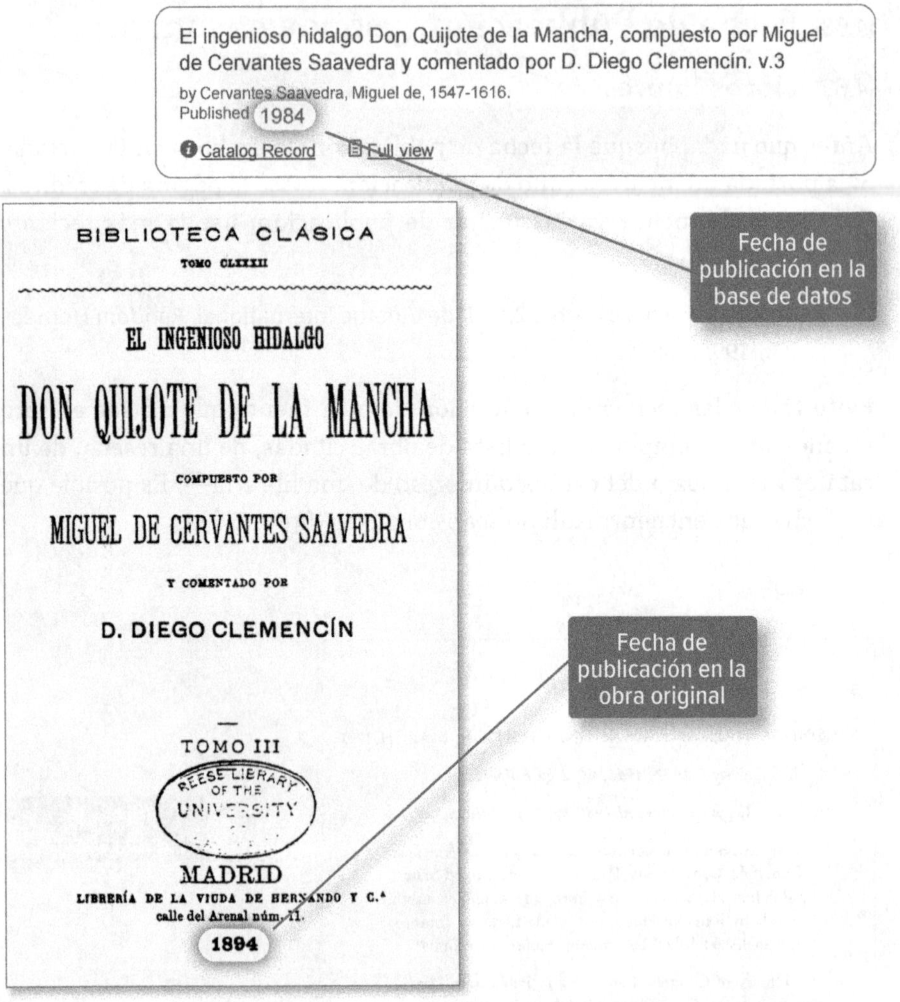

El ingenioso hidalgo Don Quijote de la Mancha, compuesto por Miguel
de Cervantes Saavedra y comentado por D. Diego Clemencín. v.3

by Cervantes Saavedra, Miguel de, 1547-1616.
Published 1984

ⓘ Catalog Record   🖹 Full view

Fecha de
publicación en la
base de datos

BIBLIOTECA CLÁSICA

TOMO CLXXXII

EL INGENIOSO HIDALGO

DON QUIJOTE DE LA MANCHA

COMPUESTO POR

MIGUEL DE CERVANTES SAAVEDRA

Y COMENTADO POR

D. DIEGO CLEMENCÍN

—

TOMO III

REESE LIBRARY
OF THE
UNIVERSITY

MADRID

LIBRERÍA DE LA VIUDA DE HERNANDO Y C.ª
calle del Arenal núm. 11.

1894

Fecha de
publicación en la
obra original

Fig. 4.56. Discrepancia entre las fechas de publicación para un libro publicado
en una base de datos en línea, por una parte, y la fecha que aparece
en la portada del libro, por otra parte. Use la fecha de la portada en el
elemento Fecha de Publicación.

[4.70] Libros electrónicos

La fecha de publicación de un libro reproducido en formato electrónico puede encontrarse en la página de créditos. Por lo general, esta página está localizada o bien al inicio o bien al final del libro (fig. 4.57). La página de créditos puede incluir un mes y un año para indicar la fecha de publicación del libro electrónico. En su entrada bibliográfica escriba únicamente el año.

Crystal, David. *Making a Point: The Persnickety Story of English Punctuation.* Ed. libro electrónico, St. Martin's Press, 2015.

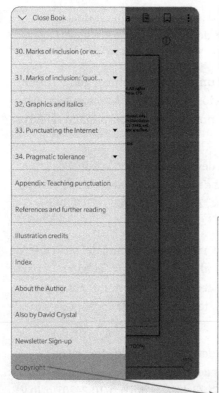

Fig. 4.57. Página de créditos, al final de un libro electrónico, donde se muestra la fecha de publicación. Al seleccionar la pestaña "Copyright", podrá ver detalles de la publicación, incluida la fecha cuando la obra fue publicada.

MAKING A POINT. Copyright © 2015 by David Crystal. All rights reserved. For information, address St. Martin's Press, 175 Fifth Avenue, New York, N.Y. 10010.

www.stmartins.com

Our eBooks may be purchased in bulk for promotional, educational, or business use. Please contact the Macmillan Corporate and Premium Sales Department at 1-800-221-7945, ext. 5442, or by e-mail at MacmillanSpecialMarkets@macmillan.com.

First published in Great Britain by Profile Books Ltd

First U.S. Edition: October 2015

eISBN 9781466865648

First eBook edition: August 2015

Fecha de publicación

[4.71] Columnas y artículos de prensa

Es común que la fecha de publicación de una columna o de un artículo de prensa aparezca en la primera plana del periódico.

La fecha de publicación de una columna o de un artículo de prensa en línea usualmente se encuentra cerca del nombre del autor y del título de la columna o del artículo.

[4.72] Artículos de revistas especializadas

En el caso de un artículo impreso, es probable que encuentre la fecha en la portada de la revista o en el encabezado o pie de página del artículo.

> Gutiérrez Reyna, Jorge. "Reediciones y devociones: Historia textual de la prosa religiosa de Sor Juana Inés de la Cruz". *Nueva Revista de Filología Hispánica*, vol. 71, núm. 2, jul.-dic. 2023, pp. 585-629.

Si accede a una versión digitalizada de un artículo en línea, generalmente podrá encontrar la fecha en la información sobre la publicación proporcionada por el sitio web o, también, en la portada que acompaña la descarga del PDF (fig. **4.58**).

> Gutiérrez Reyna, Jorge. "Reediciones y devociones: Historia textual de la prosa religiosa de Sor Juana Inés de la Cruz". *Nueva Revista de Filología Hispánica*, vol. 71, núm. 2, jul.-dic. 2023, pp. 585-629. *JSTOR*, www .jstor.org/stable/27231355.

Si usted accede a la versión HTML de un artículo partiendo del sitio web de la revista especializada, seguramente podrá encontrar la fecha en la parte superior de la página web del artículo, cerca del nombre del autor y cerca del título del artículo. Si hay más de una fecha, escriba la fecha más específica o relevante (fig. **4.59**).

> Gutiérrez Reyna, Jorge. "Reediciones y devociones: Historia textual de la prosa religiosa de Sor Juana Inés de la Cruz". *Nueva Revista de Filología Hispánica*, vol. 71, núm. 2, 3 jul. 2023, https://doi.org/10.24201/nrfh.v 71i2.3872.

Tenga en cuenta que la fecha de publicación de la versión impresa puede diferir de la versión digitalizada. Siempre use la fecha de la versión citada por usted.

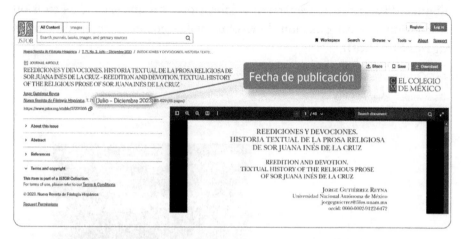

Fig. 4.58. Artículo de revista especializada en un archivo en línea. La fecha de publicación de este artículo se encuentra en la página de destino.

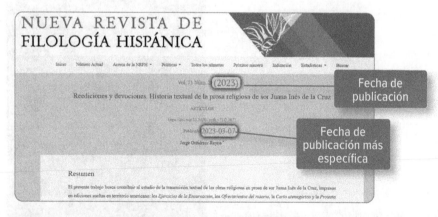

Fig. 4.59. Artículo encontrado en el sitio web de una revista especializada que registra dos fechas: 2023 y 3 de julio de 2023. En la entrada bibliográfica, escriba la fecha más específica o la más relevante.

[4.73] Música

La fecha de publicación de un registro sonoro en formato físico —es decir, un álbum en vinilo o en CD— por lo general aparece en la portada, en el álbum mismo o en el folleto anexo. En relación con una canción o con un álbum oído en un sitio web, en una aplicación o en un servicio de emisión en continuo, la información de la obra puede encontrarse en diferentes lugares (fig. 4.60).

> Odetta. "Sail Away, Ladies". *One Grain of Sand*, Vanguard Records, 1 en. 2006. Ap. *Spotify*.
> Iglesias, Julio. *Libra*. Discos CBS, 1985. Vinilo.

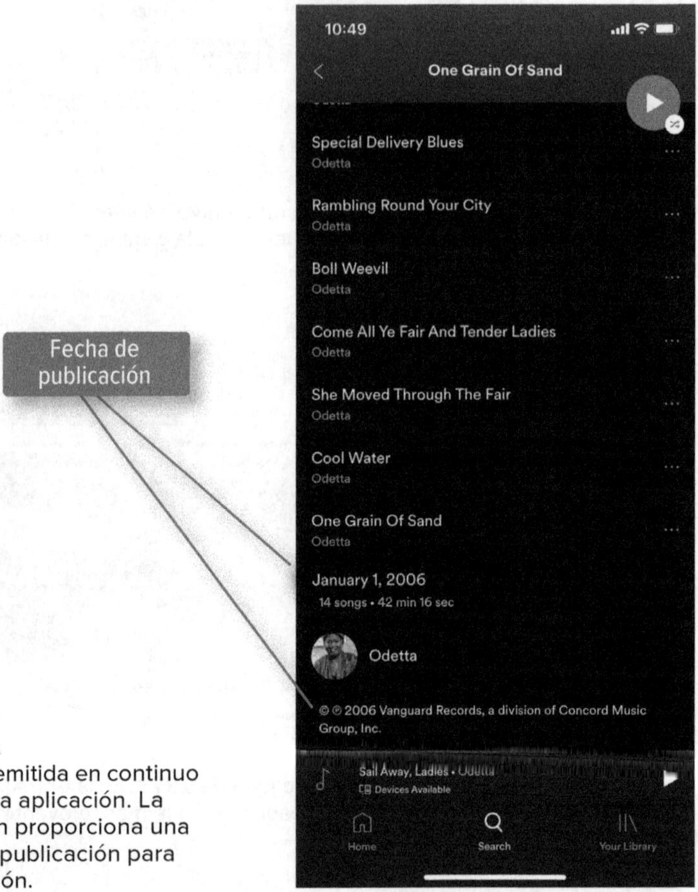

Fig. 4.60.
Canción emitida en continuo desde una aplicación. La aplicación proporciona una fecha de publicación para esta versión.

[4.74] Documentos gubernamentales

La fecha de publicación de un documento gubernamental impreso normalmente aparece en la portada. Para documentos no periódicos, suministre solo el año, aun cuando la fuente que usted consulta incluya una fecha más específica. Así pues, siga esta regla para las fechas de publicación de libros electrónicos y de cualquier otra obra no periódica.

> Gobierno de España, Real Decreto. *Estatutos Generales de los Colegios Oficiales de Graduados Sociales. Boletín Oficial del Estado,* 2021.

La fecha de publicación de un documento gubernamental en línea puede encontrarse en el propio sitio web, ya sea en la misma página que el documento o en otra página que indique la vigencia de la información. De manera alternativa, la fecha de publicación podría hallarse en un PDF del documento que usted descargó de un sitio web específico (**fig. 4.61**).

> Gobierno de España. *Boletín Oficial del Estado.* Núm. 300, sec. 1, 16 dic. 2021, pp. 154134-43, boe.es/boe/dias/2021/12/16/pdfs/BOE-A-2021 -20727.pdf.

Autores gubernamentales: 4.20-4.22.

Fig. 4.61. Primera página del PDF de un documento gubernamental.

[4.75] **Episodios de televisión y de plataforma multimedia**

Para el caso de un episodio consultado por medio de un servicio de emisión en continuo o de un sitio web, la fecha de publicación suele estar en la página donde usted descargó el episodio (fig. 4.62).

> "Efectuar lo acordado". Dirección de Jesús Colmenar, *La casa de papel*, creada
>   por Álex Pina, temporada 1, episodio 1, Atresmedia, 2 may. 2017.
>   *Netflix*, www.netflix.com.
> "The Final Problem". *Sherlock*, creada por Steven Moffat y Mark Gatiss,
>   temporada 4, episodio 3, BBC, 15 ene. 2017. *Masterpiece*, WGBH
>   Educational Foundation, 2019, www.pbs.org/wgbh/masterpiece/
>   episodes/sherlock-s4-e3/.

Fig. 4.62. Episodio disponible en continuo desde un sitio web, donde se muestra la fecha de su primera emisión.

[4.76] Fecha de Publicación: ¿Cómo presentarla?

Use la convención día-mes-año. Los nombres de los meses se abrevian.

> Peñacoba, Paula. "'¿Quién repara nuestro dolor cuando perdimos un
> hermano por el racismo institucional?'". *Público*, 15 mar. 2019, www
> .publico.es/sociedad/mame-mbaye-repara-nuestro-dolor-perdimos
> -hermano-racismo-institucional.html.

> Fechas: 2.120.
> Apéndice: Abreviaturas: Meses.

[4.77] Año

Si su fuente recurre a números romanos para establecer el año, convierta los números romanos en arábigos. Por ejemplo, si en los créditos de un programa de televisión aparece la cifra MCMXCII, en su entrada escriba 1992. De ser necesario un rango o segmento de tiempo, aplique el mismo estilo indicado para rangos en el cuerpo del texto.

[4.78] Estaciones del año

Tal como lo haría en el cuerpo del texto, para las entradas bibliográficas escriba en minúsculas las estaciones del año, si estas forman parte de la fecha de publicación.

> García Cabrera, Estela. "Hacia un concepto de la literatura antillana: Cuba,
> República Dominicana y Puerto Rico". *Horizontes: Revista de la Pontificia
> Universidad Católica de Puerto Rico*, vol. 53, núms. 102-03, primavera-
> otoño 2010, pp. 3-10.

[4.79] Referencia horaria

Cuando exista una referencia horaria registrada para definir y localizar la obra, inclúyala. Deberá escribir las indicaciones horarias tal como aparecen en la fuente: con un sistema horario de doce horas (2:00 p. m.), o con un sistema horario de veinticuatro horas (14:00). No olvide la información sobre el huso horario, cuando sea pertinente.

> Egido, Rafael. Comentario en "La huella de la conquista en el arte americano entra en el Prado". *El País*, 4 oct. 2021, 4:12 p. m., elpais.com/cultura/ 2021-10-04/la-huella-de-la-conquista-en-el-arte-americano-entra-en -el-prado.html?rel=mas.

> Abreviaturas para la hora: 2.120.

[4.80] Rangos de fechas

Cuando deba documentar una obra no periódica que sigue publicándose —piense en una serie de libros en varios volúmenes que aún no ha finalizado— deje un espacio después del guion que va después de la fecha de inicio, y cierre la entrada bibliográfica con un punto.

> Caro, Robert A. *The Years of Lyndon Johnson*. Vintage Books, 1982- .

No obstante, no utilice la anterior regla para sitios web, revistas especializadas, series de televisión ni otras obras publicadas en episodios o con periodicidad.

Para las obras con una fecha clara de inicio y final, como es el caso de una exposición en un museo, deberá registrarse un rango temporal completo en el elemento Fecha de Publicación. Con todo, si cita una representación en vivo, incluya la fecha específica de dicha representación, porque las representaciones pueden variar: por ejemplo, esto ocurre con las giras de obras de teatro o de conciertos.

> Romero, Pedro G. *Máquinas de trovar*. 3 nov. 2021-28 mar. 2022, Museo Nacional Centro de Arte Reina Sofía, Madrid.

> Fechas y hora: 2.120.

[4.81] Fecha aproximada dada en la fuente

Si la fuente o el archivo, el museo u otra institución donde se encuentre la fuente proporciona una fecha aproximada (p. ej., *circa 1400-10* o *inicios del siglo XV*), reproduzca dicha fecha tal como aparece ahí. Ponga mayúsculas o minúsculas tal como lo haría en el cuerpo del texto, a menos que vaya precedida de un punto, en cuyo caso escribirá la primera letra en mayúscula.

> Cervera, Rafael. *Discursos históricos*. Siglo XVII, Bibliothèque Nationale de France, París, mss. 121-22.
>
> Orriols, Francesc. *Cursos de medicina*. Circa 1678-80, Biblioteca de Catalunya, Barcelona, ms. 1205.

[4.82] Fecha imprecisa dada en la fuente

Si una fuente o la institución donde se halla la fuente informan que la fecha es imprecisa (p. ej., *probablemente 1870, posiblemente 1870, ¿1870?*), escriba la fecha con signos de interrogación.

> Pérez de Montalbán, Juan, et al. *Parte veinte y nueve, contiene doce comedias de varios autores*. ¿1992?, Biblioteca Nacional, Madrid. Microficha.

[4.83] Ubicación: ¿Qué es?

La forma de especificar la ubicación de una obra depende del formato de la misma (**fig. 4.63**). Para obras impresas con paginación o con formatos fijos similares —por ejemplo, PDF— que están contenidas en otra obra —por ejemplo, un ensayo en una compilación en papel o el PDF de un artículo de una revista especializada—, la ubicación es el rango establecido por las páginas.

> Cruz-Cámara, Nuria. "Matando al 'ángel del hogar' a principios del siglo XX: Las mujeres revolucionarias de Margarita Nelken y Federica Montseny". *Letras Feministas*, vol. 30, núm. 2, 2004, pp. 7-28.
>
> Fernández Vítores, David. "El idioma español crece y se multiplica". *Más de 555 millones podemos leer este libro sin traducción: La fuerza del español y cómo defenderla*, compilación de José María Merino y Álex Grijelmo García, Taurus, 2019, pp. 71-88.

Formato	Ubicación	Ejemplos
Impreso con paginación u obras con formato fijo similar contenidas en otra obra	Rango de páginas	Ensayo en una compilación impresa; PDF de un artículo en una revista especializada
Obras en línea	DOI (identificador de objeto digital), enlace permanente o URL (localizador de recursos uniforme)	Artículos en un sitio web de noticias; ensayo en una revista especializada
Obras únicas o efímeras, vistas u oídas de primera mano	Lugar donde la obra fue vista u oída	Representación; conferencia; obra de arte; manuscrito en un archivo
Materiales físicos, distintos de obras impresas con paginación	Sistema de numeración suministrado por la fuente	Disco numerado en un conjunto de varios DVD

Fig. 4.63. Formatos de fuentes y sus ubicaciones.

En casos excepcionales, podría requerirse información adicional junto con los números de página para poder encontrar la obra con facilidad. En el ejemplo siguiente, de un diario impreso, el título de la sección está incluido en el elemento Ubicación, así como el rango de páginas. Incluya el nombre de una sección únicamente si esa información es necesaria para localizar la obra.

> López, María-Paz. "La crisis migratoria de Bielorrusia lleva camino de alargarse todo el invierno". *La Vanguardia*, 14 nov. 2021, sec. internacional, pp. 3-4.

Para obras en línea, la ubicación es la siguiente (en orden de preferencia): el DOI, el enlace permanente o la URL. Un DOI es un identificador permanente asignado a la fuente. Como identificadores, los DOI son más fiables que las URL, es decir, que las direcciones web que aparecen en la ventana de su navegador, y esto es así porque los DOI permanecen unidos a sus fuentes incluso cuando cambien las URL. Además, los DOI son a menudo más concisos. Si un DOI está disponible, inclúyalo en su lista de obras citadas, en lugar de una URL o de un enlace permanente (una URL que sería permanente). Las URL pueden proporcionar información sobre dónde encontrar la obra y en un proyecto digital pueden conectar directamente al lector a las fuentes de su documento de investigación. Con todo, las URL también pueden presentar desventajas: en papel no se las puede cliquear, dificultan la comprensión de las listas bibliográficas y no siempre dan acceso a la obra citada. Por estas razones, al decidir si va a incluir o no una URL, es conveniente que siga las preferencias de su profesor o profesora, de su institución académica o de su editorial (véase también 4.95, donde hay directrices sobre cómo abreviar las URL).

Para obras únicas o efímeras de carácter presencial —como una presentación, una conferencia, una obra de arte o un manuscrito en un archivo a los que tiene acceso en persona—, la ubicación será aquel lugar donde vio u oyó la obra.

En el caso de aquellos materiales físicos que no sean obras impresas con paginación, recurra al sistema de numeración que la fuente le proporciona (p. ej., la ubicación de un episodio de televisión en un conjunto de varios DVD podrá indicarse a partir del número del disco). No incluya un sistema de numeración si este es específico a su propia versión de la fuente, como sería el caso del número de ubicación de un libro electrónico en un dispositivo electrónico personal.

En la lista de obras citadas, no es necesario especificar los números de página de una obra paginada, como una novela, que no está contenida en otra obra, incluso cuando dicha obra esté digitalizada en un sitio web. Por ejemplo, el elemento Ubicación para una copia impresa de *Abrevadero* se deja en blanco, mientras que para una copia digitalizada de dicha novela por parte de *Libros MetaBiblioteca*, el elemento Ubicación incluye el enlace permanente.

Cerdas Vega, Gerardo. *Abrevadero*. Editores Alambique, 2008.

Cerdas Vega, Gerardo. *Abrevadero*. Editores Alambique, 2008. *Libros MetaBiblioteca*, libros.metabiblioteca.org/handle/001/552.

En ocasiones, una biblioteca puede ser la ubicación de una obra rara vista u oída de primera mano, puesto que los archivos y las colecciones especiales sirven para preservar colecciones únicas de obras como manuscritos, cartas y otros materiales. Ahora bien, una biblioteca no puede aparecer en el elemento Ubicación para una obra publicada o que pueda retirarse fácilmente de una biblioteca. Del mismo modo, una tienda en línea donde usted ha comprado un libro electrónico no deberá aparecer en el elemento Ubicación.

> Columnas, secciones y otros materiales con títulos
> en publicaciones periódicas: 4.115.

[4.84] Ubicación: ¿Dónde encontrarla?

[4.85] Números de página

Compruebe el número de la primera y la última página en la propia obra. No confíe en lo que dice el índice de contenidos que aparece al principio de la obra o en otra información que encuentre en línea (fig. 4.64).

132.3

theories and
methodologies

"The Figure in
the Carpet"

OF FRANCO MORETTI'S MASTERWORKS OF LITERARY HISTORY AND
THEORY, WHY IS IT THE LOOSELY ASSEMBLED COLLECTION OF OCCA-
sional pieces *Distant Reading* that has captured the literary critical
spotlight? Why now, just when enrollments in the humanities are
plummeting, new technologies for storing and distributing information are revolutionizing interpersonal communication and scientific
methods, and *global* is well on its way to replacing *interdisciplinary*
as the descriptor favored by university administrators? Moretti is not
alone in attempting to reconfigure a discipline that tends to favor the
singular text and national literary traditions for a generation of stu-
dents who apparently could not care less about either. In his effort
to adapt literary history and form to the conditions of globalization
that make them seem irrelevant, he asks us to abandon our obsessive
focus on canonical texts—to start instead considering how certain
forms of literature made the quantum leap from nation to world and
what formal changes they underwent in doing so. This project he
warns, will require us to "unlearn" how to read a literary text and
to question the assumption that "world literature" is an object to be
known: "We must think of it as a problem that asks for a new critical
method" (46). He famously exposes this problem by staging various
encounters between literary form and quantitative analysis.

    If it was already hard to master a single literary tradition, not to
mention the three national literatures that originally constituted the
object of comparative literature, any effort to assemble an archive of
all the modern literatures produced throughout the world is obvi-
ously doomed from the start. No matter how much information one
or several researchers can master, the task will eventually surpass
their respective abilities and lifetimes. They will have to fall back on
secondary sources, and the archive thus assembled will be no more
than "a patchwork of other people's research, *without a single direct
textual reading*" (46). Never mind that this research will necessarily
attend to certain literary texts more than others, leaving "the great
unread" (a term Moretti borrows from Margaret Cohen) to languish

NANCY ARMSTRONG AND
WARREN MONTAG

NANCY ARMSTRONG is Gilbert, Louis,
and Edward Lehrman Professor of Trin-
ity College at Duke University and editor
of the journal *Novel: A Forum on Fiction*.
Her most recent books include *How Nov-
els Think: The Limits of Individualism,
1719–1900* (Columbia UP, 2005) and *Nov-
els in the Time of Democratic Writing* (U of
Pennsylvania P, 2017).

WARREN MONTAG is the Brown Family Professor of Literature at Occidental
College in Los Angeles. His most recent
books include the collection (coedited
with Hanan Elsayed) *Balibar and the Citi-
zen Subject* (Edinburgh UP, 2017), *Althusser
and His Contemporaries* (Duke UP, 2013),
and *The Other Adam Smith* (Stanford UP,
2014). Montag is also the editor of *Décal-
ages*, a journal on Althusser and his circle,
and translator of Étienne Balibar's *Identity
and Difference: John Locke and the Inven-
tion of Consciousness* (Verso, 2013).

© 2017 NANCY ARMSTRONG AND WARREN MONTAG
PMLA 132.3 (2017), published by the Modern Language Association of America

613

> Ubicación

132.3

Nancy Armstrong and Warren Montag   619

WORKS CITED

Althusser, Louis, and Étienne Balibar. *Reading Capital*.
    Translated by Ben Brewster, New Left Books, 1970.
Augustine. *De doctrina Christiana*. Edited and translated
    by R. P. H. Green, Oxford UP, 1995.
Best, Stephen, and Sharon Marcus. "Surface Reading: An
    Introduction." *Representations*, vol. 108, no. 1, 2009,
    pp. 1–21.
Braudel, Fernand. *The Perspective of the World*. Trans-
    lated by Siân Reynolds, U of California P, 1992. Vol. 3

of *Civilization and Capitalism: Fifteenth–Eighteenth
    Century.*
Casanova, Pascale. *The World Republic of Literature*.
    Translated by M. B. Debevoise, Harvard UP, 2004.
Macherey, Pierre. *A Theory of Literary Production*. Trans-
    lated by Geoffrey Wall, Routledge and Kegan Paul,
    1978.
Moretti, Franco. *Distant Reading*. Verso, 2013.
Schwarz, Roberto. "Former Colonies: Local or Univer-
    sal?" *Novel: A Forum on Fiction*, vol. 43, no. 1, 2010,
    pp. 100–06.

theories and methodologies

Fig. 4.64. Primera y última página de un ensayo en una revista especializada.

[4.86] Obras en línea

Las URL deben ser copiadas directamente del recuadro de búsqueda en la
ventana de su navegador (fig. 4.65). Esta también es la regla para los DOI
y los enlaces permanentes, cuando usted recurra a ellos para acceder a una
obra. Aunque haya accedido a una obra a través de una URL, si aparece
—típicamente en la página de destino— un DOI o un enlace permanente
asociado con la obra, use ese DOI o ese enlace permanente en su entrada
bibliográfica (figs. 4.66, 4.67).

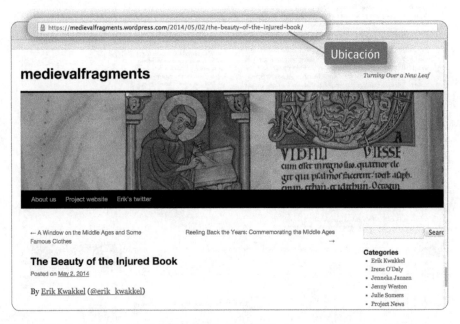

Fig. 4.65. Entrada en un sitio web. Copie la URL directamente del recuadro de
búsqueda en la ventana de su navegador.

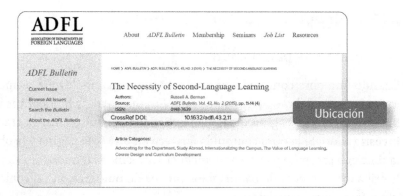

Fig. 4.66. Página de destino de un artículo de revista especializada en un sitio web. La página muestra el DOI del artículo.

Fig. 4.67. Página web que proporciona un enlace permanente, esto es, una URL estable que el editor del sitio promete no cambiar.

[4.87] Ubicación: ¿Cómo presentarla?

[4.88] Rango de paginación

Cuando una obra contenida en otra esté paginada, incluya la primera y la última página del rango de paginación. En una entrada bibliográfica, no se limite a incluir la página o páginas que usted consultó para su trabajo de investigación. Si la obra contenida aparece en una sola página y la obra que la contiene presenta paginación, incluya asimismo el número de esa página. Escriba los números de página y los rangos de numeración tal como usted lo haría en el cuerpo del texto.

> Lledó-Guillem, Vicente. "¿Compañera o rebelde? La lengua y el imperio según Bernardo de Aldrete". *Bulletin of Hispanic Studies*, vol. 87, núm. 1, 2010, pp. 1-15.

> Rangos numéricos: 2.121.

[4.89] Abreviaturas antes de los números de página

Antes de un número de página o de un rango de páginas, escriba la abreviatura *pp.* para *páginas*. En caso de un solo número de página, use la abreviatura *p.* para *página*.

> Bustelo, Gabriela. "MamBo pop y político". *Arcadia: Periodismo Cultural*, vol. 8, 2006, p. 14.
> Quijano, Aníbal. "Colonialidad y modernidad/racionalidad". *Perú Indígena*, vol. 13, núm. 29, 1992, pp. 11-20.

> Apéndice: Abreviaturas académicas usuales.

[4.90] Símbolos numéricos para la numeración de páginas

Siguiendo la información de su fuente, use los mismos símbolos numéricos para los números de página (p. ej., arábigos, romanos, alfanuméricos), así como la misma grafía para números romanos en minúsculas (*i, ii, iii*), números romanos en mayúsculas (*I, II, III*) y minúsculas o mayúsculas para letras del alfabeto latino (*A1, 89d*).

> García Icazbalceta, Joaquín. Introducción. *Coloquios espirituales y sacramentales*, Antigua Librería Portal de Agustinos, 1877, pp. VII-XXXVII.
>
> Moreno Hernández, Carlos. "El apellido *Moreno* y la burla de los linajes". *Nueva Revista de Filología Hispánica*, vol. 67, núm. 2, 2019, pp. 619-39.
>
> Orellana, Daniel. "Cuenca, la ciudad adolescente". *El Mercurio*, 3 nov. 2020, p. 4C.
>
> Sancho, Víctor. "Falla golpe de Trump para frenar a Biden". *El Universal*, 7 en. 2021, pp. A14-A15.

[4.91] El signo más con el número de página

En una publicación periódica (revista especializada, magacín, diario), si una obra no está impresa en páginas consecutivas, solamente incluya el número de la primera página y el signo más (+), sin espacio en blanco entre el número y ese signo. Por ejemplo, piense en una publicación periódica que, si bien empieza con la página 1, de ahí salta a la página 10.

> Saavedra Ponce, Viridiana. "Faltan maestros en escuela de El Salto". *El Occidental*, 28 sept. 2020, pp. 1+.

[4.92] Los DOI

Un DOI es una cadena de números y letras que suele empezar con el número 10 (**fig. 4.68**). Si el DOI no viene precedido de http:// o https:// en su fuente, incluya la siguiente información precediendo el DOI:

https://doi.org/

Al introducir esa información adicional, usted les permitirá a sus lectores encontrar la fuente en la ventana del navegador.

Bockelman, Brian. "Buenos Aires *Bohème*: Argentina and the Transatlantic Bohemian Renaissance, 1890-1910". *Modernism/modernity*, vol. 23, núm. 1, en. 2016, pp. 37-63, https://doi.org/10.1353/mod.2006.0011.

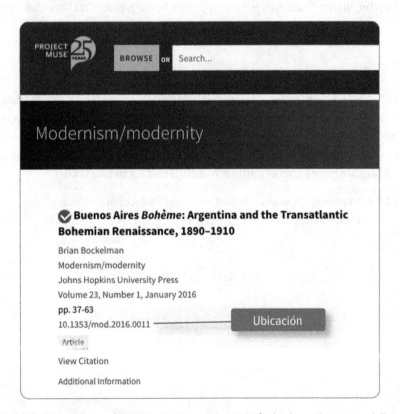

Fig. 4.68. DOI en una página de destino para un artículo de revista especializada.

[4.93] Enlaces permanentes

Si su fuente proporciona una URL identificada como estable, permanente o duradera —llamada algunas veces *enlaces permanentes*—, incluya ese enlace permanente en lugar de la URL que aparece en su navegador. Además, copie el enlace permanente directamente de la fuente (véase **fig. 4.67**).

[4.94] Las URL

Las URL tienen algunos componentes básicos (**fig. 4.69**):

- el protocolo (aquello que precede a //)
- la barra doble (//)
- el dominio (el cual incluye el subdominio, como *www*)
- la ruta

Además, algunas veces se añade información específica de un archivo o de una cadena de consulta.

https://style.mla.org/files/2016/04/practice-template.pdf

https://www.mla.org/search/?query=pmla

Cuando vaya a incluir una URL, cópiela directamente de su navegador. Algunas URL muestran las siglas *www*, pero otras no.

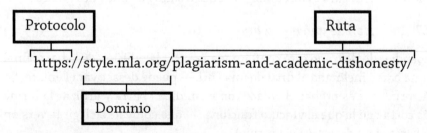

Fig. 4.69. Componentes de una URL.

[4.95] *Omisiones parciales*

Por lo general, puede omitir el *http://* o el *https://* de las URL, a menos que
quiera hipervincularlas y use un programa que no autoriza hipervincular
sin protocolo, pero incluya *https://* para los DOI. En obras con formato fijo
compuesto y diseñado profesionalmente —como es el caso de los PDF—, el
protocolo puede omitirse siempre.

Si una URL es más larga que el resto de la entrada bibliográfica, omita
sus elementos finales, pero conserve siempre el dominio. Por ejemplo, la
URL siguiente es demasiado larga:

go.galegroup.com/ps/retrieve.do?sort=RELEVANCE&docType=Journal
+article&tabID=T003&prodId=MLA&searchId=R1&resultListType=RESULT_
LIST&searchType=BasicSearchForm&contentSegment=&currentPosition
=3&searchResultsType=SingleTab&inPS=true&userGroupName=mla&docId
=GALE%7CN2810522710&contentSet=GALE%7CN2810522710

Esa URL puede ser abreviada así:

go.galegroup.com/ps

[4.96] *Cortes*

Cuando indique una URL, no introduzca nunca un guion ni un espacio
(desactive la partición silábica automática del procesador de textos). No se
preocupe por los saltos de línea: una correcta visualización de la URL
importa más que su apariencia. Las publicaciones profesionales en formatos fijos, en papel o en PDF, suelen seguir unas reglas estrictas a la hora de
dividir las URL para evitar ambigüedades o saltos de línea desiguales.

[4.97] *Inclusión de una barra final*

Dependiendo de cómo esté configurada la URL, la omisión de la barra final
—una barra inclinada al final de una URL— puede desactivar el enlace. Lo
más prudente es probar el enlace con y sin dicha barra y utilizar la forma
más corta con la que el vínculo funciona (lo que equivale a elegir la versión
sin barra si no desactiva el vínculo).

[4.98] Ubicaciones físicas y eventos

Para un objeto físico o un evento que usted ha presenciado —es decir, para todo aquello no solamente reproducido, sino vivido en persona, como una obra de arte en un museo, artefactos en un archivo, una presentación de una conferencia o una representación—, proporcione el nombre de la institución, así como toda la información oportuna. Así, sus lectores podrán identificar la ubicación del objeto físico o del evento (sea tan solo la ciudad; sea el municipio con su provincia, departamento, estado o autonomía; sea la ciudad y el país).

Alÿs, Francis. *Cuando la fe mueve montañas*. 11 abr. 2002, Lima, Perú.

Barceló, Miquel. *Metamorfosis*. 27 en.-26 sept. 2021, Museo Picasso, Málaga.

Bhatia, Rafiq. Concierto. 10 feb. 2018, Mass MOCA, North Adams.

Hay otras informaciones útiles para identificar materiales de archivo localizados en un espacio físico: por ejemplo, la signatura —como en el ejemplo de abajo: *ms. 10719*—.

Ben Israel, Obadia, y Andrés Antonio. *Diálogos*. Siglo XVII, British Library, Londres, ms. 10719.

[4.99] Los tres tipos más comunes de entradas bibliográficas

A continuación, verá ejemplos de una plantilla rellenada y la entrada bibliográfica correspondiente para los tres tipos más comunes de entradas: obras que tienen un contenedor, obras que tienen dos contenedores y obras autónomas.

Para crear una entrada, evalúe la obra que va a citar y liste cada elemento pertinente en el orden en que aparece en la plantilla, seguido de la puntación indicada. Omita cualquier elemento que no aparezca o que no sea pertinente. La excepción a la regla anterior es el Título de la Fuente. Nunca lo omita, pues debe identificar cada obra que cite, aunque escriba una descripción para una obra que carezca de título.

[4.100] Obras en un contenedor

Las obras listadas en el elemento Título de la Fuente en las **figuras 4.70-4.72** están contenidas en otra obra.

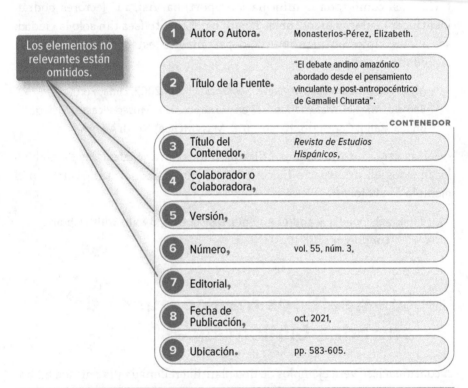

Monasterios-Pérez, Elizabeth. "El debate andino amazónico abordado desde el pensamiento vinculante y post-antropocéntrico de Gamaliel Churata". *Revista de Estudios Hispánicos*, vol. 55, núm. 3, oct. 2021, pp. 583-605.

Fig. 4.70. Obra en un contenedor: artículo tomado de una revista especializada impresa. El artículo está contenido en la revista especializada.

Fig. 4.71.
Obra en
un contenedor:
episodio de una serie
emitida en la televisión.
La serie contiene el
episodio.

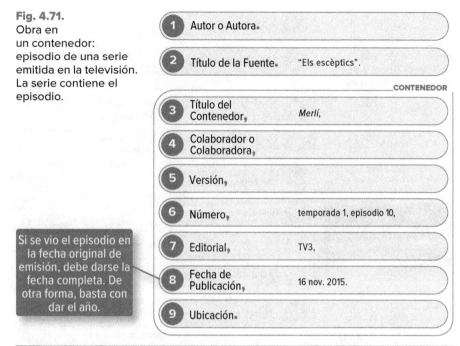

1 Autor o Autora.

2 Título de la Fuente.   "Els escèptics".

_____CONTENEDOR

3 Título del
   Contenedor,   *Merlí*,

4 Colaborador o
   Colaboradora,

5 Versión,

6 Número,   temporada 1, episodio 10,

7 Editorial,   TV3,

8 Fecha de
   Publicación,   16 nov. 2015.

9 Ubicación.

Si se vio el episodio en
la fecha original de
emisión, debe darse la
fecha completa. De
otra forma, basta con
dar el año.

"Els escèptics". *Merlí*, temporada 1, episodio 10, TV3, 16 nov. 2015.

Fig. 4.72.
Obra en
un contenedor:
cuento contenido
en una obra editada
en varios volúmenes.

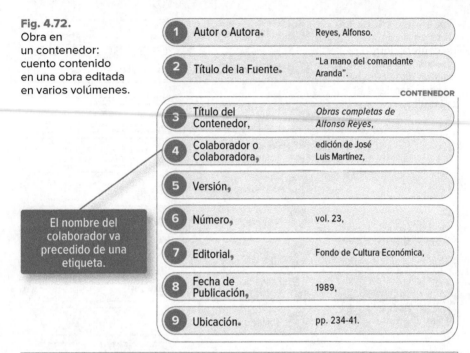

El nombre del
colaborador va
precedido de una
etiqueta.

1	Autor o Autora.	Reyes, Alfonso.
2	Título de la Fuente.	"La mano del comandante Aranda".

CONTENEDOR

3	Título del Contenedor,	*Obras completas de Alfonso Reyes,*
4	Colaborador o Colaboradora,	edición de José Luis Martínez,
5	Versión,	
6	Número,	vol. 23,
7	Editorial,	Fondo de Cultura Económica,
8	Fecha de Publicación,	1989,
9	Ubicación.	pp. 234-41.

Reyes, Alfonso. "La mano del comandante Aranda". *Obras completas de Alfonso Reyes,*
   edición de José Luis Martínez, vol. 23, Fondo de Cultura Económica, 1989,
   pp. 234-41.

[4.101] Obras en dos contenedores

Dado que una obra que contiene otra obra puede, a su vez, estar contenida en una tercera obra —por ejemplo, un artículo publicado en una revista especializada, la cual, a su turno, está contenida en una base de datos—, algunas veces necesitará usar dos contenedores. Rellene de nuevo la plantilla desde el elemento Título del Contenedor hasta la Ubicación, incluyendo todos los elementos que le correspondan al segundo contenedor (**fig. 4.73**).

Las obras listadas en el elemento Título de la Fuente en las **figuras 4.74-4.76** están contenidas en otra obra, la cual, asimismo, está contenida en una obra.

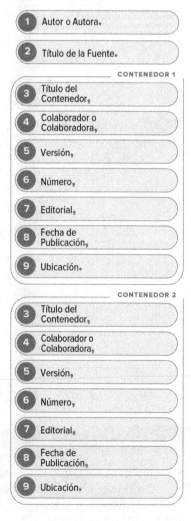

Fig. 4.73.
Plantilla MLA de los elementos fundamentales con dos contenedores.

Fig. 4.74.
Obra en dos
contenedores:
un artículo de una
revista especializada
impresa en una base
de datos en línea.
La base de datos
contiene la revista
especializada, y esta
contiene el artículo.

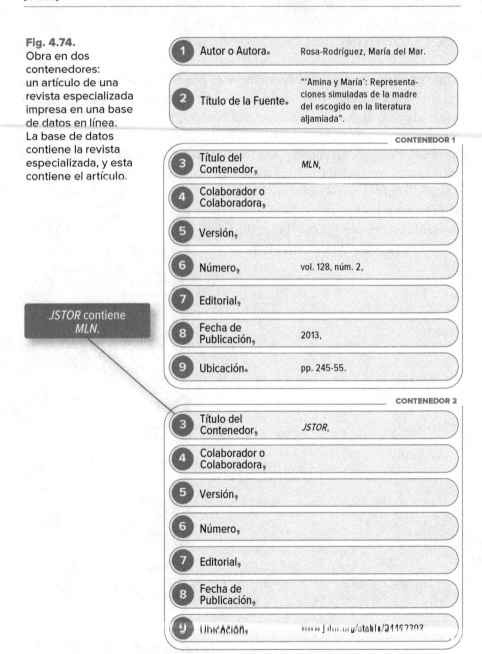

Rosa-Rodríguez, María del Mar. "'Amina y María': Representaciones simuladas de la madre del escogido en la literatura aljamiada". *MLN*, vol. 128, núm. 2, 2013, pp. 245-55. *JSTOR*, www.jstor.org/stable/24463393.

Fig. 4.75.
Obra en dos
contenedores:
episodio de una serie
de televisión visto
en un servicio de
emisión en continuo.
El servicio de emisión
en continuo contiene
la serie.

Dos datos de esta
información aparecen
en el elemento
Número, separados
por una coma.

El último elemento
relevante del
contenedor va
seguido de un punto.

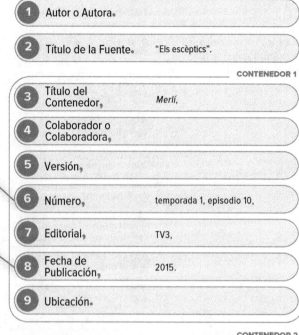

1 Autor o Autora.

2 Título de la Fuente.   "Els escèptics".

CONTENEDOR 1

3 Título del Contenedor,   *Merlí,*

4 Colaborador o Colaboradora,

5 Versión,

6 Número,   temporada 1, episodio 10,

7 Editorial,   TV3,

8 Fecha de Publicación,   2015.

9 Ubicación.

CONTENEDOR 2

3 Título del Contenedor,   *Amazon Prime Video,*

4 Colaborador o Colaboradora,

5 Versión,

6 Número,

7 Editorial,

8 Fecha de Publicación,

9 Ubicación.   www.primevideo.com.

"Els escèptics". *Merlí,* temporada 1, episodio 10, TV3, 2015. *Amazon Prime Video,*
www.primevideo.com.

Fig. 4.76.
Obra en dos
contenedores:
cuento de una obra
en varios volúmenes
en un sitio web.

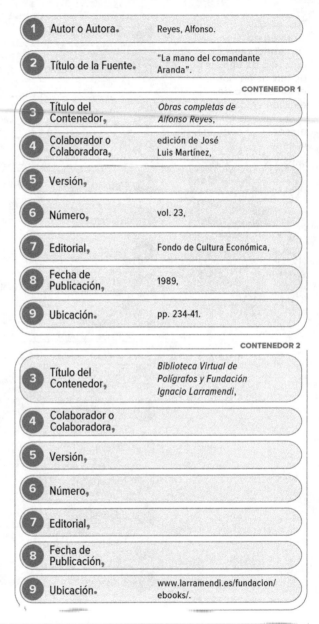

Reyes, Alfonso. "La mano del comandante Aranda". *Obras completas de Alfonso Reyes,*
    edición de José Luis Martínez, vol. 23, Fondo de Cultura Económica, 1989,
    pp. 234-41. *Biblioteca Virtual de Polígrafos y Fundación Ignacio Larramendi,*
    www.larramendi.es/fundacion/ebooks/.

[4.102] Obras autocontenidas

Las obras listadas en el elemento Título de la Fuente en las **figuras 4.77-4.80** son obras que se contienen a sí mismas. Esta es la razón por la cual el elemento Título del Contenedor queda vacío. Sin embargo, se suministran otros detalles relevantes de publicación en los elementos 4-9.

Fig. 4.77.
Obra autocontenida: libro leído en su forma impresa.

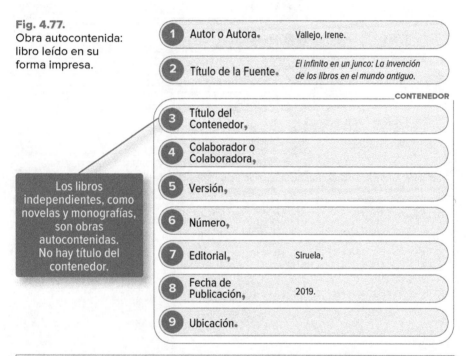

1 Autor o Autora. Vallejo, Irene.

2 Título de la Fuente. *El infinito en un junco: La invención de los libros en el mundo antiguo.*

CONTENEDOR

3 Título del Contenedor,

4 Colaborador o Colaboradora,

Los libros independientes, como novelas y monografías, son obras autocontenidas. No hay título del contenedor.

5 Versión,

6 Número,

7 Editorial, Siruela,

8 Fecha de Publicación, 2019.

9 Ubicación.

Vallejo, Irene. *El infinito en un junco: La invención de los libros en el mundo antiguo.* Siruela, 2019.

Fig. 4.78.
Obra autocontenida:
filme visto en un cine.

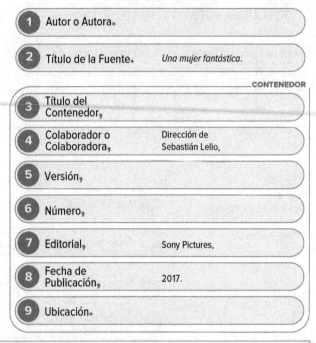

1 Autor o Autora.

2 Título de la Fuente.   *Una mujer fantástica.*

————————————————— CONTENEDOR

3 Título del
Contenedor,

4 Colaborador o   Dirección de
Colaboradora,   Sebastián Lelio,

5 Versión,

6 Número,

7 Editorial,   Sony Pictures,

8 Fecha de   2017.
Publicación,

9 Ubicación.

Una mujer fantástica. Dirección de Sebastián Lelio, Sony Pictures, 2017.

Fig. 4.79.
Obra autocontenida: manuscrito en el archivo de una biblioteca.

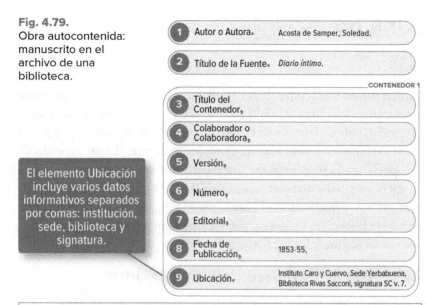

El elemento Ubicación incluye varios datos informativos separados por comas: institución, sede, biblioteca y signatura.

1 Autor o Autora. Acosta de Samper, Soledad.

2 Título de la Fuente. *Diario íntimo.*

CONTENEDOR 1

3 Título del Contenedor,

4 Colaborador o Colaboradora,

5 Versión,

6 Número,

7 Editorial,

8 Fecha de Publicación, 1853-55,

9 Ubicación. Instituto Caro y Cuervo, Sede Yerbabuena, Biblioteca Rivas Sacconi, signatura SC v. 7.

Acosta de Samper, Soledad. *Diario íntimo.* 1853-55, Instituto Caro y Cuervo, Sede Yerbabuena, Biblioteca Rivas Sacconi, signatura SC v. 7.

Fig. 4.80.
Obra autocontenida: representación de una pieza dramática vista en el teatro.

1 Autor o Autora. Calzada Pérez, Manuel.

2 Título de la Fuente. *El diccionario.*

CONTENEDOR

3 Título del Contenedor,

4 Colaborador o Colaboradora, Dirección de Oscar Barney Finn,

5 Versión,

6 Número,

7 Editorial,

8 Fecha de Publicación, 27 jul. 2017,

9 Ubicación. El Tinglado Teatro, Buenos Aires.

Calzada Pérez, Manuel. *El diccionario.* Dirección de Oscar Barney Finn, 27 jul. 2017, El Tinglado Teatro, Buenos Aires.

[4.103] Una obra citada de diferentes maneras

Las circunstancias de tiempo, lugar y forma por las que se accede a una obra determinan los datos de publicación que incluirá en la entrada de la lista de obras citadas. Deberá escribir los datos de publicación dados por la versión de la fuente consultada. El ejemplo siguiente, de un artículo de revista especializada publicado en línea antes que en papel, muestra que una misma obra puede aparecer citada de diferentes maneras. Esto dependerá de la versión consultada de la obra, pues la fuente suministra diferentes datos de publicación. Piénsese, por ejemplo, en la fecha de publicación, los números de página y los números del volumen y de la entrega.

Publicado previamente en una entrega en línea, en HTML

Chen Sham, Jorge. "Andira Watson en clave de amistad y poesía con Shirley Campbell: La 'sororidad' entre poetas afrocaribeñas". *Revista de Filología y Lingüística de la Universidad de Costa Rica*, vol. 46, núm. 2, 27 ag. 2020, https://doi.org/10.15517/rfl.v46i2.43633.

Publicado en una entrega impresa

Chen Sham, Jorge. "Andira Watson en clave de amistad y poesía con Shirley Campbell: La 'sororidad' entre poetas afrocaribeñas". *Revista de Filología y Lingüística de la Universidad de Costa Rica*, vol. 46, núm. 2, oct. 2020-mar. 2021, pp. 11-22.

Publicado en un PDF en línea

Chen Sham, Jorge. "Andira Watson en clave de amistad y poesía con Shirley Campbell: La 'sororidad' entre poetas afrocaribeñas". *Revista de Filología y Lingüística de la Universidad de Costa Rica*, vol. 46, núm. 2, oct. 2020-mar. 2021, pp. 11-22, revistas.ucr.ac.cr/index.php/filyling/article/view/43633/44080.

[4.104] Elementos suplementarios

En el estilo MLA, las entradas de una lista de obras citadas se construyen sobre la plantilla de los elementos fundamentales. Cada elemento, por lo general, debería ser incluido en la entrada bibliográfica cuando ese elemento es relevante para la obra que usted documenta. En ocasiones, no obstante, puede necesitar o puede querer incluir información adicional sobre una obra. Puede hacerlo agregando elementos suplementarios a la plantilla.

Un elemento suplementario deberá ponerse después del elemento Título de la Fuente si tiene que ver con la entrada en su conjunto. De otro modo, el elemento suplementario deberá ponerse al final de la entrada (**fig. 4.81**). Excepcionalmente, puede ser puesto entre contenedores, si el elemento suplementario corresponde solo al contenedor precedente y no al subsiguiente.

Después de un elemento suplementario, escriba un punto. Así como con los elementos fundamentales, usted puede incluir más de un dato informativo después de un elemento suplementario. Liste esos elementos suplementarios según el orden que prefiera, separándolos con una coma.

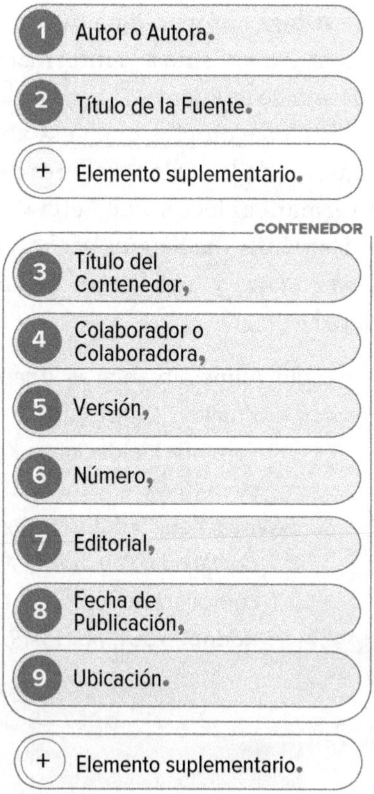

1 Autor o Autora.

2 Título de la Fuente.

+ Elemento suplementario.

CONTENEDOR

3 Título del Contenedor,

4 Colaborador o Colaboradora,

5 Versión,

6 Número,

7 Editorial,

8 Fecha de Publicación,

9 Ubicación.

+ Elemento suplementario.

Fig. 4.81.
Disposición de los elementos suplementarios en la plantilla de los elementos fundamentales.

[4.105] Elementos suplementarios después del elemento Título de la Fuente

Los tres datos más habituales como elementos suplementarios intermedios son colaboradores, fecha original de publicación y secciones con etiquetas genéricas.

[4.106] Colaborador o Colaboradora

Use el elemento suplementario intermedio para identificar a un colaborador o colaboradora que ha desempeñado un papel importante en una obra contenida en otra obra. Mientras que en algunos casos la información que se incluye como elemento suplementario es opcional, en otros casos la información es necesaria para identificar una obra. Un colaborador incluido en ese lugar proporciona información adicional que no corresponde a todo el contenedor, sino a la información propia de los elementos Autor o Autora y Título de la Fuente.

En los ejemplos que verá abajo, la inserción de las funciones y de los nombres de los colaboradores después del elemento Título de la Fuente le informará al lector que Leila El Khalidi y Christopher Tingley tradujeron únicamente *The Singing of the Stars*, no todas las obras incluidas en *Short Arabic Plays*, y que Diri I. Teilanyo realizó la entrevista "English Is the Hero".

> Fagih, Ahmed Ibrahim al-. *The Singing of the Stars*. Traducción de Leila El Khalidi y Christopher Tingley. *Short Arabic Plays: An Anthology*, compilación de Salma Khadra Jayyusi, Interlink Books, 2003, pp. 140-57.
> Saro-Wiwa, Ken. "English Is the Hero". Entrevista de Diri I. Teilanyo. *No Condition Is Permanent: Nigerian Writing and the Struggle for Democracy*, compilación de Holger Ehling y Claus-Peter Holste-von Mutius, Dialogi, 2001, pp. 13-19

Elemento Colaborador o Colaboradora: 4.38-4.47.

[4.107] Fecha original de la publicación

En el caso de una obra contenida en otra, a veces la única fecha que puede proporcionar corresponde al elemento Título de la Fuente y no a la obra en la que está contenida. En esta situación, debe usar el elemento suplementario para la fecha de publicación. En el primer ejemplo de abajo, la fecha de la composición de una carta está puesta en el elemento suplementario intermedio con el fin de indicar que la fecha se refiere a la carta y no al archivo donde la carta está contenida. En el segundo ejemplo, al situar la fecha en el elemento suplementario intermedio, se informa a los lectores que en esa fecha el Tribunal Supremo de Puerto Rico aprobó los cánones, y que no se trata de la fecha de publicación en línea, pues no hay fecha dada en la fuente.

> Pérez Pastor, Cristóbal. Carta a Ramón León Máinez. 30 jun. 1902. Colección
> Juan Sedó Peris-Mencheta, Biblioteca Nacional de España, Madrid.
> Manuscrito.
>
> Tribunal Supremo de Puerto Rico. *Cánones de ética judicial de Puerto Rico*. 5 abr.
> 2005, https://www.poderjudicial.pr/Documentos/Leyes-Reglamentos/
> Canones-Etica-Judicial-de-Puerto-Rico-2005.pdf.

Aunque se debe registrar la fecha de publicación de la versión de la fuente que se consulta, indicar la fecha de publicación original puede proporcionar a los lectores información sobre la creación de la obra o su relación con otras obras. Si bien esta información no es obligatoria y puede no encontrarse en la misma fuente, en ocasiones los escritores que dominan el tema consideran que citar la fecha original de publicación puede ser de utilidad para los lectores.

> Darío, Rubén. *Azul*. 1888. Espasa-Calpe, 1939.
>
> *El profesor chiflado*. 1963. Dirección de Tom Shadyac, nueva versión, Universal
> Pictures, 1996.
>
> Ríos, Miguel. "Santa Lucía". 1980. *Rocanrol Bumerang*, Universal Music Group,
> 2005. Ap. *Spotify*.

> Fecha de publicación: 4.67-4.82.

[4.108] Sección de una obra etiquetada genéricamente

Si la introducción, el prefacio, el prólogo, el epílogo u otra sección de la obra tienen un título particular, así como una etiqueta genérica, usted puede recurrir al elemento suplementario intermedio para agregar una descripción genérica —si cree que podría ser importante para su lector (**fig. 4.82**)—. Ahora bien, en general, omita la etiqueta.

> Gallego Cuiñas, Ana. "La cuestión de la literatura latinoamericana y española en el siglo XXI". Introducción. *Novísimas: Las narrativas latinoamericanas y españolas del siglo XXI*, de Gallego Cuiñas, Iberoamericana Vervuert, 2021, pp. 11-19.

Secciones de una obra con etiquetas genéricas: 4.27.

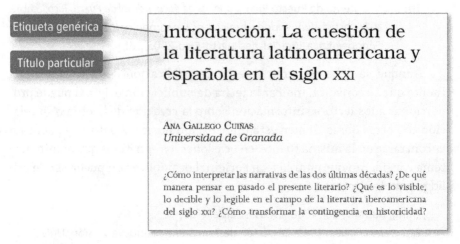

Etiqueta genérica

Título particular

Introducción. La cuestión de la literatura latinoamericana y española en el siglo XXI

ANA GALLEGO CUIÑAS
Universidad de Granada

¿Cómo interpretar las narrativas de las dos últimas décadas? ¿De qué manera pensar en pasado el presente literario? ¿Qué es lo visible, lo decible y lo legible en el campo de la literatura iberoamericana del siglo XXI? ¿Cómo transformar la contingencia en historicidad?

Fig. 4.82. Introducción que cuenta con un título propio y que también recibe una etiqueta genérica.

[4.109] Clarificación al final de una entrada

El elemento suplementario final se usa para clarificar algo relativo a la entrada en su conjunto y debe emplearse con prudencia.

[4.110] Fecha de acceso

Por lo general, debe indicarse la fecha de acceso a una obra en línea siempre que dicha obra carezca de fecha de publicación o cuando se sospeche que ha sido alterada o suprimida. (En el ejemplo que sigue, el sitio web ya no existe).

"Orígenes". *La papa*, FAO, www.fao.org/potato-2008/es/lapapa/origenes. html. Acceso 2 ag. 2019.

[4.111] Medio de publicación

Incluya el medio de publicación como elemento suplementario final cuando haya más de una versión de una fuente accesible en la misma página de destino y esté citando una versión que no sea la versión por defecto, es decir, cuando el usuario deba seleccionar una versión concreta.

Por ejemplo, si usted cita la transcripción de una charla encontrada en una página web que ofrece un audioclip de esa charla como la versión por defecto, incluya la palabra *Transcripción* como elemento suplementario (fig. 4.83). De igual manera, si cita la letra transcrita de una canción disponible junto con un video de esa canción, incluya *Transcripción de la letra* o

Fig. 4.83. Transcripción de una charla disponible en un sitio web que también alberga el video de la charla.

algún otro indicador similar como elemento suplementario. Esto indica al lector que usted solo está citando un texto, sin haber transcrito el audio. Y si consulta cierto tipo de archivo, por ejemplo, un PDF, distinto del que aparece como la versión por defecto de una obra en la página web donde también están disponibles otras versiones, incluya *PDF descargado, material suplementario* u otra descripción similar en el elemento suplementario. Pueden existir pequeñas diferencias entre las versiones disponibles. En el caso de conjuntos de datos y de otros materiales suplementarios, debe orientar oriente a su lector hacia esos materiales.

> Beyoncé. "7/11". *Beyoncé*, Parkwood Entertainment, 2013, www.beyonce .com/album/beyonce/lyrics. Transcripción de la letra.
>
> Bortolameolli, Paolo. "¿Por qué nos emociona la música?". *TED en español*, abr. 2018, www.ted.com/talks/paolo_bortolameolli_por_que_nos_ emociona_la_musica. Transcripción.
>
> Solana, Ingrid. *Notas inauditas*. Dirección de Literatura, UNAM, 2019, http:// www.literatura.unam.mx/images/stories/pdf/descargables/ descargables-notas-inauditas-ingrid-solana.pdf. PDF descargado.
>
> Díaz-Triana, Julián Esteban, et al. "Monitoreo de la restauración ecológica en un bosque seco tropical interandino (Huila, Colombia): Programa y resultados preliminares". *Caldasia*, vol. 41, núm. 1, 2019, pp. 60-77, https://dx.doi.org/10.15446/caldasia.v41n1.78300. Material suplementario de Díaz-Triana et al.

Siempre cuando sea posible, cite la versión final publicada. Si cita la versión preliminar de un trabajo, incluida aquella presentada para su publicación (a veces denominada *preprint*, lo que suele indicar que el trabajo aún no ha sido editado o revisado por pares), indíquelo en el elemento suplementario final.

> Wang, Lijing, et al. "Using Mobility Data to Understand and Forecast COVID19 Dynamics". *MedRxiv: The Preprint Server for Health Sciences*, 15 dic. 2020, https://doi.org/10.1101/2020.12.13.20248129. Preprint.

El elemento suplementario final puede indicar el medio de publicación de una obra cuyo formato, de otro modo, podría parecer ambiguo.

> Ramírez, Sergio. "Lengua e interculturalidad". VIII Congreso Internacional de la Lengua Española, 28 mar. 2019, Teatro San Martín, Córdoba, Argentina. Ponencia plenaria.

El elemento suplementario final también puede ser útil para especificar el tipo de archivo de una edición electrónica de una obra cuando esta información sea esencial. Por ejemplo, cuando la apariencia de una obra varía según el formato del archivo o cuando el contenido que se cita es exclusivo de una plataforma.

> Lopez, Jennifer. "Vivir mi vida". Sony Music Latin, 2017. Ap. *Spotify.*
> *MLA Handbook.* 8.ª ed., ed. libro electrónico, Modern Language Association of America, 2016. EPUB.

> Uso del elemento Versión para ediciones de libros electrónicos: 4.48.

[4.112] Tesis doctorales, tesinas de maestría y monografías de licenciatura

La institución que confiere el grado y el tipo de estudio realizado —tesis doctoral, tesina de maestría o monografía de licenciatura— son datos esenciales que definen la obra y, por ello, deberán aparecer en el elemento suplementario final.

> Chávez Rodríguez, Luis Iván. *Testimonio y naturaleza en* Las tres mitades de Ino Moxo y otros brujos de la Amazonía. 2011. Boston University, tesis doctoral.

[4.113] Historia de la publicación

Si bien lo habitual es omitir los detalles acerca de la historia de la publicación de una fuente en las entradas bibliográficas, hay momentos cuando quienes escriben para una audiencia especializada consideran importante incluir esa información adicional. En esos casos, los elementos fundamentales deberán proporcionar detalles de la publicación relativos a la versión usada de la fuente. Cualquier información relevante sobre el contexto original de publicación puede ser dada en el elemento suplementario al final de la entrada bibliográfica.

> Alonso Luengo, Luis. "Las piedras preciosas en el Yantar". *Argutorio: Revista de la Asociación Cultural "Monte Irago"*, vol. 13, núm. 25, 2010, pp. 48-49. Originalmente publicado en *Teoría y Hechos*, 1945.

Si usted usa la versión original de una fuente y esta fue, más tarde, publicada en una nueva versión, no incluya la información referida a la versión posterior.

[4.114] Series de libros

Algunas veces las editoriales publican libros en series y, para ciertas audiencias especializadas, el nombre de una serie puede ser significativo. Allí donde sea relevante, la información sobre una serie puede aportarse como elemento suplementario final.

> Neruda, Pablo. *Canto general*. Traducción de Jack Schmitt, University of California Press, 1991. Latin American Literature and Culture 7.
> Oliver, María Paz. *El arte de irse por las ramas: La digresión en la novela latinoamericana contemporánea*. Brill Rodopi, 2016. Foro Hispánico.

[4.115] Columnas, secciones y otros materiales con títulos en publicaciones periódicas

El título de una columna o sección, u otro título recurrente en una publicación periódica, como una revista o un sitio web, organiza o categoriza la información, pero por lo general no es necesario incluirlo en una entrada bibliográfica (a menos que sea necesario para localizar la obra, como sucede con las secciones tituladas de los periódicos en papel). Cuando incluya información no esencial sobre columnas o secciones, añádala como elemento suplementario final.

"How Do I Style the Names of Fictional Characters?". *MLA Style Center*,
Modern Language Association of America, 18 oct. 2017, style.mla.org/
2017/10/18/names-of-fictional-characters/. Ask the MLA.

Mingo, Bárbara. "De la fotocopia al panteón: Un libro rastrea la influencia de
los fanzines musicales". *El País*, 7 ag. 2021, p. 10. Babelia.

Títulos en letra redonda y sin comillas: 2.87.
Secciones de un diario en el elemento Ubicación: 4.83.

[4.116] Obras en varios volúmenes

El número total de volúmenes de una obra en varios volúmenes, citada en su conjunto, puede aparecer como elemento suplementario final.

Garrote Bernal, Gaspar. *Antonio Prieto en su texto total*. Universidad de Málaga,
2005. 2 vols.

Cuando un volumen individual de una obra en varios volúmenes tiene un título propio, indique el título de la obra en su conjunto como elemento suplementario final.

Obradors, Fernando. *Para canto y piano*. Unión Musical Ediciones, 2003. Vol. 4
de *Canciones clásicas españolas*.

Cuando un volumen individual de una obra en varios volúmenes no tiene un título específico —usualmente, dicho título apunta al periodo o al campo de estudio que abarca—, ese título puede omitirse. Será suficiente incluir el número del volumen.

Alborg, Juan Luis. *Historia de la literatura española*. Vol. 4, Gredos, 2001.

Casares Rodicio, Emilio, y Álvaro Torrente, editores. *La ópera en España e
Hispanoamérica*. Vol. 2, Instituto Complutense de Ciencias Musicales,
2001.

Con todo, si usted decide incluir el periodo o el campo que abarca el volumen, considérelo como parte del título. El número del volumen y el título de la obra tomada en su conjunto deben incluirse como elemento suplementario final. Otra información (p. ej., el número de volúmenes, los editores generales, el rango de fechas para una obra tomada en su conjunto) también puede añadirse ahí.

> Alborg, Juan Luis. *Historia de la literatura española: El Romanticismo*. Gredos, 2001. Vol. 4 de *Historia de la literatura española*, 6 vols.
> Benet, Juan. *Herrumbrosas lanzas, libros 8-12*. Alfaguara, 1986. Vol. 3 de *Herrumbrosas lanzas*, 3 vols., 1983-86.
> Cela, Camilo José. *Obra completa: Los amigos y otra novela, 1960-1962*. Destino, 1971. Vol. 8 de *Obra completa*.

Volúmenes: 2.81.

[4.117] Documentos gubernamentales

Al final de las entradas para documentos legislativos, tal vez quiera suministrar el número y la sección del Congreso, del Senado o de la Cámara de Representantes o de Diputados, al igual que el tipo y el número de la publicación. Entre las categorías de las publicaciones del Congreso se encuentran decretos, proyectos de ley, códigos, reglamentos, resoluciones y reportes, entre otros tipos de documentos.

> Poore, Benjamin Perley, compilador. *A Descriptive Catalogue of the Government Publications of the United States, September 5, 1774-March 4, 1881*. Publicaciones del Gobierno, 1885. XLVIII Congreso, 2.ª sesión, documento misceláneo 67.
> República Argentina, Presidencia. "Aislamiento social preventivo y obligatorio". *Boletín Oficial de la República Argentina*, www.boletinoficial .gob.ar/detalleAviso/primera/5217904/20200331?busqueda =3&suplemento=1. Decreto 325, aprobado 31 mar. 2020.

Estandarizar y suministrar información: 4.21.

[4.118] Posición entre contenedores

En una entrada con dos o más contenedores, un elemento suplementario que solo suministra información relevante sobre uno de ellos puede ponerse después del contenedor al que ese elemento suplementario hace referencia. En el siguiente ejemplo, la información "University of Colorado, Boulder, tesis doctoral" viene después del primer contenedor, el cual únicamente contiene la fecha de la obra. La información no tiene que ver con el segundo contenedor, es decir, el depósito en línea *CU Scholar*.

> Arroyo, Silvia. *El tejido retórico: Fabricaciones literarias del "corpus" médico en la España renacentista*. 2011. University of Colorado, Boulder, tesis doctoral. *CU Scholar*, scholar.colorado.edu/concern/graduate_thesis_or_dissertations/js956f91x.

[4.119] Puntuación de las entradas bibliográficas

Se usan puntos después del elemento Autor o Autora, después del elemento Título de la Fuente y al final de cada contenedor. Las comas se usan principalmente entre elementos dentro de cada contenedor, así como entre el apellido o apellidos y el nombre o nombres, cuando el nombre en el elemento Autor o Autora está invertido. Asimismo, hay puntos que cierran cada abreviatura utilizada.

Creación y formateo de entradas de la lista de obras citadas: 4.1.

[4.120] Más de un dato informativo en un elemento

Si un elemento contiene más de un dato informativo, utilice una coma para separarlos.

> *MLA Handbook.* 9.ª ed., ed. libro electrónico, Modern Language Association of America, 2021.
>
> Rozotto, David. "El criollismo en la America de habla hispana: Revisita y reflexiones sobre el patrimonio de una literatura centenaria". *Literatura: Teoría, Historia, Crítica*, vol. 21, núm. 1, 2019, pp. 117-41.

Use un guion para unir estaciones o meses del año en el elemento Fecha de Publicación. También se usa un guion para unir dos números que se publican en una sola entrega.

> García Cabrera, Estela. "Hacia un concepto de la literatura antillana: Cuba, República Dominicana y Puerto Rico". *Horizontes: Revista de la Pontificia Universidad Católica de Puerto Rico*, vol. 53, núms. 102-03, primavera-otoño 2010, pp. 3-10.
>
> Gullón, Germán. "La edad de la literatura (1800-2000)". *Anales de la Literatura Española Contemporánea*, vol. 30, núms. 1-2, 2005, pp. 179-204. *JSTOR*, www.jstor.org/stable/27742341.

Cuando cite un ensayo de una revista especializada que contiene dos volúmenes, use la conjunción *y* para unir los volúmenes, las entregas y las fechas de los volúmenes.

> Govan, Sandra Y. Reseña de *Fledgling*, de Octavia Butler. *Obsidian III: Literature in the African Diaspora*, vol. 6, núm. 2, otoño-invierno 2005 y vol. 7, núm. 1, primavera-verano 2006, pp. 40-43.

Otra excepción en el uso de la coma tiene lugar cuando hay más de una editorial listada en una obra: use una barra entre los nombres de las editoriales en el elemento Editorial.

Los elementos suplementarios siguen el mismo patrón general: un punto cierra el elemento, mientras que las comas se usan para separar múltiples datos informativos suministrados como elementos suplementarios.

Coediciones: 4.61.

[4.121] Información adicional sobre la publicación

Cuando una fuente no indica datos necesarios sobre su publicación, como el nombre de la editorial, la fecha de publicación o el nombre completo del autor, algunos escritores, sobre todo aquellos expertos que dominan sus fuentes, pueden facilitar la información que falta. Utilice corchetes para indicar que la información ha sido facilitada por usted. Si no está seguro de la exactitud de los datos que aporta, utilice signos de interrogación.

> Bauer, Johann. *Kafka und Prag*. Belser, [¿1971?].
>
> *Lazarillo de Tormes*. Alcalá de Henares, [1554].

Si la ciudad no está incluida en el nombre de un diario publicado localmente, después del nombre del diario agregue el nombre de la ciudad, sin cursivas y entre corchetes.

> Martínez, Alejandra. "Crean la Jefatura de Gabinete para sanear economía".
> *Provincia* [Morelia], 6 nov. 2012, p. 6A.

Para diarios con proyección nacional e internacional, no es necesario mencionar la ciudad de publicación (p. ej., *Clarín*, *El País*, *El Universal*).

> Fecha imprecisa dada en la fuente: 4.82.

[4.122] Orden en la lista de obras citadas

La lista de obras citadas se ordena por orden alfabético, o bien siguiendo el nombre del autor o autora que aparece en primer lugar en cada entrada, o, para las obras listadas por título, siguiendo la primera palabra del elemento Título de la Fuente.

[4.123] Orden alfabético: Generalidades

Las entradas se ordenan alfabéticamente a partir o del nombre del autor o del título o descripción de la obra. Ordene alfabéticamente empezando por el apellido o apellidos del autor —si los tiene—. No invierta el orden de las palabras en autores corporativos —es decir, cuando el autor es una organización—, y separe con una coma los nombres de autores gubernamentales formados por varias unidades administrativas. Las letras que vienen tras esa primera coma únicamente deberán tenerse en cuenta para el orden alfabético cuando haya dos o más nombres que comiencen de un modo idéntico. Ignore otros signos de puntuación y espacios. Cuando ordene alfabéticamente títulos, ignore los artículos iniciales (*el*, *la*, *los*, *las*, *un*, *una*, *unos*, *unas* o los equivalentes en lenguas extranjeras) y omita los artículos iniciales para autores grupales o instituciones como la *Modern Language Association* o las *Naciones Unidas*, salvo cuando el artículo forme parte del nombre.

La lista siguiente muestra un ejemplo de orden alfabético.

Achebe, Chinua

Alcalá, Luis de

El alquimista

Beowulf

Cela, Camilo José

Christine de Pizan

La ciudad y los perros

Descartes, René

De Sica, Vittorio

2666

Duong Thu Huong

Fernández, Macedonio

Fernández de Córdova, Anunciada

Fernández Fernández, Ángel

Fernández Prieto, Celia

Fernán-Gómez, Fernando

Fuentes, Carlos

García Márquez, Gabriel

Gott

Götz

MacDonald, George

McCullers, Carson

MLA Handbook

Modern Language Association

Naciones Unidas

Panchos, Los

Rojas, Fernando de

Saint-Exupéry, Antoine de

St. Denis, Ruth

> Autor o Autora: ¿Qué es? 4.3.
> Un solo autor o autora: 4.6.

[4.124] Orden alfabético por el autor o la autora

Ordenar múltiples obras de un autor, de dos autores o de más de dos autores requiere una especial atención.

[4.125] Múltiples obras de un solo autor o autora

Con el fin de documentar dos o más obras de un mismo autor, incluya el nombre del autor solamente en la primera entrada de la lista de obras citadas. De ahí en adelante, en lugar del nombre, escriba tres guiones, o bien tres rayas. Estos tres guiones (o rayas) representarán el mismo nombre del autor como en la entrada precedente y, usualmente, vienen sucedidos por un punto y, después, por el título de la fuente.

> Cerezo Herrero, Enrique. "La didáctica de lenguas extranjeras en los estudios de traducción e interpretación: ¿Qué nos dice la investigación?". *Hermēneus: Revista de Traducción e Interpretación*, vol. 22, 2020, pp. 41-73.
>
> ———. "Sistematización de competencias en la enseñanza de lengua B para traducción e interpretación en el EEES a partir de un modelo de competencia traductora". *MonTi: Monografías de Traducción e Interpretación*, núm. 11, 2019, pp. 77-107.

Si la persona mencionada realizó una función diferente de la de crear el contenido principal de la obra, no obstante, escriba una coma después de los tres guiones (o rayas) e incluya un término que describa la función de esa persona (*editor, traductor, director*) antes de escribir el título de la obra. Múltiples fuentes asignadas a la misma persona serán ordenadas alfabéticamente por sus títulos. Los términos que describen la función de esa persona en relación con la fuente no serán usados para ordenar alfabéticamente.

> Trujillo Muñoz, Gabriel. *Biografías del futuro: La ciencia ficción mexicana y sus autores*. Universidad Autónoma de Baja California, 2000.
>
> ———. *Los confines: Crónica de la ciencia ficción mexicana*. Grupo Editorial Vid, 1999.
>
> ———, editor. *El futuro en llamas: Cuentos clásicos de la ciencia ficción mexicana*. Grupo Editorial Vid, 1997.

[4.126] Múltiples obras de dos autores

En caso de que dos o más entradas tengan un mismo primer coautor pero diferente segundo coautor, recurra al apellido del segundo coautor para disponer alfabéticamente la entrada.

> Montrul, Silvina, y Silvia Perpiñán
>
> Montrul, Silvina, y Noelia Sánchez-Walker

Para documentar dos o más obras de los mismos coautores cuyos nombres aparecen en un orden consistente en las obras, dé los nombres únicamente en la primera entrada. De ahí en adelante, en lugar de los nombres, escriba tres guiones (o rayas), un punto y el título de la obra. Estos tres guiones representarán los mismos nombres, en el mismo orden, como en la entrada previa.

> Bosque, Ignacio, y Ángel Gallego. "La aplicación de la gramática en el aula: Recursos didácticos clásicos y modernos para la enseñanza de la gramática". *Revista de Lingüística Teórica y Aplicada*, vol. 54, núm. 2, 2016, pp. 63-83.
> ———. "La gramática en la enseñanza media: Competencias oficiales y competencias necesarias". *Revista de Gramáticas Orientada a las Competencias*, vol. 1, núm. 1, 2018, pp. 141-201.

Si los nombres de los coautores no aparecen en el mismo orden en diferentes obras, regístrelos tal y como aparecen en esas obras y ordene alfabéticamente las entradas.

[4.127] Múltiples obras escritas por más de dos autores

Si su lista de obras citadas contiene obras de un mismo autor principal acompañado por los mismos coautores y todos ellos están listados en la obra siguiendo el mismo orden, usted puede organizar las entradas bibliográficas según el método descrito arriba para múltiples obras de dos autores: en la primera entrada, escriba el nombre del autor principal seguido de *et al.*, y use tres guiones (o rayas) en el elemento Autor o Autora para la entrada o entradas subsiguientes. En los dos casos a continuación, *Arellano, Ignacio* va acompañado por *et al.* La abreviatura latina está referida a Juan Manuel Escudero, Blanca Oteiza y María Carmen Pinillos en ambas entradas bibliográficas.

> Arellano, Ignacio, et al. *Breve biblioteca hispánica*. Vol. 1, Eunsa, 1997.
> ———, editores. *Divinas y humanas letras: Doctrina y poesía en los autos de Calderón*. Reichenberger, 1997.

Si su lista de obras citadas contiene obras de un mismo autor principal y de diferentes coautores —o por el mismo conjunto de coautores cuyos nombres aparecen en un orden diferente—, en este caso y después de la primera entrada los nombres no pueden ser reemplazados con tres guiones. Cada una de las entradas deberá incluir el nombre del autor principal seguido de *et al.*, para así indicar que los equipos de autores son diferentes o que sus nombres aparecen ordenados de diferentes maneras; de ahí proceda a ordenar las entradas alfabéticamente a partir de los títulos.

Cabré, M. Teresa, et al., editores. *Literalidad y dinamicidad en el discurso económico*. Documenta Universitaria, 2008.

Cabré, M. Teresa, et al., editores. *Terminología y derecho: Complejidad de la comunicación multilingüe*. Universitat Pompeu Fabra, 2006.

[4.128] Múltiples obras de un solo autor o autora y de coautores

Cuando esté documentando una obra escrita por un solo autor y, luego, otra obra de ese mismo autor y coautores, repita todo el nombre del autor único, sin sustituirlo por tres guiones (o rayas). Para ordenar esta lista de entradas, empiece con la obra u obras del autor único, y después liste las obras en colaboración. Si en la lista de obras citadas hay más de una obra en coautoría por ese autor, ordene las entradas alfabéticamente por el apellido del segundo coautor según se informa en la fuente. Ordene las obras escritas por dos autores antes de obras escritas por más de dos autores.

Rico, Francisco. *Figuras con paisaje*. Destino, 2009.

———. *El sueño del humanismo: De Petrarca a Erasmo*. Crítica, 2014.

Rico, Francisco, y Daniel Fernández Rodríguez. "La expulsión de los moriscos en la literatura: El caso de Ricote". *Refugiados, exiliados y retornados en los mundos ibéricos, siglos XVI-XX*, coordinado por José Javier Ruiz Ibáñez y Bernard Vincent, Fondo de Cultura Económica, 2018, pp. 277-95.

Rico, Francisco, y Claudio Guillén. "Del arte de editar a los clásicos". *Ínsula: Revista de Letras y Ciencias Humanas*, núm. 858, 2018, pp. 2-8.

Rico, Francisco, et al. "Cómo cambian las cosas con el virus". *El Ciervo: Revista Mensual de Pensamiento y Cultura*, núm. 781, 2020, pp. 22-24.

Dos o más obras de un mismo autor o autores: 5.8

[4.129] Orden alfabético por el título

El orden alfabético de una entrada se basa en el título de la obra cuando

- a la entrada le falta autor
- hay más de una obra del mismo autor en la lista de obras citadas (véase el ejemplo de Montrul en 4.126)
- hay más de una obra de los mismos coautores listados en el mismo orden (véanse los ejemplos de Arellano y de Cabré en 4.127)
- hay más de una obra del mismo autor y coautores indicados por la abreviatura *et al.* (véanse los ejemplos de Rico et al. en 4.128)

En caso de que dos obras tengan el mismo título, ordénelas cronológicamente, de la más reciente a la más antigua, o viceversa. Mantenga un orden consistente en todas las entradas bibliográficas.

Ordene los títulos sin atender a ningún artículo inicial y siga esta misma norma para los equivalentes en otras lenguas. Por ejemplo, el título *Los santos inocentes* debería ordenarse por la letra *s* y no bajo la *l*; el título *Una noche*, bajo la letra *n* y no bajo la *u*. Ahora bien, si usted no está familiarizado con una lengua extranjera, proceda a ordenar los títulos a partir de la primera palabra.

Si el título empieza con una cifra, proceda como si representara el número con palabras. A modo de ejemplo, para el orden alfabético, debería asumirse que el título *2001: Odisea del espacio* empieza con las palabras *Dos mil uno.*

Abre los ojos	*Los santos inocentes*
2001: Odisea del espacio	*Volver*
Una noche	

Con el fin de ayudar a sus lectores, haga excepciones a esta práctica en relación con obras tituladas separadamente y en las cuales los números representan una secuencia u orden cronológico.

Enrique IV	*REC 3: Génesis*
Enrique V	*REC 4: Apocalipsis*

[4.130] Referencias enlazadas

Con el fin de evitar repeticiones innecesarias al citar dos o más fuentes incluidas en una colección de obras —por ejemplo, una antología—, usted puede
crear una entrada completa para la colección y, también, entradas con información parcial enlazadas con esa entrada completa. En una referencia enla-
zada, dé siempre primero el autor y luego el título de la fuente. Después, dé
una referencia a la entrada completa para la colección: usualmente, debe
incluir aquí el nombre o nombres que inician la entrada; pase a dar una forma
abreviada al título de la colección, si esto es necesario —es decir, si la lista
incluye dos o más obras escritas por el autor o los autores de la colección (véase
Moraña y Sánchez Prado en los ejemplos siguientes)—; y, por último, escriba
una coma seguida de *pp.* y los números de página. Las referencias enlazadas
no son necesarias si cita múltiples obras del mismo autor en una colección de
obras de ese autor. Por lo general, puede citar la colección en su conjunto en la
lista bibliográfica, mientras que en el cuerpo del texto puede referirse a obras
individuales.

Cortijo Ocaña, Antonio. "Hacia una interpretación comprensiva de Sor Juana:
Tres loas y la *cifra* del mundo". Zugasti, *Teatro breve virreinal*, pp. 49-58.

Díaz, José Luis. "La conciencia por dentro y por fuera: El exocerebro y la
neurociencia". Moraña y Sánchez Prado, *Democracia*, pp. 363-86.

Gutiérrez Silva, Manuel. "La mirada 'desmoderna': Las artes visuales en la obra
de Roger Bartra". Moraña y Sánchez Prado, *Democracia*, pp. 334-62.

Hernández Reyes, Dalia. "Las posibilidades de la loa novohispana
dieciochesca a través de la *Relación peregrina del agua*". Zugasti, *Teatro
breve virreinal*, pp. 73-88.

Legrás, Horacio. "Biopolítica: Vicisitudes de una idea". Moraña y Sánchez
Prado, *Heridas*, pp. 31-46.

Moraña, Mabel, e Ignacio M. Sánchez Prado, coordinadores. *Democracia,
otredad, melancolía: Roger Bartra ante la crítica*. Fondo de Cultura
Económica, 2015.

———, editores. *Heridas abiertas. Biopolítica y representación en América Latina*.
Iberoamericana Vervuert, 2014.

Rodilla León, María José. "Algunos comentarios a las ediciones de los *Coloquios espirituales y sacramentales* de Fernán González de Eslava". Zugasti, *Teatro breve virreinal*, pp. 129-39.

Rosano, Susana. "Los cuerpos de la militancia". Moraña y Sánchez Prado, *Heridas*, pp. 141-55.

Zugasti, Miguel. Presentación. *Teatro breve virreinal*, pp. 11-20.

———, coordinador. *Teatro breve virreinal*. América sin Nombre, 2016.

Las referencias enlazadas no son convenientes ni para las publicaciones periódicas ni para los sitios web. Tampoco son adecuadas para obras incluidas en series que no sean libros, como es el caso de los pódcast y de los programas de televisión. Esto es así porque, con el tiempo, la información relativa a dichas obras puede variar.

[4.131] Bibliografías anotadas

En una bibliografía anotada, presente una fuente tal como lo haría en una lista de obras citadas. A continuación, añada una anotación al final de la entrada, sangrando todas las líneas de anotación en 2,5 cm desde el inicio de la entrada (para diferenciar la anotación del sangrado de 1,25 cm en aquellas entradas compuestas de más de una línea).

Las anotaciones describen o evalúan las fuentes, o ambas cosas. No deben repetir detalles sin importancia, mencionar evidencia, citar al autor ni reconstruir el desarrollo de un argumento. Por lo general, las anotaciones consisten en descripciones por medio de frases sucintas.

Cordero Sánchez, Luis Pascual. *Caballero Bonald y Quiñones: Viaje literario por Andalucía*. Verbum, 2016.
> Estudio sobre José Manuel Caballero Bonald (1926-2021) y Fernando Quiñones Chozas (1930-98), con explicaciones sobre los estereotipos que se fomentaron de Andalucía y la lucha de ambos autores por la depuración de estos tópicos repetidos hasta la saciedad durante el franquismo.

Con todo, las anotaciones también pueden expresarse en oraciones completas.

Cordero Sánchez, Luis Pascual. *Caballero Bonald y Quiñones: Viaje literario por Andalucía*. Verbum, 2016.

> El libro expone los estereotipos que se fomentaron sobre Andalucía durante el franquismo, así como la labor de José Manuel Caballero Bonald (1926-2021) y de Fernando Quiñones Chozas (1930-98) para despojar a esta comunidad autónoma de una imagen básicamente folklórica.

En una bibliografía anotada, es usual que las anotaciones no tengan una extensión superior a un párrafo. Sin embargo, si usted necesita varios párrafos, sángrelos, pero sin añadir ningún espacio adicional que los separe. Siga las directrices de su profesor o de su profesora en relación con el uso de frases u oraciones completas, así como sus indicaciones sobre la longitud de las anotaciones.

Este tipo de listas deberá titularse *Bibliografía anotada*. Además, quienes construyan bibliografías anotadas podrán organizar la bibliografía alfabéticamente por autor o por título —como si se tratara de una lista de obras citadas—, por fecha de publicación o por tema.

5. Citas de fuentes en el texto

[5.1] Citas en el texto

Las citas en el texto habrán de ser breves y discretas. Dirigen a los lectores a la lista de obras citadas donde aparecen las fuentes consultadas y, en caso de que sea relevante, informan sobre el lugar preciso de la fuente citada.

[5.2] Generalidades

Una cita en el texto empieza con información breve que remite a la lista de obras citadas. Así pues, empiece la cita con aquello que aparezca en primer lugar en la entrada: el nombre del autor, el título de la obra o la descripción de dicha obra. La cita puede aparecer en la escritura del documento, o bien entre paréntesis.

Cita en su escritura

Son intelectuales de lo que Ángel Rama denomina "la ciudad revolucionada".

Cita parentética

Son intelectuales de lo que se ha denominado "la ciudad revolucionada" (Rama).

Entrada bibliográfica

Rama, Ángel. *La ciudad letrada*. Arca, 1998.

Cita en su escritura

Un artículo de Fernando Huacuz publicado en *All City Canvas* refuta la idea del muralismo como un arte decorativo, ya que "existen mujeres como Lucinda Yrene que enarbolaron esta disciplina como su estandarte de protesta social".

Cita parentética

El muralismo de Lucinda Yrene trasciende lo decorativo, enarbolando "esta disciplina como su estandarte de protesta social" (Huacuz).

Entrada bibliográfica

Huacuz, Fernando. "*La Morena*, el documental sobre la muralista chicana". *All City Canvas,* 11 ag. 2020, www.allcitycanvas.com/la-morena -documental-muralista-chicana/.

Cuando sea relevante, una cita en el texto tiene también un segundo componente: si cita o parafrasea una parte específica de una obra y la obra incluye un número de página, un número de verso u otro indicador del lugar donde la información se encuentra, dicho indicador del lugar también debe ser incluido entre paréntesis.

Citas parentéticas

Según Ángel Rama, los conquistadores se dieron cuenta de "que se habían apartado de la *ciudad orgánica*" (17).

El personaje principal de *Lazarillo de Tormes* menciona el nombre, el apellido y el lugar de procedencia tanto de su padre como de su madre: "hijo de Tomé González y de Antona Pérez, naturales de Tejares, aldea de Salamanca" (40).

Entre paréntesis, el autor o autora o el título también pueden aparecer junto al número de página u otro indicador del lugar.

Citas parentéticas

Los conquistadores se dieron cuenta de "que se habían apartado de la *ciudad orgánica*" (Rama 17).

El personaje principal menciona el nombre, el apellido y el lugar de procedencia tanto de su padre como de su madre: "hijo de Tomé González y de Antona Pérez, naturales de Tejares, aldea de Salamanca" (*Lazarillo de Tormes* 40).

Entradas bibliográficas

Lazarillo de Tormes. Edición de Francisco Rico, Penguin Random House, 2020.
Rama, Ángel. *La ciudad letrada*. Arca, 1998.

Todas las referencias en el texto deberán ser concisas. Evite, por ejemplo, repetir el nombre del autor o el título de la obra tanto en el cuerpo del texto como entre paréntesis.

Citas (incorrectas)

Según Ángel Rama, los conquistadores se dieron cuenta de "que se habían apartado de la *ciudad orgánica*" (Rama 17).

En el *Lazarillo de Tormes*, el personaje principal menciona el nombre, el apellido y el lugar de procedencia tanto de su padre como de su madre: "hijo de Tomé González y de Antona Pérez, naturales de Tejares, aldea de Salamanca" (*Lazarillo de Tormes* 40).

Citas (correctas)

Según Ángel Rama, los conquistadores se dieron cuenta de "que se habían apartado de la *ciudad orgánica*" (17).

En el *Lazarillo de Tormes*, el personaje principal menciona el nombre, el apellido y el lugar de procedencia tanto de su padre como de su madre: "hijo de Tomé González y de Antona Pérez, naturales de Tejares, aldea de Salamanca" (40).

En las citas parentéticas, utilice únicamente la parte del nombre del autor —por lo general solo el apellido o apellidos— necesaria para encontrar la entrada en la lista de obras citadas.

Cita (incorrecta)

Son intelectuales de lo que se ha denominado la "ciudad revolucionada" (Ángel Rama).

Cita (correcta)

Son intelectuales de lo que se ha denominado la "ciudad revolucionada" (Rama).

Use títulos abreviados en las citas parentéticas (veáse 5.10-5.13 para las directrices sobre títulos abreviados en las citas parentéticas).

En su escritura	En citas parentéticas	En la entrada bibliográfica
"Chicana y criptojudía"	"Chicana"	"Chicana y criptojudía: La identidad criptojudía en la poesía chicana"

Por razones de concisión, en una cita parentética no utilice *p.* o *pp.* antes del número de página. En cambio, sí deberá hacerlo en la lista de obras citadas al final de su documento de investigación. En la lista de obras citadas, esas abreviaturas son clarificadoras. Si en una cita parentética cita un número que no sea un número de página, precédalo con una etiqueta: por ejemplo, *cap.* o *caps.* para *capítulo* o *capítulos* y *v.* o *vv.* para *verso* o *versos*. De otro modo, se ha de suponer que el número se refiere a un número de página.

En su escritura	En citas parentéticas
capítulo 2	cap. 2
verso 110	v. 110

> Títulos abreviados de obras: 5.10-5.13.
> Números de página y otras divisiones de las obras: 5.15-5.27.
> Apéndice: Abreviaturas académicas usuales.

[5.3] ¿Qué incluir y cómo presentar las citas?

[5.4] Citar una obra listada por el nombre del autor o autora

Si la entrada bibliográfica comienza con el nombre de un autor o autora mencionado en el cuerpo de su documento, indique su nombre completo en la primera mención y, en adelante, solo su apellido o apellidos.

Cita en su escritura

Ángel Rama caracteriza la construcción de las ciudades coloniales como un proceso de "traslación del orden social a una realidad física" (20).

Cita parentética (solo el apellido o apellidos)

Se ha caracterizado la construcción de las ciudades coloniales como un proceso de "traslación del orden social a una realidad física" (Rama 20).

Entrada bibliográfica

Rama, Ángel. *La ciudad letrada*. Arca, 1998.

En algunas lenguas, como el chino, el japonés o el coreano, el apellido suele anteceder al nombre. En la primera referencia dentro del cuerpo del texto, deberá indicar tanto el apellido como el nombre del autor o la autora. Después, bastará con escribir solo el apellido. En las citas parentéticas limítese a escribir el apellido, ya que con eso bastará para encontrar la entrada correspondiente en la lista de obras citadas.

Cita en su escritura

Según Gao Xingjian, "lo único a lo que debe sumisión la literatura es a la realidad" (54). Gao, no obstante, admite que la literatura sufre la coacción de la política (55).

Cita parentética (solo el apellido o apellidos)

En Occidente, el papel estético y social de la literatura viene siendo objeto de debate desde Platón. Sin embargo, el panorama mundial en el que hoy tiene lugar la producción literaria pone de manifiesto hasta qué punto el creador individual sufre la "intromisión" de otros factores (Gao 55).

Entrada bibliográfica

Gao Xingjian. *En torno a la literatura*. Traducción de Laureano Ramírez Bellerín, Ediciones El Cobre, 2003.

Cuando aluda a autores que vivieron antes o durante el Renacimiento y que son conocidos convencionalmente por sus nombres de pila, basta con que escriba el nombre o nombres de pila para señalar la entrada bibliográfica correspondiente.

Cita en su escritura

Para entender *Le Livre des trois vertus* (*El libro de las tres virtudes*) de Cristina de Pizán no hace falta poseer un amplio conocimiento de la sociedad o la política bajomedievales. Cristina afirma que espera que su obra sea leída ampliamente, "en tous païs" ("en todos los países"; mi trad.; 225).

Cita parentética (solo el nombre o nombres de pila)

La autora conoció a Bureau de La Rivière, famoso chambelán de Carlos V el Sabio (Cristina 298).

Entrada bibliográfica

Cristina de Pizán. *Le Livre des trois vertus*. Edición de Charity Cannon Willard y Eric Hicks, Champion, 1989.

> Nombres en lenguas de Asia: 2.66.
> Nombres de pila y apodos: 2.67.

[5.5] *Coautores*

Si la entrada bibliográfica empieza con los nombres de dos autores, incluya ambos en su cita. Al mencionar a esos autores por primera vez en el cuerpo del texto, escriba sus nombres completos —nombres de pila y apellidos—. En una cita parentética, conecte los apellidos de los dos autores por medio de la conjunción *y*.

Cita en su escritura

Michael G. Paulson y Tamara Álvarez-Detrell señalan el odio de Lope de Vega hacia la reina Isabel I: el dramaturgo "buscaba cualquier pretexto para criticarla" (18).

Cita parentética (solo los apellidos)

El odio de Lope de Vega hacia la reina Isabel I era patente en sus obras: el dramaturgo "buscaba cualquier pretexto para criticarla" (Paulson y Álvarez-Detrell 18).

Entrada bibliográfica

Paulson, Michael G., y Tamara Álvarez-Detrell. Introducción. *La corona trágica de Lope de Vega*. Spanish Literature, 1982, pp. 1-28.

Si la fuente tiene tres o más autores, la entrada en la lista de obras citadas deberá comenzar con el nombre completo del primer autor, seguido de *et al.* Si hace referencia a los coautores en el cuerpo del texto y no en una cita parentética, puede listar todos los nombres o escribir el nombre del primer autor seguido de *y otros* o alguna expresión equivalente. En una cita parentética, liste el apellido o apellidos del primer autor seguido de *et al.*

Cita en su escritura

Olga Salazar Pozos y sus colegas examinan la cobertura mediática de los cien mil casos o más de desaparecidos en los últimos dieciséis años en México, y advierten "que las desapariciones están sucediendo en un contexto de violencia e impunidad generalizada" (627).

Cita parentética

Los investigadores examinan la cobertura mediática de los cien mil casos o más de desaparecidos en los últimos dieciséis años en México, y advierten "que las desapariciones están sucediendo en un contexto de violencia e impunidad generalizada" (Salazar Pozos et al. 627).

Entrada bibliográfica

Salazar Pozos, Olga, et al. "'Se fue una parte de mi corazón con él': El uso de la metáfora en artículos de prensa sobre desapariciones en Nuevo León, México". *Hispania*, vol. 106, núm. 4, 2023, pp. 627-42.

[5.6] *Autores corporativos*

Por concisión, cuando en una cita parentética se nombre a un autor corporativo —esto es, a una organización—, abrevie el nombre con la frase nominal más corta. Por ejemplo, el Instituto Cervantes consiste únicamente en una frase nominal —un sustantivo, *Instituto*, seguido de un modificador— y no debería abreviarse. Por el contrario, la Modern Language Association of America puede ser abreviada con su frase nominal inicial, *Modern Language Association*. Si es posible, escriba el primer sustantivo, así como los adjetivos precedentes, dejando de lado cualquier artículo inicial: *el, la, los, las, un, una, unos, unas.*

Cita en su escritura

Según la Asociación de Lingüística y Filología de América Latina, los intereses iniciales de la organización comprendían el estado actual de las investigaciones lingüísticas y de la literatura, además del estudio de las lenguas indígenas en Hispanoamérica. Estos temas "acompañarán a la asociación a lo largo de su historia, uniendo investigadores de la filología, de la lingüística española, portuguesa e indígena, y de la literatura latinoamericana" (1).

Cita parentética

Los intereses iniciales de la organización comprendían el estado actual de las investigaciones lingüísticas y de la literatura, además del estudio de las lenguas indígenas en Hispanoamérica. Estos temas "acompañarán a la asociación a lo largo de su historia, uniendo investigadores de la filología, de la lingüística española, portuguesa e indígena, y de la literatura latinoamericana" (Asociación de Lingüística 1).

Entrada bibliográfica

Asociación de Lingüística y Filología de América Latina. *Boletín ALFAL*, vol. 1, 2021, pp. 1-4, mundoalfal.org/boletim-alfal. PDF descargado.

Si aparece más de una entrada en la lista de obras citadas para diferentes unidades administrativas de una misma organización o de un mismo autor gubernamental, en una cita parentética escriba solamente la información necesaria para localizar la entrada.

Citas parentéticas

El tribunal considera que "the immunity enjoyed by foreign governments is a general rather than specific reference" (Estados Unidos, Corte Suprema).

Una delegación señaló que "Chinese authorities clearly remain concerned about the possibility of a resurgence of social unrest in Tibet" (Estados Unidos, Senado).

Entradas bibliográficas

Estados Unidos, Corte Suprema. *Jam v. International Finance Corp.* 27 feb. 2019. *Legal Information Institute*, Facultad de Derecho de Cornell, www.law .cornell.edu/supremecourt/text/17-1011.

———, Senado, Comité de Relaciones Exteriores. *Tibet: Seeking Common Ground on the Rooftop of the World: A Trip Report from Staff of the Senate Foreign Relations Committee.* Mar. 2011, www.foreign.senate.gov/imo/ media/doc/Tibet.pdf.

Agrupar entradas: 4.22.

[5.7] *Dos autores con el mismo apellido o apellidos*

Si cita obras de más de un autor con el mismo apellido (p. ej., Álvaro Mutis y Santiago Mutis), use siempre el nombre o nombres de pila de cada uno de esos autores, con el fin de eliminar ambigüedades. En una cita parentética, añada la letra inicial del nombre, acompañada de un punto.

Cita en su escritura

La poesía de Santiago Mutis se desviste de la puntuación en sus versos. Pienso, por ejemplo, en las secciones I, II y IX del poema "Dicen de ti" (9-33).

Cita parentética

Las secciones I, II y IX de "Dicen de ti" (S. Mutis 9-33) ejemplifican cómo el poeta se desviste de la puntuación en sus versos.

Entradas bibliográficas

Mutis, Álvaro. *Poemas: Selección y nota del autor.* Universidad Nacional
    Autónoma de México, 2008.

Mutis, Santiago. *Esbelta sombra.* Edición de Jineth Ardila y Alejandro Burgos,
    Universidad Externado de Colombia, 2009.

Si los nombres de ambos autores empiezan por la misma inicial, escriba
sus nombres completos en las citas parentéticas.

Citas parentéticas

En palabras de una crítica, leer es "just half of literacy. The other half is
writing" (Naomi Baron 194). Los científicos deben ser capaces de comunicar
con éxito por qué sus investigaciones son importantes —y no simplemente
comunicarse entre ellos—. Un estudio reciente argumenta que la manera
como los científicos han sido entrenados para comunicar sus investigaciones
"leaves policymakers out of the loop" (Nancy Baron 90). Por esta razón,
entrenar a los científicos para que consigan comunicarse con una audiencia
general es tan importante como promover la alfabetización científica entre
nuestros dirigentes políticos.

Entradas bibliográficas

Baron, Nancy. *Escape from the Ivory Tower: A Guide to Making Your Science
    Matter.* Island Press, 2010.

Baron, Naomi S. "Redefining Reading: The Impact of Digital Communication
    Media". *PMLA*, vol. 128, núm. 1, en. 2013, pp. 193-200.

[5.8] *Dos o más obras de un mismo autor o autores*

Si dos o más obras aparecen en la lista de obras citadas bajo un mismo autor,
agregue el título de la obra a su cita parentética. Así, su lector o lectora sabrá
a qué obra se refiere. Siga el modelo de una de las tres formas siguientes:

**Nombre de la autora en su escritura y título de la obra en la cita
parentética**

Silvina Ocampo sentencia, "Amar nos lleva más tiempo del que podemos
disponer" (*Ejércitos* 72).

En su escritura, tanto el nombre de la autora como el título de la obra

Recuerdo hoy la sentencia de Silvina Ocampo en *Ejércitos de la oscuridad*: "Amar nos lleva más tiempo del que podemos disponer" (72).

Nombre de la autora y título de la obra en la cita parentética

Una de las voces poéticas sentencia, "Amar nos lleva más tiempo del que podemos disponer" (Ocampo, *Ejércitos* 72).

Entradas bibliográficas

Ocampo, Silvina. *Ejércitos de la oscuridad*. Emecé, 2008.
———. *Invenciones del recuerdo*. Emecé, 2006.

Emplee esta misma técnica cuando haya más de una obra en la lista de obras citadas bajo el nombre de un autor concreto seguido de *et al*. Distinga las fuentes incluyendo una forma abreviada del título.

Nombre del autor en su escritura y título de la obra en la cita parentética

Una de las conclusiones a las que llegan DerGhougassian y sus colegas se refiere a "la relación entre la víctima y el homicida, donde a mayor cercanía entre ambos, más grande es la probabilidad de ocurrencia de un crimen contra la mujer" ("Violencia íntima" 20).

En su escritura, tanto el nombre del autor como el título de la obra

En "Violencia íntima, femicidios y armas de fuego en Argentina", DerGhougassian y su equipo llegan a la conclusión de que "a mayor cercanía entre ambos, más grande es la probabilidad de ocurrencia de un crimen contra la mujer" (20).

Nombre del autor y título de la obra en la cita parentética

En un relevante artículo de 2015, se llega a la conclusión de que "a mayor cercanía entre ambos, más grande es la probabilidad de ocurrencia de un crimen contra la mujer" (DerGhougassian et al., "Violencia íntima" 20).

Entradas bibliográficas

DerGhougassian, Khatchik, et al., editores. *La defensa en el siglo XXI: Argentina y la seguridad nacional.* Capital Intelectual, 2012.

DerGhougassian, Khatchik, et al. "Violencia íntima, femicidios y armas de fuego en Argentina". *URVIO: Revista Latinoamericana de Estudios de Seguridad*, núm. 17, dic. 2015, pp. 11-35.

> Múltiples obras de un solo autor o autora y de coautores: 4.128.

[5.9] Citar una obra listada por el título

Cuando una entrada bibliográfica comienza con el título de una obra, dicho título puede aparecer en el cuerpo del texto o entre paréntesis.

Cita en su escritura

Los secretos del infierno, o sea el emperador Lucifer y su ministro Lucífugo Rofocale es un grimorio creado a partir de un manuscrito fechado en 1522 y acaso una de las varias refundiciones del *Libro de San Cipriano.* Se trata de un vademécum sobrenatural: Satanás tienta a su lector ofreciéndole métodos para el beneficio propio y para el perjuicio ajeno. La voz "diabólica" promete que "si seguís exactamente mis lecciones, saldréis con prontitud de vuestra humillante esfera y de vuestra indigencia, logrando un éxito completo en todas vuestras empresas. Armaos, pues, de intrepidez" (15).

Cita parentética

Así es como la voz narrativa "diabólica" vende el contenido del libro a sus posibles lectores: "si seguís exactamente mis lecciones, saldréis con prontitud de vuestra humillante esfera y de vuestra indigencia, logrando un éxito completo en todas vuestras empresas. Armaos, pues, de intrepidez" (*Los secretos del infierno* 15).

Entrada bibliográfica

Los secretos del infierno, o sea el emperador Lucifer y su ministro Lucífugo Rofocale. Maxtor, 2009.

[5.10] Títulos abreviados de obras

Por razones de concisión, cuando en una cita parentética deba referirse a un título demasiado largo, abrévielo. Si es posible, escriba el primer sustantivo, así como los adjetivos precedentes o subsiguientes. Muéstrese coherente en todo el documento al conservar u omitir cualquier artículo inicial (*el*, *la*, *los*, *las*, *un*, *una*, *unos*, *unas*). Para títulos en lenguas extranjeras que comiencen con artículo, proceda del mismo modo.

Títulos completos	Títulos abreviados
Veinte poemas de amor y una canción desesperada	*Veinte poemas*
Escribir en el aire	*Escribir*

Si el título es corto, puede dar el título completo —aun cuando este se alargue más allá del primer sustantivo y los adjetivos que lo modifican—.

"¿Qué es un autor?"

Títulos abreviados en las citas parentéticas: 5.2.

[5.11] *Títulos entre comillas que comienzan con un título entre comillas*

En citas parentéticas, si necesita acortar un título entre comillas que a su vez comienza con un título entre comillas, use el entrecomillado simple dentro del entrecomillado doble.

Cita parentética

Wilton José Marques considera que el "O grito do Ipiranga" (1856), poema de Machado de Assis, puede ser entendido como un canto épico de la independencia de Brasil que entra en diálogo con "Lúcio Tarquínio Soberbo e a consequente fundação da república romana, pinçados junto à *História de Roma* de Tito Lívio" ("'O grito'" 11).

Entrada bibliográfica

Marques, Wilton José. "'O grito do Ipiranga' e a persistência do tópos histórico (um poema inédito de Machado de Assis)". *Machado de Assis em Linha*, vol. 14, 2021, pp. 1-18, https://doi.org/10.1590/1983-68212021141.

Títulos dentro de títulos: 2.88.

[5.12] *Títulos entre comillas que comienzan con una cita*

Si necesita acortar un título entre comillas que además comienza con una cita, use la cita dentro del título como la forma corta y conserve el entrecomillado simple dentro del entrecomillado doble.

Cita parentética

Barry Menikoff ha estudiado cómo la relación del autor con los mares del Sur se refleja en las novelas de Robert Louis Stevenson ("'These Problematic Shores'").

Entrada bibliográfica

Menikoff, Barry. "'These Problematic Shores': Robert Louis Stevenson in the South Seas". *The Ends of the Earth, 1876-1918*, compilación de Simon Gatrell, Ashfield Press, 1992, pp. 141-46.

Cuando la cita introductoria en el título es muy larga, córtela, aunque quede incompleta.

Cita parentética

Benoît Santini abre su entrevista con Raúl Zurita preguntándole por el cambio del sujeto de la enunciación: "¿A qué se deben estos cambios, este paso de una tercera persona a algo más personal?" ("'En Zurita'" 253).

Entrada bibliográfica

Santini, Benoît. "'En Zurita, van a aparecer las ruinas, pedazos de poemas antiguos': Entrevista a Raúl Zurita". *Revista Chilena de Literatura*, núm. 80, nov. 2011, pp. 253-62.

[5.13] *Descripciones abreviadas usadas en lugar de títulos*

Si una frase descriptiva aparece en el elemento Título de la Fuente para su entrada bibliográfica, en su cita parentética comience la descripción recurriendo al primer sustantivo y sus adjetivos, como si estuviera acortando un título.

En la entrada bibliográfica	En la cita parentética
Carta de Bolívar a Manuelita Sáenz	Carta
Folleto publicitario de La Martona	Folleto publicitario

Escriba en mayúscula la primera letra de la primera palabra, tal como lo haría en una entrada bibliográfica, pero no escriba en cursiva la descripción ni tampoco la encierre entre comillas. Si una descripción empieza con un término genérico —como *reseña*—, el término deberá escribirse en minúsculas en el cuerpo del texto, para ser luego repetido y escrito con mayúscula inicial en una cita parentética. De este modo, el término estará conectado con la entrada bibliográfica.

Cita parentética

Una reseña califica la novela de "un divertido homenaje a las grandezas y miserias de los escenarios y a la vida que revolotea en torno a ellos" (Reseña).

Entrada bibliográfica

Reseña de *A merced de la tempestad*, de Robertson Davies. *Algunos Libros Buenos*, 14 abr. 2024, algunoslibrosbuenos.com/a-merced-de-la-tempestad.

> Descripción en lugar de título: 4.28.
> Libros sagrados: 5.23.

[5.14] Cuando no basta con el autor y el título

Cuando varias obras de un mismo autor comparten título, o cuando hay obras listadas por título que comparten un mismo título, es necesario añadir información adicional en las citas para que la referencia conduzca claramente a la entrada bibliográfica correspondiente. Incluya el primer dato único de información tomado de la entrada bibliográfica, o bien la información más importante relativa al tema de su documento de investigación. Esta información puede ser el editor, el traductor, el número de edición, la editorial o la fecha de publicación. Sea cual sea el dato que escoja, úselo de manera coherente para todas las obras en su documento de investigación. Inserte la información en corchetes y después del título.

Cita parentética

Una nota editorial de una edición del siglo XIX aclara, "*Follon* es insensato, vano, hinchado á manera de *fuelle*" (Cervantes, *El ingenioso hidalgo* [Clemencín] 60).

Entradas bibliográficas

Cervantes Saavedra, Miguel de. *El ingenioso hidalgo don Quijote de la Mancha.*
    Edición de Diego Clemencín, vol. 2, Madrid, 1984.
————. *El ingenioso hidalgo don Quijote de la Mancha.* Edición de D. J. E.
    Hartzenbusch, vol. 2, Argamasilla de Alba, 1863.

> Puntuación en las citas parentéticas: 5.28.

[5.15] Números de página y otras divisiones de las obras

Cuando cita una obra paginada, escriba el número de página aplicando el mismo estilo de la fuente —en números romanos (usados tradicionalmente en las páginas preliminares), en arábigos o en un estilo especializado como el alfanumérico (p. ej., *A1*)—. No preceda el número o números de página con *p.* o *pp.* en las citas parentéticas. Para volúmenes, secciones, libros, capítulos, actos, escenas u otras divisiones de obras —y a diferencia de lo dicho sobre la numeración para páginas—, use números arábigos, aun cuando la fuente utilice otros.

(García Icazbalceta vii-xxxvii)

(Moreno Hernández 619-39)

(Sancho A14-A15)

> Citas en el texto: Generalidades: 5.2.

[5.16] *Obras de una sola página*

Cuando la obra citada tenga una sola página, no dé el número de página en su cita parentética.

Cita parentética

Géigel Polanco sugiere una idea de virilidad política teñida de un discurso machista y con ecos martianos: "Nuestros jóvenes principian en las aulas a ser hombres y a pensar y actuar como tales. Tal vez sea un error nuestro, tal vez haríamos mejor corriendo por las campiñas, sobre la verde estera que expone su pedrería de mil colores, a la luz vivificante del sol tropical" ("Políticos impúberes").

Entrada bibliográfica

Géigel Polanco, Vicente. "Políticos impúberes". *Patria: Órgano de la Juventud*,
vol. 1, núm. 4, abr. 1921, p. 3.

[5.17] *Citas que abarcan dos o más páginas de una obra*

Si la cita empieza al final de la página y continúa en la siguiente (fig. 5.1),
incluya en la cita parentética los números de ambas páginas.

Cita parentética

Macondo representa la historia de Latinoamérica, e, incluso más, "el rico
reino de la ficción narrativa reproduce a través de entrañables personajes
individuales la épica de la humanidad toda" (Weinberg 167-68).

Entrada bibliográfica

Weinberg, Liliana. *Literatura latinoamericana: Descolonizar la imaginación*.
Universidad Nacional Autónoma de México, 2004.

la interminable sucesión de guerras civiles y por la llegada
de las compañías bananeras y un nuevo sistema de explotación. En Macondo se abren paso miles de vidas y biografías,
miles de experiencias y descubrimientos: el rico reino de la
ficción narrativa reproduce a través de entrañables persona-

168   *Liliana Weinberg*

jes individuales la épica de la humanidad toda. Lejos de ape-
lar a las fórmulas del realismo, García Márquez prefiere incorporar una pantagruélica y festiva visión del mundo hu-
mano, inspirado a su vez en los resortes del imaginario
popular, con sus excesos que marcan el carácter inconteni-

Fig. 5.1. Cuando el material citado empieza en una página y continúa en la
siguiente en su fuente, cite ambos números de página.

[5.18] *Párrafos, secciones y versos con numeración*

Si la fuente recurre a numerar los párrafos en lugar de usar números de página, proporcione el número o números relevantes, precediéndolos con la etiqueta *párr.* o *párrs.* Ahora bien, no escriba números que no estén indicados en la fuente que consulta. Si en la fuente se numera otro tipo de parte en lugar de páginas —como secciones (*sec.*, *secs.*), capítulos (*cap.*, *caps.*) o versos (*v.*, *vv.*)—, cambie la etiqueta allí donde lo estime oportuno. Si una cita parentética empieza con el nombre del autor, escriba una coma después del nombre y antes de la etiqueta.

Cita parentética

En las *Soledades* de Luis de Góngora y Argote, existen unos cuantos versos, complejos y oscuros, cuyos sentidos aún siguen desafiando a la crítica gongorista: "esfinge bachillera, / que hace hoy a Narciso / ecos solicitar, desdeñar fuentes" (vv. 114-16).

Entrada bibliográfica

Góngora, Luis de. *Soledades*. Edición de John Beverley, Ediciones Cátedra, 2005.

Un libro electrónico —esto es, un archivo que facilita la lectura de una obra en un dispositivo electrónico— puede incluir un sistema de numeración que permita a sus lectores saber en qué lugar de la obra están. Puesto que los sistemas de numeración varían de un dispositivo a otro, no los use para las citas, a menos que sepa que la numeración usada es la misma para los demás usuarios del libro. Si la obra está dividida en secciones fijas, como capítulos, podrá citar los números de esas secciones, siempre que incluya una etiqueta indicando el tipo de numeración utilizado.

Cita parentética

Lucía queda maravillada con los muchos edificios religiosos de Madrid: "Desde la Puerta del Sol hasta el paseo de Recoletos se alinean el monasterio de la Victoria, la iglesia del Buen Suceso, el convento de las Monjas de Pinto, la ermita de los Italianos y el convento del Espíritu Santo" (Mola, cap. 2).

Entrada bibliográfica

Mola, Carmen [Jorge Díaz et al.]. *La Bestia*. Ed. libro electrónico, Planeta, 2021.

> Obras sin páginas numeradas o sin divisiones: 5.24.

[5.19] *Citas de obras de conocimiento general*

Muchas obras literarias de conocimiento general están disponibles en más de una edición. Cuando cite una obra disponible en múltiples ediciones, puede asignar números a las divisiones dentro de esa obra. Dicha información puede complementar o reemplazar los números de página. De esta manera, sus lectores podrán encontrar las referencias en cualquier edición de la obra.

[5.20] Obras en verso

Con frecuencia, las ediciones críticas de poemas u obras de teatro en verso incluyen los números de los versos en los márgenes. En la cita parentética, escriba el número de página solo cuando la edición no numere los versos.

Cita parentética

El *obrar bien* se repite en forma de estribillo en *El gran teatro del mundo* de Pedro Calderón de la Barca. La Ley de Gracia insistirá en la obligación que tienen los actores de obrar bien, y les recuerda por última vez: "Ama al otro como a ti / y obrar bien, que Dios es Dios" (vv. 947-48). En *La vida es sueño*, el *obrar bien* debe aplicarse tanto a la vida como al sueño: "Mas, sea verdad o sueño, / obrar bien es lo que importa" (vv. 2423-24).

Entradas bibliográficas

Calderón de la Barca, Pedro. *El gran teatro del mundo*. *Biblioteca Virtual Miguel de Cervantes*, 2001, www.cervantesvirtual.com/obra/el-gran-teatro-del-mundo--0/.

———. *La vida es sueño*. Edición de Evangelina Rodríguez Cuadros, Austral, 2010.

Si su frase no incluye el nombre del autor o el título de la obra, o no incluye ninguno de los dos, y por lo tanto debe incluir la información omitida en la cita parentética, separe con una coma la abreviatura *v.* o *vv.* del título o del apellido o apellidos del autor.

> (*La vida*, vv. 151-52)

> (Moreto, vv. 115-16)

No cuente manualmente los versos. Siga la numeración de los versos de la fuente consultada.

[5.21] Obras en prosa

En una cita parentética de una obra en prosa —por ejemplo, de una novela o de una obra dramática en prosa—, proporcione primero el número de página de la edición consultada, seguido de otro dato de identificación, usando las abreviaturas apropiadas. Separe con un punto y coma el número de página del identificador adicional.

Cita parentética

En *Ciencia de la lógica*, Hegel establece que "a la vez es el ser, en oposición a la esencia, lo inesencial; tiene frente a ésta la determinación de lo asumido" (442; lib. II, cap. I, sec. A).

Entrada bibliográfica

Hegel, Georg Wilhelm Friedrich. *Ciencia de la lógica*. Edición y traducción de Félix Duque, Abada, 2011.

Cita parentética

Al final de *Testamento*, el personaje Voz Masculina despliega un yo enfático, todopoderoso, incluso arrogante, e increpa, grita y afirma, "¡Yo habré inventado la salvación! ¡Yo habré inventado la salvación! ¡Yo habré inventado la salvación!" (Benet i Jornet 63; acto 7).

Entrada bibliográfica

Benet i Jornet, Josep María. *Testamento*. Traducción de Albert Ribas Pujol, Visor, 1996.

[5.22] Obras antiguas y medievales

Por lo general, las obras en prosa y en verso de la Grecia y de la Roma antiguas, así como algunos documentos de la Edad Media, no se citan recurriendo únicamente al número de página. Proporcione los números que ofrece la obra para su división, ya que a menudo son específicos para esa obra en particular. Por ejemplo, las obras de Aristóteles suelen citarse considerando la página, la columna y la línea según la edición de referencia del texto griego publicado en 1831. Así pues, *1453a15-16* en una cita parentética apunta a las líneas 15-16 de la columna izquierda (*a*) en la página 1453 de la edición de 1831. Estos indicadores aparecen en los márgenes de las ediciones modernas de las obras de Aristóteles.

[5.23] Libros sagrados

Cuando documente textos sagrados, escriba la edición de la obra consultada en la lista de obras citadas. Los nombres de libros sagrados como la Biblia, el Talmud y el Corán no van en cursiva. No obstante, sí irán en cursiva cuando los títulos de esas obras —completos o abreviados— se refieran a ediciones específicas de dichas obras, por ejemplo, la *Nueva Biblia latinoamericana de hoy*. Cuando cite por primera vez un libro sagrado, indique en el cuerpo del texto o en una cita parentética aquel elemento con el que se inicia la respectiva entrada bibliográfica. Identifique la cita utilizando las divisiones de la obra en lugar de recurrir a los números de página. Por ejemplo, para la Biblia, escriba el nombre del libro, usualmente abreviado, así como los números para el capítulo y versículo correspondiente. En las citas subsiguientes de esa misma edición, puede limitarse a dar tan solo números y divisiones.

Cita parentética

En la Biblia una de las visiones proféticas más vívidas la habría tenido Ezequiel, quien vio "la figura de cuatro seres vivientes" (*Santa Biblia*, Ez 1.5). Juan de Patmos haría eco de aquel pasaje al describir su propia visión (Ap 4.6-8).

Entrada bibliográfica

Santa Biblia. Versión de Casiodoro de Reina y Cipriano de Valera, Sociedad
   Bíblica Americana, 1990.

> Títulos en letra redonda y sin comillas: 2.87.
> Apéndice: Abreviaturas académicas usuales.

[5.24] *Obras sin páginas numeradas o sin divisiones*

En las citas parentéticas de una fuente que no tiene número de páginas ni
otro tipo de división numerada, no dé números. Tampoco cuente manualmente párrafos u otras partes sin numeración.

Cita parentética

"Lo cierto es que la molestia generalizada es evidente y ha llevado a estos y
a otros adultos de más de 70 años a expresarse en contra de las medidas
del Ejecutivo", e incluso personalidades de la política colombiana, como
Hommes, López y De la Calle, han expresado su rechazo a las medidas que
perjudican a los adultos mayores (Ospina y Lombo).

Entrada bibliográfica

Ospina, Laura Angélica, y Juan Sebastián Lombo. "La protesta de las canas".
   El Espectador, 11 jun. 2020, www.elespectador.com/politica/la
   -protesta-de-las-canas-article/.

Cuando cite una obra o parafrasee un pasaje de una obra sin paginar, o
cuyas divisiones no están numeradas, no será necesario añadir una cita
parentética siempre y cuando se mencione en el texto el elemento que aparece primero en la entrada bibliográfica. Este primer elemento puede ser el
nombre completo del autor o de la autora o, para obras anónimas, el título
de la obra o su descripción.

Cita

Para Laura Angélica Ospina y Juan Sebastián Lombo una "molestia
generalizada es evidente y ha llevado a estos y a otros adultos de más de
70 años a expresarse en contra de las medidas del Ejecutivo".

Entrada bibliográfica

Ospina, Laura Angélica, y Juan Sebastián Lombo. "La protesta de las canas".
El Espectador, 11 jun. 2020, www.elespectador.com/politica/la-protesta
-de-las-canas-article/.

Párrafos, secciones y versos con numeración: 5.18.

[5.25] *Números de los volúmenes para obras no periódicas*

Cuando cite un volumen sin título de una obra constituida por múltiples volúmenes que carecen de títulos específicos, incluya el número de dicho volumen en la entrada bibliográfica correspondiente, sin necesidad de incluirlo en la cita en el cuerpo del texto.

Cita parentética

Mateo Alemán comienza el *Guzmán de Alfarache* dirigiéndose al lector: "El deseo que tenía —curioso lector— de contarte mi vida me daba tanta priesa..." (99).

Entrada bibliográfica

Alemán, Mateo. *Guzmán de Alfarache*. Edición de Benito Brancaforte, vol. 1, Cátedra, 1979.

Si usted toma material de más de un volumen, incluya en la cita parentética el número de dicho volumen con su respectivo número de página, separando ambos elementos con dos puntos y con un espacio. No necesita usar las palabras *volumen* y *página*, ni las abreviaturas de estas dos palabras. Las funciones de los números en la cita parentética no requieren explicación.

Cita parentética

Regalado señala, "La tragedia profana *La vida es sueño* ejemplifica ese principio de ignorancia invencible en términos de una trama en la que no interviene ninguna fuerza suprasensible" (2: 437).

Entrada bibliográfica

Regalado, Antonio. *Calderón: Los orígenes de la modernidad en la España del Siglo de Oro*. Destino, 1995. 2 vols.

Si hace referencia en una cita parentética a todo un volumen de una obra en varios volúmenes, escriba una coma después del nombre del autor e incluya la abreviatura *vol.*, separada por un espacio en blanco.

Cita parentética

Los más variados géneros del teatro calderoniano, como lo son las comedias, los autos sacramentales y las mojigangas, entre otros, hallan buena parte de su contenido temático en simbologías y en doctrinas cristianas (Regalado, vol. 1).

Entrada bibliográfica

Regalado, Antonio. *Calderón: Los orígenes de la modernidad en la España del Siglo de Oro*. Destino, 1995. 2 vols.

[5.26] *Indicadores de tiempo*

Para obras de naturaleza temporal o efímera, como es el caso de grabaciones en audio o en video, cite, si esta información está disponible, la fecha relevante y el lapso de tiempo de dichas grabaciones. Proporcione el cómputo de horas, minutos y segundos tal como aparece en su reproductor de audio o de video, separando los números con dos puntos y sin espacios antes o después de esos dos puntos. Para segmentos de tiempo limitados por un número de inicio y otro de cierre, incluya entre los números del rango un guion sin espacios. Use aquí el mismo método antes utilizado para citar rangos de páginas.

Cita parentética

En *Muerte de un ciclista* (1955), de Juan Antonio Bardem, el auto de María José, la protagonista, se precipita desde un puente. Esta última solución permite a Bardem ser más implacable con el destino final de la mujer. Su vida termina en un descenso, cuyo término se captura en el único plano en picado invertido del filme (01:24:52-55).

Entrada bibliográfica

Muerte de un ciclista. Dirección de Juan Antonio Bardem, Suevia Films, 1955.

[5.27] *Notas numeradas en la fuente*

Refiérase a una o varias notas numeradas en una cita parentética dando el número o números de página seguido de la abreviatura *n* (para *nota*) o *nn* (para *notas*) y el número de la nota o *sn* (para una nota sin número). Si cita una nota numerada o varias notas consecutivas, no se necesitan espacios. No obstante, si las notas son no consecutivas o no numeradas, utilice espacios como se indica.

(77n5)

(77nn5-6)

(77 nn 5, 6, 8)

(3 sn)

[5.28] Puntuación en las citas parentéticas

Deje solo un espacio en blanco entre el apellido de un autor o autora o el título de una obra (o su descripción) y el número de página.

(Baca 3)

Cuando, además del apellido del autor, la cita incluye un título, separe el apellido del título con una coma.

(Peri Rossi, *Condición de mujer* 12)

Si el número de una cita no es un número de página, suele ir precedido de una etiqueta que identifica el tipo de parte numerada. La coma separa esta referencia del nombre del autor o del título (o descripción). En el caso de los números de los versos, una vez que se ha establecido que los números designan versos, puede limitarse a indicar los números.

(Nietzsche, párr. 466)

(Ibarbourou, vv. 13-14)

(*Manual del jugador*, cap. 2)

En una cita parentética de una obra literaria frecuentemente estudiada, el punto y coma separa el número de página de las referencias a otras partes. Las referencias a otras partes se separan con una coma.

(Wollstonecraft 185; cap. 13, sec. 2)

Cuando las citas parentéticas son más complejas, por razones de claridad debe añadirse puntuación adicional. Las citas de múltiples fuentes en una única cita parentética van separadas por punto y coma y un espacio en blanco.

(Baca 3; Anaya 55)

Las citas de diferentes ubicaciones en una misma fuente van separadas por comas y un espacio en blanco.

(Baca 3, 30, 55-56)

En una cita de dos obras escritas por un mismo autor, los títulos de libros o de artículos —abreviados, si es necesario— van unidos por la conjunción *y*. Cuando hay más de dos títulos, deben enumerarse separados por una coma, yendo los dos últimos unidos por una *y*.

(Casas, "La conspiración de los objetos" y "La epifanía del monstruo")

(Casas, "La conspiración de los objetos", "La epifanía del monstruo" y "La presencia")

(Orringer, *Origen* y "Santob")

(Orringer, *Origen*, "Santob" y "Vicisitudes")

Cualquier explicación sobre el modo en que usted ha alterado una cita debe ir precedida de un punto y coma y un espacio en blanco.

(Baca 3; énfasis añadido)

Si una cita parentética aparece en el mismo lugar que otro tipo de paréntesis, no ponga los dos paréntesis uno al lado del otro. En lugar de eso, sitúe ambos elementos de información en un paréntesis único, colocando lo más relevante en primer lugar y encerrando lo demás entre corchetes.

> En *Oprimidos pero no vencidos,* Silvia Rivera Cusicanqui señala que se hace patente "el carácter falaz de la propuesta liberal" con la rebelión indígena encabezada por Pablo Zárate Willka (1899 [85]).

Con todo, la mejor opción suele ser reescribir la información para que ambos paréntesis no caigan juntos.

> En *Oprimidos pero no vencidos,* Silvia Rivera Cusicanqui señala que se hace patente "el carácter falaz de la propuesta liberal" con la rebelión indígena encabezada por Pablo Zárate Willka en 1899 (85).

Encierre entre corchetes aquella información suministrada para distinguir las entradas bibliográficas entre sí. Por ejemplo, si dos o más obras están listadas bajo el mismo apellido o bajo un mismo título, o si dos obras listadas por el título tienen el mismo título y usted necesita especificar cuál de ellas está citando, recurra a la entrada para suministrar un elemento adicional, como un número de edición o el nombre de un colaborador (p. ej., el editor de la obra).

> (*Rayuela* [1.ª ed.] 155)

> (García Lorca, *La casa de Bernarda Alba* [Bianco y Sobejano-Morán] 64-65)

> Cuando no basta con el autor y el título: 5.14.

[5.29] Citar y parafrasear fuentes

La integración de citas y paráfrasis en el texto y la colocación de citas textuales lo ayudan a distinguir las palabras e ideas de otros de las suyas propias y a mantener la fidelidad a la fuente. El final de este capítulo explica la mecánica de citar y parafrasear, y sirve como guía para situar las citas parentéticas para que sean claras y concisas.

[5.30] Integrar citas en su escritura

Construya oraciones claras y gramaticalmente correctas que le permitan incorporar una cita con exactitud. Al citar, copie todas las palabras al pie de la letra, calcando también la puntuación de su fuente. No altere la ortografía, las mayúsculas, las minúsculas ni los signos diacríticos que aparezcan en la fuente. Es recomendable situar las citas parentéticas al final de sus oraciones o después de las citas textuales.

> Posición de las citas parentéticas: 5.40.

[5.31] Obras en prosa

[5.32] *Citas cortas*

Si una cita en prosa no tiene más de cuatro líneas en su documento de investigación ni precisa ningún énfasis especial, entrecomille esa cita e incorpórela en su párrafo.

> "La división internacional del trabajo consiste en que unos países se especializan en ganar y otros en perder" son las palabras con las que Eduardo Galeano empieza la introducción a *Las venas abiertas de América Latina*.

También es posible que usted simplemente cite una palabra o una frase, en lugar de una oración completa.

> Para Eduardo Galeano "ganar" y "perder" son los verbos que permiten dividir en dos grupos todos los países del mundo.

Por razones de variedad, claridad, énfasis o elegancia, puede copiar una cita al inicio, en la mitad o al final de su propia oración, o puede dividirla recurriendo a sus propias palabras.

Cita al final de su propia oración

> La voz narrativa en *El corazón de las tinieblas* observa del director de la compañía, "Era obedecido, a pesar de que no inspiraba amor ni odio, ni siquiera respeto".

Cita dividida por sus propias palabras

"Era obedecido", expresa la voz narrativa en *El corazón de las tinieblas*, y ello "a pesar de que no inspiraba amor ni odio, ni siquiera respeto".

Si una cita que cierra una oración requiere una referencia parentética, ponga el punto después del paréntesis de cierre.

"Era obedecido", expresa la voz narrativa en *El corazón de las tinieblas*, y ello "a pesar de que no inspiraba amor ni odio, ni siquiera respeto" (38).

[5.33] *Citas largas o en bloque*

Si la cita tiene más de cuatro líneas, deberá independizarla de su párrafo, sangrándola 1,25 cm a partir del margen izquierdo. No sangre la primera línea de la cita con un espacio adicional, ni agregue comillas que no pertenezcan a la fuente. Salvo cuando la conexión gramatical entre las palabras introductorias y la cita exija otro tipo de puntuación, o ninguna puntuación, deberá cerrar las palabras de la presentación introductoria a la cita con dos puntos. Una referencia parentética para una cita en prosa en bloque viene justo después de la cita textual. La puntuación con la que concluye la cita textual precede a la referencia parentética. No se pone ningún signo de puntuación adicional después de la referencia parentética.

Cita larga o en bloque anticipada por dos puntos

En *Distancia de rescate*, de Samanta Schweblin, presenciamos un creciente peligro difuso e incierto mientras la narradora intenta proteger a su hija:

> Tengo que irme de acá, pienso. Eso es todo lo que pienso mientras la veo cerrar con dificultad la puerta del coche con la punta del pie, y caminar hacia la casa con mi hija a cuestas. Se tensa la distancia de rescate y el hilo que nos ata me pone a mí también de pie. Voy tras ellas sin quitar la vista del pequeño brazo de Nina que cuelga tras la espalda de Carla. No hay pasto alrededor de la casa, todo es tierra y polvo. La casa al frente y un galpón chico a uno de los lados. Al fondo se ven las cercas que habrán sido para los caballos, pero no hay ningún animal a la vista. Te busco. (98)

Cita larga o en bloque integrada en la estructura oracional de su propia escritura

En una de las tantas alusiones a Federico, Genoveva Alcocer en *La tejedora de coronas* contrasta la claridad intelectual de él y el oscurantismo espiritual de Cartagena de Indias,

> donde su padre había tenido que hacerse comerciante y donde la Inquisición campeaba como una inmensa sombra y donde el diablo parecía retozar en cada rincón, a juzgar por los muchos pecados de la grey, por las muchas artes mágicas que caían bajo las zarpas de los dominicos, por la mucha astrología judiciaria, por los muchos judíos disfrazados, por los muchos frailes solicitantes, por los muchos sortilegios, augurios y maleficios de que hablaban las viejas... (13)

Después de la puntuación que cierra una cita textual, deje un espacio en blanco e inserte la referencia parentética. No sangre la línea que viene después de la cita textual, a menos que piense comenzar un párrafo nuevo.

Cita larga o en bloque en medio de un párrafo suyo

En *Ser mujer negra* en España, Desirée Bela-Lobedde se dirige a sus lectores:

> Mi máxima pretensión es esta: si eres una persona negra, espero arrancarte al menos alguna que otra sonrisa nostálgica si te sientes reflejada en las anécdotas que relato. Si eres una persona blanca, espero que este libro te permita acercarte a mis vivencias, que son las de muchas mujeres negras de una misma generación, pues así es como siento que es ser una mujer negra en España. (17-18)

De esta manera busca dar voz a una experiencia que es a la vez personal y colectiva.

Dos puntos: 2.26.
Mayúsculas en citas: 5.49-5.52
Uso de puntos suspensivos para señalar omisiones en citas: 5.53-5.57.
Traducción de citas: 5.70.

[5.34] Poesía

[5.35] *Citas cortas*

Si cita una parte o todo un verso que no exige ser resaltado de ningún modo, ponga la cita entre comillas en el cuerpo del texto. Igualmente, puede citar así dos o tres versos, separándolos con una barra con espacio a cada lado (/) para indicar dónde finaliza cada verso.

> En su poema "Morada al Sur", Aurelio Arturo expresa la fragilidad de su mundo poético, poblado de "ramas, entre follajes, nidos rotos", en que "rebrillaban las lunas de cáscara de huevo" (28).

> Aurelio Arturo concluye su poema "Morada al Sur" con una estrofa donde hay profundos contrastes entre la magnificencia y la fragilidad: "Noche, sombra hasta el fin, entre las secas / ramas, entre follajes, nidos rotos —entre años— / rebrillaban las lunas de cáscara de huevo" (28).

Para indicar un corte de estrofa dentro de una cita, use dos barras y espacios a ambos lados de las barras (//).

> La repetición de la hora genera una sensación de pérdida en el lector: "A las cinco de la tarde. / A las cinco en punto de la tarde. // Un ataúd con ruedas es la cama" (31-33).

Para la posición de las citas parentéticas en el caso de citas cortas de poesía, siga las mismas directrices establecidas para las citas parentéticas de obras en prosa (véanse 5.31 y 5.40).

[5.36] *Citas largas o en bloque*

Toda cita poética de más de tres versos debe separarse del texto en forma de bloque. A menos que se trate de una cita con un interlineado inusual, se le debe aplicar una sangría de 1,25 cm a partir del margen izquierdo. No añada comillas que no estén presentes en el original. La cita parentética correspondiente va a continuación del último verso. Si dicha cita parentética no cabe justo después, debe aparecer debajo, a ras del margen derecho de la página.

Cita de versos en bloque

> A la mañana siguiente
> llegaron todos a ver
> la sonrisa de la Anciana
> ¿niña, joven o mujer?
> que mojada por la lluvia
> se murió al amanecer. (Putzeys Illescas, "Lluvia")

Cuando un verso es demasiado largo, debe partirse con sangría francesa, donde la continuación tiene una sangría mayor que la línea que la precede.

Cita de versos en bloque con sangría francesa

El poema de Luis Felipe Vivanco titulado "Mutismo de Pablo" homenajea al poeta amigo Pablo Neruda:

> Ya estás mudo en tus labios desbocados de amor que mordían las uvas y
>   en tu lengua secreta que apacentaba un trozo caliente y suficiente
>   de mujer o naufragio
> Ya estás quieto final e inofensivo para el feliz convenio de altas
>   magistraturas que proclaman idénticos principios superiores
>   practicando las armas de su asistencia mutual
> Ya tu ataúd reposa contigo y tus poderes entre los negros muros
>   saqueados y entre los muchos libros que levantan su hoguera de
>   traición y uniforme. (vv. 6-8)

Cuando en una fuente la disposición de los versos —incluidos la sangría y el espacio dentro de los versos o entre los versos— sea inusual, respete dicha disposición, reproduciéndola con la mayor exactitud posible.

Cita de versos en bloque que reproduce la sangría y los espacios de la fuente

En su poema "Parábola del movimiento", Octavio Paz emplea los dos verbos esenciales de movimiento, *ir* y *venir*:

> ¿DE DÓNDE VIENES?
>   A DONDE VAS
> ¿A DÓNDE VOY?
>   DE DONDE VENGO ¿A DÓNDE VAS?
>   DE DONDE VIENES
>   ¿DE DÓNDE VENGO?
>   A DONDE VOY

Cuando la cita de un verso no empieza al comienzo del verso, deberá reproducirse siguiendo la disposición establecida en la fuente. La parte citada de ese verso nunca debe desplazarse hacia el margen izquierdo de la página.

Cita de versos en bloque, la cual reproduce un verso incompleto de la fuente

En "México (1940)" del *Canto general*, la voz poética en primera persona condensa sus sentimientos sobre la ciudad mexicana —acaso la capital del país— de este modo:

>   los dientes solapados
> del pululante poetiso, y sobre
> las hojas de los muertos y las gradas
> que construyó el silencio irreductible,
> como muñones de un amor leproso,
> el esplendor mojado de las ruinas. (vv. 6-11)

[5.37] Diálogo

[5.38] *Teatro*

En una obra de teatro o en un guion cinematográfico, el diálogo suele ir precedido de una etiqueta que identifica a cada interlocutor. Empiece cada intervención en una nueva línea, con el nombre en mayúsculas del personaje correspondiente, sangrado a 1,25 cm del margen izquierdo. Tras el nombre, escriba un punto y empiece la cita. A partir de aquí, todas las líneas siguientes de ese personaje deberán ir en sangría francesa. Cuando intervenga otro personaje, escriba su nombre en una nueva línea, en mayúsculas y sangrado a 1,25 cm del margen izquierdo, reproduciendo siempre las sangrías y el espaciado que aparecen en el original.

Cita de parlamentos dramáticos en bloque

La dramaturga Lluïsa Cunillé Salgado explora las interacciones de personajes en encuentros azarosos, inesperados. Nos referimos, por ejemplo, a la minipieza dramática titulada *Estación* (2004). Este diálogo tiene lugar en una estación de trenes:

> MUJER. ¿Usted también se va?
> HOMBRE. ¿Yo?
> MUJER. No, claro… No lleva maletas.
> HOMBRE. No, no me voy.
> MUJER. No es muy corriente irse así, sin nada...
> HOMBRE. Realmente no me voy.
> MUJER. Entonces espera a alguien… Para eso sí que no hace falta llevar nada. Bien, quizá unas flores de bienvenida, o algún regalo, regalo que puede guardarse en un bolsillo, claro… Si se tuvieran más en cuenta estas cosas todo sería distinto… Las peores catástrofes se originan por ignorar los pequeños detalles, ¿no cree?
> (25)

Cita de parlamentos dramáticos en bloque, la cual reproduce las sangrías y los espaciados de la fuente

En *Las gorronas*, el rufián celoso llamado Vilches se encamina hacia Sevilla:

> LUENGO. Hermano Vilches.
> VILCHES.   Hermano.
> LUENGO. ¿Por qué parte hemos de echar
> agora para llegar
> al monte y dejar el llano?
> VILCHES. El camino de Sevilla
> es éste; tomémosle. (93)

Cuando la cita de un diálogo es muy breve, se puede integrar en el mismo párrafo en lugar de independizarla en bloque.

Cita de parlamentos dramáticos integrados en su propio párrafo

Cuando Luengo le pregunta a Vilches "¿Por qué parte hemos de echar...?", Vilches responde, "El camino de Sevilla" (93).

Las mismas directrices se cumplen para citar toda fuente donde esté representado un diálogo con los nombres de los interlocutores. Piénsese, por ejemplo, en un chat en línea o la transcripción de una entrevista.

[5.39] *Prosa*

Cuando cite diálogos de prosa no dramática, como los de una novela, separe la cita en forma de bloque si el discurso de cada personaje empieza en una línea nueva. Sangre el bloque con 1,25 cm desde el margen izquierdo, como cualquier cita en bloque. Si en la fuente se sangra cada nueva intervención en el diálogo, cópielo tal como aparece en la fuente. A diferencia del inglés, el español usa rayas para los diálogos.

Cita de prosa en bloque con diálogo

José Donoso, en *El lugar sin límites*, confecciona así un diálogo que combina asombro, curiosidad, temor y juicio moral en los parlamentos de la Manuela:

> Dice Misia Blanca que éste, cómo se llama, quiso independizarse de los Cruz y cuando don Alejo supo que andaba detrás de comprarse un camión, a pesar de que el chiquillo hacía tiempo que no estaba en el fundo y que el finado Vega era muerto y que la Berta también era muerta, lo hizo llamar, al chiquillo este, y le prestó plata así nomás, sin documento, para que pagara el pie de su camión...
>
> —¿Así es que se compró el camión con plata de don Alejo?
> —Y no le paga.
> —¿Nada?
> —No sé.
> —Perdido anda desde hace un año.
> —Por eso. (11)

[5.40] Posición de las citas parentéticas

Las citas parentéticas deben colocarse al final de una oración, siempre y cuando la posición de dicha cita parentética haga clara la referencia.

> Erich Auerbach establece algunos de los más importantes rasgos de la escritura homérica: están allí el detallismo de la interioridad psicológica y de los datos sensoriales exteriores; las descripciones de las circunstancias humanas, de cosas, sentimentales y de pensamiento; la tensa postergación de los procesos; o las digresiones clarificadoras (9-12).

Algunas veces, la exigencia de claridad lo obligará a insertar una cita parentética antes de terminar su oración. Por ejemplo, cuando haya más citas entrecomilladas que números de página, localice la cita parentética de tal modo que se pueda identificar claramente la cita entrecomillada a la que se refiere.

> Aníbal Quijano denominó el modelo de dominación que se impuso con la expansión capitalista "la colonialidad del poder" (799). Más aún, la dicotomía entre lo europeo y lo no europeo procede del desarrollo "virtualmente universal" de la "diferenciación entre el 'cuerpo' y el 'no-cuerpo'" (804).

Aunque el número de citas coincida con el número de fuentes, cuando dos partes de una oración proceden de fuentes diferentes, usted puede colocar la referencia parentética directamente después de la cita entrecomillada. Esto ayudará a que su lector o lectora relacione de inmediato la cita parentética con la fuente.

> En la significativa discusión en torno a la muerte del autor, deben tenerse presente a dos "autores". Para el primero de ellos, determinar la intención de un autor es imposible, pues "la escritura es la destrucción de toda voz, de todo origen" (Barthes 65); para el segundo, "lo propio de la crítica no es poner de relieve las relaciones de la obra con el autor, ni querer reconstituir a través de los textos un pensamiento o una experiencia; más bien tiene que analizar la obra en su estructura" (Foucault 56).

Usted puede reunir las citas parentéticas de diferentes fuentes en un solo paréntesis al final de la oración, siempre bajo la condición de que quede claro qué cita parentética se corresponde con una cita entrecomillada específica. Separe con un punto y coma las referencias dentro del paréntesis.

> En la discusión en torno a la muerte del autor, hay que tener presente que para Roland Barthes "la escritura es la destrucción de toda voz, de todo origen" y que para Michel Foucault, "lo propio de la crítica no es poner de relieve las relaciones de la obra con el autor, ni querer reconstituir a través de los textos un pensamiento o una experiencia; más bien tiene que analizar la obra en su estructura" (65; 56).

Cuando cite una fuente y parafrasee otra, asegúrese de que quede claro cuál es la fuente de la idea parafraseada. En el siguiente ejemplo, se cumple este principio de claridad colocando la cita parentética en el medio de la oración.

> Esta novela gráfica se inspira en la lógica barroca: primero, en el cuadro dentro del cuadro, es decir, la exhibición de objetos que cuestionan la apariencia como el espejo que dice la verdad y que miente a la vez (Hauser 120); segundo, en el fomento de una reflexión epistemológica de la realidad, "que toda la vida es sueño / y los sueños, sueños son" (Calderón de la Barca vv. 2186-87).

Asegúrese también de distinguir sus propias ideas de las ideas presentes en la fuente. Así, en el ejemplo a continuación, si la cita parentética viniera al final de la oración, los lectores estarían llamados a creer que la afirmación "la desaparición del lector adquiere una relevancia inusitada" procede también de Foucault, y no de quien escribe el documento de investigación.

> Junto con la necesidad de insistir en la "desaparición del autor, que desde Mallarmé es un acontecimiento que no cesa" (Foucault 58), el problema de la desaparición del lector adquiere una relevancia inusitada.

Traducciones de títulos: 4.30.
Cómo presentar las notas: 6.3.

[5.41] Agrupar citas parentéticas

Cuando deba incluir en su documento diversos elementos de una fuente —por ejemplo, datos, citas, ideas en paráfrasis— puede utilizar una de las siguientes técnicas para que las citas parentéticas sean más concisas, siempre que no se produzca ninguna ambigüedad.

[5.42] Referencias a una sola fuente

Si en más de una ocasión integra en su texto elementos de la misma fuente dentro de un mismo párrafo sin que intervenga ninguna otra fuente, podrá crear una cita parentética al final de cada una de las oraciones que tome prestado material de la fuente, omitiendo el nombre del autor después de la primera, pues el lector o la lectora puede concluir razonablemente que usted sigue citando la misma fuente.

> Habría un denominador común de la crítica, según la cual "la obra de Baudelaire es el fracaso de Baudelaire como hombre; la de Van Gogh, su locura; la de Tchaikovsky, su vicio" (Barthes 66). Para desmontar dicho denominador común, es necesario mostrar cómo la crítica tradicional es desmontada desde la lingüística: "la lingüística acaba de proporcionar a la destrucción del Autor un instrumento analítico precioso, al mostrar que la enunciación en su totalidad es un proceso vacío que funciona a la perfección sin que sea necesario rellenarlo con las personas de sus interlocutores" (68).

Otra alternativa es colocar una única cita parentética después del último elemento tomado de la fuente.

> Habría un denominador común de la crítica, según la cual "la obra de Baudelaire es el fracaso de Baudelaire como hombre; la de Van Gogh, su locura; la de Tchaikovsky, su vicio". Para desmontar dicho denominador común, es necesario mostrar cómo la crítica tradicional es desmontada desde la lingüística: "la lingüística acaba de proporcionar a la destrucción del Autor un instrumento analítico precioso, al mostrar que la enunciación en su totalidad es un proceso vacío que funciona a la perfección sin que sea necesario rellenarlo con las personas de sus interlocutores" (Barthes 66, 68).

En aras de la claridad, vuelva a citar la fuente siempre que sea necesario, o bien en su oración, o bien en la cita parentética. Esto será preciso, por ejemplo, después de añadir sus propias ideas o después de citar otra fuente.

> Desde un comienzo, los guionistas sabían que el argumento de *Mi querida señorita* suponía un desafío: "Al principio se pensó que era una película totalmente disparatada" (Sánchez Vidal 89). Sin embargo, apostaron por defender la dignidad de los protagonistas —vulnerables y perplejos—, que permitía a los espectadores verse reflejados en los inevitables cambios sociales en curso (Martínez 85). Asimismo, eran bien conscientes de que esta apuesta podía llevar a la censura completa del filme: "lo difícil que era pasar por censura un tema como aquel" (Sánchez Vidal 89).

[5.43] *Referencias a múltiples obras que mencionan la misma idea*

Cuando pueda atribuirse un dato o una idea parafraseada a más de una fuente, incluya todas las fuentes en la cita parentética, separándolas con punto y coma. El orden de las fuentes (alfabético, por importancia, por fecha) dependerá de su decisión.

> Las investigaciones también defienden que el inglés es presentado como neutral y apolítico aunque, desde una mirada colonialista, se describe como la lengua del progreso (Bonilla Carvajal y Tejada-Sánchez 193; Gómez Sará 150).

[5.44] Omisión de citas parentéticas al repetir citas y términos entrecomillados

Cuando ya se le ha asignado una referencia parentética a una cita entrecomillada, no es necesario volver a proporcionar una referencia parentética para una cita posterior idéntica (o de una parte del texto citado inicialmente), siempre que quede claro para sus lectores que usted ya ha citado antes dicho fragmento. Esta regla se aplica cuando la misma cita entrecomillada aparece directamente después de la primera.

> "Mi nombre, el que me pusieron los españoles, es Ángel María Torres, y mi nombre indígena es Bunkua Nabi" (79). Por "indígena" se refiere a los arhuacos de la Sierra Nevada.

La regla también se aplica si la misma cita aparece más adelante, dentro del mismo ensayo o en otro capítulo de una obra más extensa. (Sin embargo, en trabajos de varios capítulos, como una tesis doctoral, deberá volver a introducir la cita y su fuente en cada capítulo, a menos que utilice esta cita con frecuencia en todo el proyecto). Como cualquier otra, toda cita repetida debe aparecer en su texto exactamente como se indica en la fuente.

Primer uso de la cita

> En el comienzo de *Intercambios: Historia de dos universidades*, la novela de David Lodge, el narrador afirma que "dos profesores de literatura inglesa se aproximaban el uno al otro a una velocidad combinada de casi dos mil kilómetros por hora" (7).

Segundo uso de la cita (incorrecto)

Para que el lector no se pregunte cómo dos personas podían "aproximarse" a tanta velocidad, el narrador explica que los profesores iban en avión.

Segundo uso de la cita (correcto)

Para que el lector no se pregunte cómo dos personas "se aproximaban" a tanta velocidad, el narrador explica que los profesores iban en avión.

Una vez presentados los términos y conceptos y asignados a la fuente respectiva, podrá comentarlos sin necesidad de recurrir a citas parentéticas o a las comillas. En el ejemplo siguiente, no hace falta que recurra a las comillas para los términos *perlas* y *asunto* porque se acaban de asignar a la fuente correspondiente:

En *Historia de mis libros*, Pedro Antonio de Alarcón relata que un buen amigo lo animó a proseguir con la redacción de *El sombrero de tres picos*. El autor tenía previsto solo escribir unas diez o doce cuartillas. El amigo asegura que "¡El asunto es de perlas!" (19). Ciertamente, *El sombrero de tres picos* ha sido de perlas: el asunto pasaría a considerarse la novela más importante de Alarcón.

[5.45] Puntuación con citas entrecomilladas o en bloque

[5.46] Introducir citas

Cuando la cita se presenta formalmente, el material citado entre comillas o en bloque suele ir precedido de dos puntos. Si la cita forma parte de la estructura de la oración que la introduce, irá precedido de una coma, o bien sin ningún signo de puntuación.

Cita con presentación formal

Bienvenido Arroyo le revela al presidente Betancur Cuartas el nudo de la difícil situación de los indígenas arhuacos: "El más apremiante en este momento es nuestro problema de educación" (98-99).

Cita integrada en su oración

"El más apremiante en este momento", le revela Bienvenido Arroyo al presidente colombiano —es decir, el nudo de la difícil situación de los indígenas arhuacos—, "es nuestro problema de educación" (98-99).

Bienvenido Arroyo considera, en 1983, que el nudo de la difícil situación de los indígenas arhuacos radica en "nuestro problema de educación" (98-99).

Una cita entrecomillada presentada con un verbo que implica acciones como expresar o declarar (p. ej., *afirmar, alegar, anotar, argumentar, concluir, defender*) se integra con la ayuda de una coma, y una cita en bloque, con dos puntos.

Cita integrada en su párrafo

Al describir la relación de su poesía con el mundo exterior, Clara Janés afirma, "Se trata, en parte, de una experiencia visionaria, una 'visión', lo que es difícilmente explicable" (49).

Cita larga o en bloque

En *Habíamos ganado la guerra*, la propia autora alega:

> La mitad de los libros que se escribían en el mundo no llegaban a España, o llegaban censurados, y lo mismo ocurría con el cine. El triunfo de los aliados no había supuesto la caída de Franco, pero nos había dejado aislados. (Luego, lentamente, se irían restableciendo relaciones diplomáticas con otros países, y recuerdo la frecuencia con que aparecía en el No-Do la llegada a Madrid de un nuevo embajador, otro póker de ases que nuestro Caudillo se sacaba de la manga). España era de veras diferente. (Tusquets 133)

[5.47] Citas dentro de citas

Use comillas dobles para encerrar aquellas citas cortas que haya integrado en su párrafo, es decir, las que no aparecen como citas en bloque. Cuando la fuente incluya comillas, tanto españolas como inglesas, conviértalas en comillas simples para distinguirlas de las suyas.

> Pilar Nieva de la Paz propone que, en *Mujeres solas*, de Elena Arcediano, la protagonista consigue liberarse e independizarse gracias a haber recibido formación superior. A diferencia de las otras mujeres que aparecen en la obra, ella "manifiesta su satisfacción por haber sido capaz de superar las dificultades que como 'mujeres solas' habían padecido las protagonistas de la comedia" (125).

> En *Mujer y literatura de viajes en el siglo XIX: Entre España y las Américas*, Beatriz Ferrús Antón conecta la literatura de viajes con las retóricas del imperialismo e intenta "limitar el sintagma 'literatura de viajes' al contexto del siglo XIX" (14).

Cuando su cita consiste en su totalidad en material entrecomillado por la fuente misma, basta generalmente con usar comillas dobles, siempre y cuando sus propias palabras dejen claro el carácter especial del material citado.

> En *Usos amorosos de la postguerra española*, Carmen Martín Gaite relata que unos amigos le dijeron que su obra anterior *Usos amorosos del dieciocho en España* se leía "como una novela" (11).

Dado que las citas en bloque no requieren entrecomillado, las comillas que usted reproduzca de la fuente aparecerán como comillas dobles.

Cita en bloque (poesía)

Con este poema, Gertrudis Gómez de Avellaneda reflexiona sobre el amor verdadero:

> Con *yo amé* dice cualquiera
> Esta verdad desolante:
> —Todo en el mundo es quimera,
> No hay ventura verdadera
> Ni sentimiento constante.—
> *Yo amé* significa: —"Nada
> Le basta al hombre jamás:
> La pasión más delicada,
> La promesa más sagrada,
> Son humo y viento... ¡y no más!" (vv. 1-10)

Cita en bloque (prosa)

Un camino de interpretación que Piglia encuentra para atisbar las formas
de las construcciones en el interior del castillo kafkiano consistiría en recurrir al
epistolario entre Franz Kafka y Felice Bauer. El epistolario es incluso enigmático,
porque las cartas de Bauer a Kafka no se han conservado. "Esa correspondencia",
asegura Piglia, en consonancia con Elias Canetti,

> es un ejemplo extraordinario de la pasión por la lectura del otro, de
> la confianza en la acción que la lectura produce en el otro, de la
> seducción por la letra. "¿Será cierto que uno puede atar a una
> muchacha con la escritura?", se preguntaba Kafka en una carta
> a Max Brod, seis meses antes de conocer a Felice. Y de eso se
> trata. (39)

Citas en bloque: 5.33, 5.36.

[5.48] Cierre de una cita

El signo de puntuación que cierra una cita dependerá del lugar de la oración
donde aparezca el material citado, del tipo de signo de puntuación usado y
de si ese signo de puntuación va seguido o no de una referencia parentética.
Para la puntuación de cierre y para las referencias parentéticas en las citas
en bloque, véanse los apartados 5.33 y 5.36.

Suponga que usted quiere citar la siguiente oración del ensayo de Susan
Sontag titulado "Contra la interpretación":

> La primera *experiencia* del arte debió de ser la de su condición prodigiosa,
> mágica; el arte era un instrumento del ritual (las pinturas de las cuevas de
> Lascaux, Altamira, Niaux, La Pasiega, etc.).

Si cierra su propia oración con la cita anterior y con una referencia parentética, en el texto entrecomillado deberá omitir el punto que pertenece a la
fuente. El punto que cierra la oración seguirá a la cita parentética.

> Sontag conjetura, "La primera *experiencia* del arte debió de ser la de su
> condición prodigiosa, mágica; el arte era un instrumento del ritual (las
> pinturas de las cuevas de Lascaux, Altamira, Niaux, La Pasiega, etc.)" (15).

Ahora bien, si la cita termina en medio de su propia oración, sustituya el punto de la cita por un signo de puntuación adecuado al nuevo contexto —en este caso, una coma—, y escriba ese signo de puntuación fuera de las comillas dobles.

"La primera *experiencia* del arte debió de ser la de su condición prodigiosa, mágica; el arte era un instrumento del ritual (las pinturas de las cuevas de Lascaux, Altamira, Niaux, La Pasiega, etc.)", conjetura Sontag en su ensayo titulado "Contra la interpretación" (15).

Toda coma o punto (aunque aparezca en la fuente) y todo otro signo de puntuación que no pertenezca a la fuente citada va fuera de las comillas de cierre. Si una cita termina con comillas simples y dobles, el signo de puntuación también deberá seguir a las comillas dobles de cierre.

Jorge A. Tapia O. reflexiona sobre "la representación del 'otro' y su agencia potencial para interpelar el conocimiento 'occidental'", el cual ha desempeñado un papel hegemónico en las universidades (572).

Ortega y Gasset desarrolla el concepto de la "deshumanización del arte": un proceso por el cual el arte se distancia de la experiencia y realidad humanas.

En su libro homónimo, ¿qué significa "la deshumanización del arte"?

No obstante, para las citas que terminan con un signo de interrogación o de exclamación, conserve la puntuación original. La cita parentética deberá ir seguida de un punto al final de la oración.

En *La soledad del manager*, Carvalho se pregunta, "¿A quién debo imitar? ¿A Bogart interpretando a Chandler? ¿A Alan Ladd en los personajes de Hammett? ¿A Paul Newman en Harper? ¿Gene Hackman?" (95).

Frente a la descabellada propuesta de la Japonesa, la cordialísima Manuela se limita a expresar, "¿Estás mala de la cabeza, Japonesa, por Dios? ¿No ves que soy loca perdida? Yo no sé. ¡Cómo se te ocurre una cochinada así!" (172).

[5.49] Mayúsculas en citas

Poner o no poner en mayúscula o en minúscula la primera letra de una cita textual dependerá de cómo dicha cita esté integrada en su texto. Y también dependerá de lo que efectivamente aparezca en la fuente misma.

[5.50] Cuándo usar mayúsculas

Después de un verbo que sirve para introducir un enunciado (p. ej., *afirmar*, *anotar*, *comentar*, *decir*, *escribir*, *exclamar*), ponga en mayúscula la primera letra de la primera palabra de una cita, aunque lleve minúscula en la fuente. Si cambia una minúscula por mayúscula, o viceversa, utilice corchetes para indicar el cambio.

Fragmento en la fuente

No otra cosa son, en lo general, los curas, gobernadores, caciques y alcaldes.

Citas cortas en su documento

En las primeras páginas de su novela *Aves sin nido* (1889), Matto de Turner identifica a los cuatro tipos de funcionarios que causan la abyección más vil a los indígenas peruanos. Declara, "No otra cosa son, en lo general, los curas, gobernadores, caciques y alcaldes".

En las primeras páginas de su novela *Aves sin nido* (1889), Matto de Turner identifica a los cuatro tipos de funcionarios que causan la abyección más vil a los indígenas peruanos. La autora los nombra con aspereza: "[S]on, en lo general, los curas, gobernadores, caciques y alcaldes".

Esta directriz aplica tanto para una cita integrada en su párrafo, como en el ejemplo anterior, como para una cita en bloque.

Fragmento en la fuente

En Bolivia, se odia al cholo, se odia al obrero, se odia al indio. La clase media que es la que mejores frutos da en la escuela y en la universidad, tiene a menos figurar en las ramas genealógicas de los cholos o de los indios. ¡Y qué decir de aquellos personajes que tienen la vanidad de creerse nobles, descendientes natos de los conquistadores, como si éstos en sus primeras expediciones no hubieran sido excarcelados españoles o aventureros audaces!

Citas en bloque en su documento

En *Vocero*, Rodríguez, el personaje que representa la conciencia antiracista, afirma:

> En Bolivia, se odia al cholo, se odia al obrero, se odia al indio. La clase media que es la que mejores frutos da en la escuela y en la universidad, tiene a menos figurar en las ramas genealógicas de los cholos o de los indios. ¡Y qué decir de aquellos personajes que tienen la vanidad de creerse nobles, descendientes natos de los conquistadores, como si éstos en sus primeras expediciones no hubieran sido excarcelados españoles o aventureros audaces! (64)

En *Vocero*, Rodríguez, el personaje que representa la conciencia antiracista, afirma:

> [S]e odia al cholo, se odia al obrero, se odia al indio. La clase media que es la que mejores frutos da en la escuela y en la universidad, tiene a menos figurar en las ramas genealógicas de los cholos o de los indios. ¡Y qué decir de aquellos personajes que tienen la vanidad de creerse nobles, descendientes natos de los conquistadores, como si éstos en sus primeras expediciones no hubieran sido excarcelados españoles o aventureros audaces! (64)

Citas en bloque: 5.33, 5.36.

[5.51] Cuándo usar minúsculas

Si usted integra una cita en la sintaxis de su oración, ponga en minúscula la primera letra de la primera palabra si esa letra normalmente iría en minúscula en la oración, con independencia de lo que aparezca en la fuente. Utilice corchetes para indicar cualquier cambio realizado.

Fragmento en la fuente

Una gran agregación de hombres, sana de espíritu y cálida de corazón, crea una conciencia moral que se llama una nación. Mientras esta conciencia moral prueba su fuerza por los sacrificios que exigen la abdicación del individuo en provecho de una comunidad, es legítima, tiene el derecho a existir.

Citas cortas en su documento

Ernest Renan, en su conferencia del 12 de marzo de 1882 en la Sorbona, titulada "¿Qué es una nación?", concluye que la nación es "una conciencia moral" (12).

Para Ernest Renan, la nación entendida como "conciencia moral" requiere anteponer la comunidad al individuo, pues "[m]ientras esta conciencia moral prueba su fuerza por los sacrificios que exigen la abdicación del individuo en provecho de una comunidad, es legítima, tiene el derecho a existir" (12).

Una cita textual en bloque también empieza con una letra minúscula si esa cita continúa su oración introductoria, es decir, si no viene presentada por dos puntos.

Fragmento en la fuente

En España la literatura policiaca, al igual que otras formaciones modernas, se desarrolla tarde. No han faltado intentos de subsanar lo que se interpreta como deficiencia en la tradición autóctona, afirmando la simultaneidad e incluso la prioridad de esta tradición en la creación de la narrativa policiaca. Pero se trata de gestos excéntricos, muy característicos por lo demás de la crítica hispanista, educada en una tradición apologética y en la práctica de homologar retrospectivamente esa misma tradición a los paradigmas rechazados, mal asimilados o simplemente ignorados por ella. Con lo cual, dicho sea de paso, concede tácitamente la superioridad de esos paradigmas.

Cita en bloque en su documento

Para Joan Ramon Resina, las aproximaciones críticas a la literatura policial en España deben ser comprendidas en su calidad de

> gestos excéntricos, muy característicos por lo demás de la crítica hispanista, educada en una tradición apologética y en la práctica de homologar retrospectivamente esa misma tradición a los paradigmas rechazados, mal asimilados o simplemente ignorados por ella. Con lo cual, dicho sea de paso, concede tácitamente la superioridad de esos paradigmas. (23)

[5.52] Cuándo mantener la mayúscula o la minúscula presentes en la fuente

Una cita corta se presenta con dos puntos cuando no va integrada en la estructura de su propia oración. Cuando los dos puntos presentan una cita de este tipo, la primera letra de la cita deberá reproducir la mayúscula o la minúscula de su fuente.

Fragmento en la fuente

Las mañanas en Morelos son claras, muy pronto el cielo es azul, muy pronto empieza a calentarse el día bajo un sol macizo, fuerte, paternal. Allí también la naturaleza es solidaria; las flores se entregan en masa, sin el menor recato, cubren cualquier borde rojo, de lila y de morado, a todos abrazan, con todos se meten, muros, esquinas, cruceros, árboles, arbustos, allí vienen con sus brazos abiertos y voraces, sus labios de colores y sus cabelleras verdes destrenzadas; flores locas, inconscientes de lo que son y de lo que hacen.

Citas en su documento

Elena Poniatowska da a conocer la generosidad de las flores en Morelos: "a todos abrazan, con todos se meten, muros, esquinas, cruceros, árboles, arbustos, allí vienen con sus brazos abiertos y voraces, sus labios de colores y sus cabelleras verdes destrenzadas; flores locas, inconscientes de lo que son y de lo que hacen" (477).

Con una narración vital y contundente, Elena Poniatowska caracteriza la naturaleza en Morelos: "Las mañanas en Morelos son claras, muy pronto el cielo es azul, muy pronto empieza a calentarse el día bajo un sol macizo, fuerte, paternal" (477).

[5.53] Uso de puntos suspensivos para señalar omisiones en citas

Siempre que omita una palabra, una frase, una oración o más de una oración en un fragmento citado textualmente, deberá guiarse por dos principios: respetar el sentido original del fragmento y conservar la integridad gramatical de su escritura. Una cita textual nunca debe presentarse de forma tal que pueda dar lugar a malentendidos sobre la intención o el significado de la fuente. Si no es evidente que usted ha omitido material en una oración o en una serie de oraciones, deberá marcar la omisión con puntos suspensivos (...). Cuando solo se cita una palabra o un sintagma, no es necesario agregar puntos suspensivos antes o después de la cita, porque es obvio que se ha omitido parte de la oración original.

En el discurso inaugural del undécimo presidente del Senado de Puerto Rico, Antonio J. Fas Alzamora enfatizó el "compromiso de unidad puertorriqueña".

No obstante, si la cita va a ser leída como una oración completa, es necesario añadir puntos suspensivos al final de la cita si la oración original no termina allí. Si omite material en medio de la cita, coloque puntos suspensivos allí. Consúltense los ejemplos subsiguientes. Siempre que omita palabras en una cita, el fragmento resultante —esto es, su texto con la cita integrada— debe ser comprensible y correcto desde el punto de vista gramatical.

[5.54] Omisiones dentro de una oración

Identifique omisiones dentro de una oración utilizando puntos suspensivos.

Fragmento en la fuente

A veces los ideales se degradan en su ejercicio: la maldad y el egoísmo, la vanidad y el hambre de riqueza y la sed de poder, ensucian y bastardean esos ideales. No ignoramos que la famosa Democracia baja a la democracia con minúscula y, por fin, a la que debe ser escrita entre comillas.

Cita con puntos suspensivos en medio del fragmento

Ernesto Sábato advierte sobre la precariedad de los principios democráticos, "A veces los ideales se degradan en su ejercicio: la maldad y el egoísmo... ensucian y bastardean esos ideales" (393).

Si a los puntos suspensivos al final de su oración les sigue una cita parentética, ponga otro punto después de la cita parentética.

Cita con puntos suspensivos al final de su oración seguida de una referencia parentética

En "Censura, libertad y disentimiento", Ernesto Sábato advierte, "No ignoramos que la famosa Democracia baja a la democracia con minúscula..." (393).

[5.55] Omisión de una o más oraciones en una cita

Los puntos suspensivos en medio de una cita podrán indicar la omisión de una o más oraciones en el fragmento citado.

Fragmento en la fuente

Morato Arráez es el *primum movens* diegético de la trama de la obra de Cervantes *La gran sultana*, donde él captura la nave de la joven heroína, Catalina. La joven heroína iba de camino a Orán y Morato Arráez la habría de vender en el mercado de esclavos. En tres versos emotivos, Cervantes hace que Catalina recuerde su niñez en cautiverio.

Cita con la omisión de una oración

En la reconstrucción de las conexiones históricas entre la vida de Cervantes en el cautiverio de Argel y su obra de teatro *La gran sultana*, Diana de Armas Wilson considera que "Morato Arráez es el *primum movens* diegético de la trama de la obra de Cervantes *La gran sultana*, donde él captura la nave de la joven heroína, Catalina… En tres versos emotivos, Cervantes hace que Catalina recuerde su niñez en cautiverio" (54-55).

Cita con una omisión desde la mitad de una oración hasta el final de otra oración

En la reconstrucción de las conexiones históricas entre la vida de Cervantes en el cautiverio de Argel y su obra de teatro *La gran sultana*, Diana de Armas Wilson considera que "Morato Arráez es el *primum movens* diegético de la trama de la obra de Cervantes *La gran sultana*… En tres versos emotivos, Cervantes hace que Catalina recuerde su niñez en cautiverio" (54-55).

Cita con una omisión desde la mitad de una oración hasta la mitad de la otra oración

En la reconstrucción de las conexiones con la vida del autor en el cautiverio de Argel, Diana de Armas Wilson considera que "Morato Arráez es el *primum movens* diegético de la trama de la obra de Cervantes *La gran sultana*, donde él captura la nave de la joven heroína… Cervantes hace que Catalina recuerde su niñez en cautiverio" (54-55).

[5.56] Omisiones en citas de poemas

Utilice puntos suspensivos para las omisiones en citas de poesía, al igual que en citas en prosa. Los puntos suspensivos son necesarios al final de la siguiente cita porque, de otro modo, los lectores pensarían que *cuidadoso* es la última palabra de la oración original.

Fragmento en la fuente

Adiós —dije a la humilde choza mía—;
adiós, Madrid; adiós, tu Prado y tus fuentes,
que manan néctar, llueven ambrosía;
adiós conversaciones suficientes
a entretener un pecho cuidadoso
y a dos mil desvalidos pretendientes;
adiós, sitio agradable y mentiroso,
do fueron dos gigantes abrasados
con el rayo de Júpiter fogoso;
adiós, teatros públicos, honrados
por la ignorancia que ensalzada veo
en cien mil disparates recitados;
adiós, de San Felipe el gran paseo,
donde, si baja o sube el turco galgo,
como en gaceta de Venecia leo;
adiós hambre sotil de algún hidalgo,
que, por no verme ante tus puertas muerto,
hoy de mi patria y de mí mismo salgo.

Cita con puntos suspensivos al final

En su despedida a Madrid, Cervantes se retrata en el espacio físico y urbano de
la metrópolis:

> Adiós —dije a la humilde choza mía—;
> adiós, Madrid; adiós, tu Prado y tus fuentes,
> que manan néctar, llueven ambrosía;
> adiós conversaciones suficientes
> a entretener un pecho cuidadoso... (1, vv. 115-19)

La omisión de uno o más versos en medio de una cita en bloque se indica
con una línea de puntos espaciados de la longitud aproximada de un verso
completo del poema en cuestión. No es necesario poner puntos suspensivos al final de la cita textual transcrita abajo, porque *salgo* es la última palabra de la oración.

Cita con la omisión de uno o más versos en el medio del fragmento

En su despedida a Madrid, Cervantes se retrata en el espacio físico y urbano de la metrópolis:

> Adiós —dije a la humilde choza mía—;
> adiós, Madrid; adiós, tu Prado y tus fuentes,
> . . . .
> adiós, de San Felipe el gran paseo,
> donde, si baja o sube el turco galgo,
> como en gaceta de Venecia leo;
> adiós hambre sotil de algún hidalgo,
> que, por no verme ante tus puertas muerto,
> hoy de mi patria y de mí mismo salgo. (1, vv. 115-32)

[5.57]   Puntos suspensivos en la fuente

Si el texto citado contiene puntos suspensivos, ponga los suyos entre corchetes para diferenciarlos de los de la fuente o incluya una frase explicativa entre paréntesis después de la cita.

Fragmento en la fuente

Dormirse con tiroteo es mejor que con aguacero. Se siente uno tan protegido en su cama... Y yo con Alexis, mi amor... Alexis duerme abrazado a mí con su trusa y nada, pero nada, nada le perturba el sueño. Desconoce la preocupación metafísica.

Cita con puntos suspensivos añadidos

En *La Virgen de los sicarios*, de Fernando Vallejo, la serenidad existencial imperturbable le confirma al narrador que Alexis no ha sido todavía devorado por las preguntas fundamentales de la filosofía: "Dormirse con tiroteo es mejor que con aguacero. Se siente uno tan protegido en su cama... Y yo con Alexis, mi amor... Alexis duerme abrazado a mí [...] y nada, pero nada, nada le perturba el sueño. Desconoce la preocupación metafísica" (41)

Cita con puntos suspensivos añadidos y con explicación parentética

En *La Virgen de los sicarios*, de Fernando Vallejo, la serenidad existencial imperturbable le confirma al narrador que Alexis no ha sido todavía devorado por las preguntas fundamentales de la filosofía: "Dormirse con tiroteo es mejor que con aguacero. Se siente uno tan protegido en su cama... Y yo con Alexis, mi amor... Alexis duerme abrazado a mí... y nada, pero nada, nada le perturba el sueño. Desconoce la preocupación metafísica" (41; últimos puntos suspensivos añadidos).

[5.58] Otras alteraciones permitidas en las citas

[5.59] Énfasis

Puede poner en cursiva una o varias palabras citadas con el fin de hacer hincapié en ellas. No obstante, entre paréntesis, deberá explicar a sus lectores que ha recurrido al énfasis con las palabras *énfasis añadido*. En todo caso, reduzca al mínimo las alteraciones de este tipo.

En la canción "¿A quién le importa?", interpretada por el grupo Alaska y Dinarama, los versos "La envidia *les* corroe / Mi vida *les* agobia" ofrecen un ejemplo del leísmo (énfasis añadido).

Si es necesaria una cita parentética, la explicación vendrá después de la referencia y separada de esta por un punto y coma.

Para José Revueltas, toda conciencia que "se conforma *acríticamente* con la sociedad en que vive" es reaccionaria (107; énfasis añadido).

Se supone que en una cita las cursivas están ya en la fuente, a menos que se indique lo contrario, por lo que no es necesario indicar que el énfasis está en la fuente misma.

[5.60] Errores en la fuente

Cuando los lectores o las lectoras pudieran suponer que un error en la fuente es su responsabilidad —es decir, que usted lo ha cometido al reproducir el fragmento—, añada *sic* (del latín, "así", "de esta manera"). Esta palabra no se pone en cursiva. El uso de *sic* permite a un tiempo preservar la exactitud de la cita e indicar que el error aparece en la fuente. Puede colocar *sic* entre paréntesis inmediatamente después de la cita o entre corchetes dentro de la misma cita.

> Mesonero Romanos explica cómo se animó a escribir una obra de imaginación ya que la novela satírica había pasado de moda y "no era dado a ningún escritor desenterrarla repentinamente ante un público apasionado a la novela romántica de D'Arlaincourt [sic] o la histórica de Walter Scoot [sic]" (82).

No utilice este método para señalar otro tipo de errores. Si un texto citado textualmente tiene numerosos o repetidos errores, deberá explicar este hecho en una nota a pie de página o en una nota final.

Una práctica alternativa, utilizada a veces por algunos editores, consiste en corregir discretamente los errores evidentes en las citas del material impreso, bajo la condición de no alterar el significado del fragmento. Esto permite evitar llamar la atención de los lectores sobre un error que el autor ha cometido y que tal vez no habría deseado que se reprodujera —por ejemplo, una falta de ortografía en el nombre de una persona conocida—.

[5.61] Clarificación

Cuando una cita resulta poco clara para el lector o lectora, usted puede recurrir al uso de corchetes para proporcionar la información contextual necesaria para la comprensión de la cita o para precisar el significado de las palabras o frases citadas.

> La protagonista de Cristina Morales se empeña en garabatear estas líneas en la oscuridad de la celda: "La pluma, clavada en el papel, había dejado un negro manchurrón. Entonces, otra vez imitando al dominico [confesor de la santa de Ávila], he sido yo quien ha mentado al demonio, que sabe más por viejo" (44).

> En "Aventurarse perdiendo", de María de Zayas y Sotomayor, la voz narrativa relata un viaje por Monserrat: "Llevaban a este virtuoso mancebo [Fabio] por tan ásperas malezas, deseos piadosos de ver en ellas las devotas celdas y penitentes monjes, que se han muerto al Mundo por vivir para el cielo" (66).

Sin embargo, es preferible asegurarse de que su propia explicación aclare la palabra o las palabras ambiguas que puedan aparecer en la cita.

En "Aventurarse perdiendo", de María de Zayas y Sotomayor, la voz narrativa relata un viaje de Fabio por Monserrat: "Llevaban a este virtuoso mancebo por tan ásperas malezas, deseos piadosos de ver en ellas las devotas celdas y penitentes monjes, que se han muerto al Mundo por vivir para el cielo" (66).

[5.62] Sintaxis

Usted puede emplear corchetes para cambiar el tiempo de un verbo, de forma que una cita encaje gramaticalmente en su propia oración. Sin embargo, esta técnica debe usarse con moderación, y suele ser preferible reformular la oración que introduce la cita.

Corchetes para mostrar cambios en tiempos verbales (aceptable)

Si José Ignacio de Pombo estuviera vivo hoy en día, afirmaría que "la corrupción [hace] rápidos progresos por todas partes" (20).

Revisión sin corchetes con el fin de evitar cambios en tiempos verbales (preferido)

En 1800, José Ignacio de Pombo aseguró que "la corrupción ha hecho rápidos progresos por todas partes" (20). Si estuviera vivo hoy en día, probablemente repetiría las mismas palabras sobre la situación actual.

Los corchetes también pueden servir para indicar un cambio de persona gramatical, es decir, en el pronombre o en la conjugación verbal. En este caso también, cuando la cita integrada no es ni discordante ni ambigua, es preferible mantenerla tal como aparece en la fuente y dejar pasar el desacuerdo entre el pronombre o el verbo y el sustantivo que los precede.

Corchetes para mostrar cambios de persona gramatical (aceptable)

Borges cuenta que se imaginaba como *raté* (un escritor "fracasado"), pues "siempre [supo], de algún modo, que sería escritor" (27).

Borges recuerda la muerte de su abuelo, en una época de la niñez en que "[él] no sabía entonces de muerte, [él] era inmortal" (94).

Discrepancia de persona gramatical sin corchetes (preferido)

Borges cuenta que se imaginaba como *raté* (un escritor "fracasado"), pues "siempre supe, de algún modo, que sería escritor" (27).

Borges recuerda la muerte de su abuelo, en una época de la niñez en que "yo no sabía entonces de muerte, yo era inmortal" (94).

No utilice corchetes vacíos para señalar que eliminó una o más letras de un verbo. La mejor opción aquí suele ser parafrasear.

Fragmento en la fuente

En segundo lugar, verán que el nudo se centra en el intento de la madrastra de matar a Blancanieves, que primero se escapa y es recogida por unos enanitos, y después sucumbe aparentemente a la maldad de la madrastra, que vuelve a intentar deshacerse de ella envenenándola con una manzana.

Cita con corchetes en su documento (incorrecta)

En el filme, el público "verá[] que el nudo se centra en el intento de la madrastra de matar a Blancanieves, que primero se escapa y es recogida por unos enanitos, y después sucumbe aparentemente a la maldad de la madrastra, que vuelve a intentar deshacerse de ella envenenándola con una manzana" (Badenas Roig 389).

Cita sin corchetes en su documento (correcta)

En el filme, el público observará "que el nudo se centra en el intento de la madrastra de matar a Blancanieves, que primero se escapa y es recogida por unos enanitos, y después sucumbe aparentemente a la maldad de la madrastra, que vuelve a intentar deshacerse de ella envenenándola con una manzana" (Badenas Roig 389).

[5.63] Datos de la fuente que no se incluyen

No copie el aparato editorial de su fuente, es decir, los números o los símbolos de las notas, las citas parentéticas, las referencias cruzadas, las referencias a las figuras o a las ilustraciones, entre otros materiales (**fig. 5.2**).

Fragmento en la fuente

Para poder indagar en esta pregunta del acontecimiento desde la subjetivación, cabe destacar que la prisión, como dispositivo de control social, atravesó una serie de transformaciones históricas de acuerdo con la configuración polarizante de la Guerra Fría.[10] En efecto, la dinámica de esta polarización se arraigó fuertemente en los países del Tercer Mundo durante la segunda parte del siglo XX, extendiendo la disputa a nivel mundial entre Estados Unidos y la Unión Soviética, produciendo intervenciones militares, dictaduras, revoluciones nacionales y enfrentamientos bélicos en regiones alejadas de los centros mundiales de poder.

Cita en su documento

Federico Pous señala que "la prisión... atravesó una serie de transformaciones históricas de acuerdo con la configuración polarizante de la Guerra Fría. En efecto, la dinámica de esta polarización se arraigó fuertemente en los países del Tercer Mundo durante la segunda parte del siglo XX" (11).

Con excepción de las cursivas —utilizadas a menudo por los escritores para indicar énfasis—, de la fuente tampoco reproduzca la mayoría de las características del formato (p. ej., las negritas o las versalitas) o del diseño (p. ej., el resaltado, el subrayado, el sombreado y los colores), a menos que dichas características sean directamente pertinentes en su propio documento. Un ejemplo de la excepción anterior es el análisis de un poema que utiliza características específicas de formato y de diseño.

> dispositivo de control social, atravesó una serie de transformaciones históricas de acuerdo con la configuración polarizante de la Guerra Fría.[10] En efecto, la dinámica de esta polarización se arraigó fuertemente en los países del Tercer Mundo durante la segunda parte del siglo XX, extendiendo la

Fig. 5.2. Fragmento de una página de un libro. La llamada a una nota final que aparece en la fuente no debe incluirse en su cita.

[5.64] Particularidades de otras lenguas

[5.65] Signos diacríticos

Reproduzca todos los signos diacríticos propios de lenguas extranjeras exactamente como aparecen en la fuente misma (*brød, çimen, Fähre, pietà, tête*).

[5.66] *Umlaut,* o diéresis en alemán

La diéresis, o *Umlaut*, en las palabras alemanas no debe sustituirse por la letra *e* —es decir, no hay que reemplazar *ä, ö, ü* por *ae, oe, ue*, respectivamente—, y lo mismo para las mayúsculas iniciales (*Über*). Sin embargo, hay que respetar el uso común o convencional establecido para nombres propios: *Götz*, pero *Goethe* en vez de *Göthe*.

[5.67] Ligaduras de grafemas

Algunas lenguas distintas del español utilizan ligaduras de grafemas, esto es, dos o más letras combinadas en una sola (p. ej., *æ* y *Æ* en danés, noruego e inglés antiguo; *œ* y *Œ* en francés; y *ß* en alemán). Los estudiantes y la mayoría de los escritores pueden reproducir u omitir la ligadura entre grafemas (*ae, Ae, oe, Oe, ss*), bajo la condición de que lo hagan siempre de forma coherente. Ahora bien, los especialistas que escriben para un público erudito en el tema tratado deberán reproducir las ligaduras, al igual que otros caracteres especiales propios de la lengua en cuestión. Todos los escritores deberán usar un diccionario reconocido para las palabras adoptadas por el español desde otros idiomas, omitiendo la ligadura entre letras allá donde una palabra esté naturalizada en español (*curriculum vitae* en lugar de *curriculum vitæ, enciclopedia* en lugar de *encyclopædia*).

[5.68] Letras en caligrafía antigua

Algunas lenguas antiguas utilizan letras que no se usan en español moderno —por ejemplo, las letras *þ* y *ð* en inglés antiguo o la *ç* en castellano antiguo—. Esas y otras letras deberán ser reproducidas tal y como aparecen en la fuente.

[5.69] Ortografía

Regularice la ortografía en las citas del latín donde se utiliza la *u* en lugar de la *v*, o la *i* por la *j*, y utilice las consonantes *v* y *j*. Por ejemplo, cambie *ciuitas* por *civitas* e *iudicium* por *judicium*. En la mayoría de los demás casos, las citas siempre deben respetar la ortografía de la fuente.

[5.70] Traducción de citas

Si escribe en español y cita material de otros idiomas, generalmente deberá proporcionar una traducción al español de la cita textual.

Sin embargo, las traducciones serán innecesarias cuando esté seguro de que quienes leerán su documento de investigación dominan el idioma citado, o cuando su docente le pida, específicamente, que no incluya traducciones. Las traducciones también son innecesarias cuando el contexto deja claro el significado, o si la expresión que se cita textualmente se aproxima a su equivalente en español, como en el siguiente ejemplo.

> Gramsci destaca la aparición de "una coscienza nazionale-popolare" en la literatura bélica (1123).

Nunca proporcione su propia traducción —es decir, una traducción que no procede de una fuente previamente publicada— sin aportar también la cita original que traduce. Los lectores deben poder evaluar la validez de la traducción que propone.

En general, la traducción deberá aparecer inmediatamente después de la cita dada en la lengua original, tanto si ambas citas están incorporadas en un párrafo suyo como si están separadas en formato de bloque. Cuando presente la traducción de una cita, ya sea tomada de una publicación o proporcionada por usted mismo, indique siempre las fuentes: tanto de la cita como de la traducción ofrecida. Si opta por presentar primero la traducción, seguida de la cita original, respete esta decisión suya a lo largo de todo su documento de investigación. Asegúrese de que el orden de las citas parentéticas coincida con el de las citas. Si incorpora la cita y la traducción en el cuerpo del texto, deberá distinguir una de la otra colocando la que vaya en segundo lugar con comillas dobles y entre paréntesis, o con comillas simples y sin paréntesis. Separe los elementos entre paréntesis con punto y coma.

Traducción con comillas dobles y entre paréntesis

Al inicio del *Inferno* de Dante, el poeta-personaje se encuentra a sí mismo en desorientación existencial: "ché la diritta via era smarrita" ("en que la recta vía era perdida"; 1.3; Mitre 3).

Traducción con comillas simples y sin paréntesis

Al inicio del *Inferno* de Dante, el poeta-personaje se encuentra a sí mismo en desorientación existencial: "ché la diritta via era smarrita" 'en que la recta vía era perdida' (1.3; Mitre 3).

En las referencias parentéticas, el orden del contenido viene determinado por el orden de la cita y de la traducción: si la cita en el idioma original aparece en primer lugar —como es el caso en los ejemplos anteriores—, ponga la cita parentética correspondiente en primer lugar. Ordene las citas, las traducciones y sus respectivas referencias parentéticas de forma coherente para ayudar al lector.

Si la traducción es suya, inserte en la cita parentética y en lugar de la fuente las palabras *mi trad.*

Original con comillas dobles y entre paréntesis

Sévigné responde a los elogios hacia sus muy admiradas cartas al reconocer que "en cuanto acartonadas, ellas no lo son" ("pour figées, elles ne le sont pas"; mi trad.; 489).

Original con comillas simples y sin paréntesis

Sévigné responde a los elogios hacia sus muy admiradas cartas al reconocer que "en cuanto acartonadas, ellas no lo son" 'pour figées, elles ne le sont pas' (mi trad.; 489).

Escriba una nota cuando cita repetidamente la misma traducción. En este caso, podrá omitir mencionar la fuente de la traducción en las referencias parentéticas.

En el cuerpo del texto

Al inicio del *Inferno* de Dante, el poeta-personaje se encuentra a sí mismo en desorientación existencial: "ché la diritta via era smarrita" ("en que la recta vía era perdida"; 1.3).[1]

Nota final

[1] Todas las citas y traducciones de Dante provienen de la edición de Arqués Corominas et al., salvo indicación contraria.

Entrada bibliográfica

Dante Alighieri. *La Divina Comedia: Infierno*. Traducción de Bartolomé Mitre, edición de Nicolás Besio Moreno, Centro Cultural Latium, 1922.

———. *La Divina Comedia: Infierno*. Edición de Arqués Corominas, Rossend, et al., traducción de Raffaele Pinto, Ediciones Akal, 2021.

Al igual que para cualquier cita en bloque, no encierre entre comillas las traducciones presentadas en bloque.

El *Infierno* de Dante comienza, literalmente, *in medias res*:

> Nel mezzo del cammin di nostra vita
> mi ritrovai per una selva oscura,
> che la diritta via era smarrita.
> Ahi quanto a dir qual era è cosa dura
> esta selva selvaggia e aspra e forte
> che nel pensier rinova la paura! (1.1-6)

> En medio del camino de la vida,
> errante me encontré por selva oscura
> en que la recta vía era perdida.
> ¡Ay, que decir lo que era, es cosa dura,
> esta selva salvaje áspera y fuerte,
> que en la mente renueva la pavura! (3)

Traducción de títulos de obras escritas en otras lenguas: 2.109.
Citas en bloque: 5.33, 5.36.
Notas bibliográficas: 6.1.

[5.71] Citas en lenguas con alfabeto no latino

Las citas textuales de obras en un idioma que no utiliza el alfabeto latino
—por ejemplo, por ejemplo, árabe, chino, griego, hebreo, japonés o ruso—
deberán escribirse siempre de manera coherente: o en el sistema de escritura original o en transliteración. Sin embargo, los nombres de personas,
de lugares y de organizaciones suelen transliterarse.

> En el inicio de *El jardín de los cerezos* (Вишнёвый сад) de Antón Chekhov,
> Lopakhin recuerda que se le daba el sobrenombre de "campesinito"
> ("мужичок") cuando era niño (1.1; 6).

> El Génesis 6.4 lanza una mirada hacia el pasado con el fin de contemplar un
> temprano estado de la sociedad: "הם בימים בארץ היו הנפלים" ("Había gigantes en
> la tierra en aquellos días").

> Títulos en lenguas que no usan el alfabeto latino: 2.108.

[5.72] Fuentes indirectas

Siempre que sea posible, tome materiales de la fuente original y no de una
fuente de segunda mano. Con todo, si cita textualmente una fuente que no
ha consultado directamente, escriba en su cita parentética la abreviatura *cit.
en* (por *citado en*) antes de la fuente indirecta que menciona. A su vez, puede
aclarar la relación entre la fuente original y la fuente indirecta en una nota.

Citado en su documento

> En 1917, desde zonas controladas por los villistas, Martín Luis Guzmán escribió
> una carta de fuerte carga filosófica a su amigo Alfonso Reyes. Guzmán
> asegura allí que "todo se convierte en nada: mi horror a la finalidad me hace
> incongruente e imprevisor; mi amor a lo espectacular me ha vuelto holgazán"
> (cit. en Pineda Franco 40).

Entrada bibliográfica

> Pineda Franco, Adela. "Los días aciagos de Alfonso Reyes: Reflexiones en
> torno a la Revolución Mexicana a partir de algunas cartas". *Revista
> Anthropos: Huellas del Conocimiento*, núm. 221, 2008, pp. 39-44.

La abreviatura *cit. en* no es necesaria si en la oración o el párrafo al que se incorpora el material citado deja en claro que la fuente es una fuente de segunda mano.

Citado en su documento

Con algunas pocas variaciones, Jaime Gil de Biedma retoma la afirmación de Gabriel Ferrater: "Un poema tiene que empezar por tener tanto sentido como una carta comercial" (306-07).

Entrada bibliográfica

Gil de Biedma, Jaime. *El pie de la letra: Ensayos completos*. Mondadori, 2001.

[5.73] Citas en proyectos de investigación en otros formatos

El trabajo académico puede adoptar formas diversas y no está limitado a la escritura de documentos de investigación. Esas formas diversas incluyen la realización de presentaciones, videos y proyectos web interactivos.

Es probable que a medida que evolucionen los medios de comunicación, las normas para la documentación de las fuentes en proyectos de investigación en otros formatos también cambien, pero los objetivos seguirán siendo los mismos: proporcionar información que le permita reconocer el mérito de aquellos cuyos trabajos le han marcado y, al mismo tiempo, ayudar a que su público entienda y rastree las fuentes de su trabajo académico.

[5.74] Diapositivas

En presentaciones basadas en diapositivas que utilicen programas como *PowerPoint* o *Keynote*, podrá añadir citas breves en cada diapositiva donde aparezca material que ha tomado prestado. Al final, en una diapositiva independiente, podrá incluir una lista de obras citadas. En el caso de una imagen, puede incluir en su pie de foto una cita breve que remita a una de las entradas de la diapositiva con la lista de obras citadas. O, en el caso de que no necesite referirse a esa imagen en otra diapositiva, puede aprovechar el pie de foto para proporcionar los detalles completos de la publicación. También puede ofrecer a su público copias impresas de la lista de obras citadas, o publicarla en línea.

[5.75] Videos

Al crear un video, una opción es utilizar subtítulos. Añada un texto en la parte inferior de los encuadres para proporcionar a sus espectadores una breve información sobre lo que están viendo: por ejemplo, el nombre de la productora y el título de un videoclip que incorpore en su propio video o el nombre de una persona entrevistada. No olvide, por último, incluir la documentación completa de sus fuentes en los créditos finales del video.

[5.76] Proyectos web

En los proyectos web, puede vincular las citas parentéticas con materiales citados. Esto permitirá a los lectores o lectoras acceder a las referencias bibliográficas que les interesen. Una lista de obras citadas sigue siendo deseable como apéndice para los proyectos web, ya que ofrece a los lectores un recuento organizado de todas las fuentes consultadas.

[5.77] Presentaciones orales

En una presentación oral, al referirse a una fuente por primera vez proporcione a su auditorio la información necesaria para que pueda ubicarla y entender su contexto. Por lo general, la información necesaria será el autor o autora, el título y la fecha de la fuente. Si es relevante, se puede mencionar otra información sobre la fuente. Use siempre frases claras y variadas para introducir la fuente que cita o parafrasea. Cierre las citas con claridad, recuperando así su papel de interlocutor o interlocutora con las fuentes consultadas (p. ej., "en esta declaración vemos…"; "como se puede apreciar en la pintura…"; "las palabras de Rosario Castellanos son especialmente adecuadas porque…").

6. Notas

El sistema de documentación MLA apuesta por el uso de referencias dentro del cuerpo del texto para así mantener la atención en el mismo. No obstante, a veces se necesita una nota para realzar comentarios o proporcionar información adicional. Estas notas son compatibles con el estilo MLA.

[6.1] Notas bibliográficas

Las notas bibliográficas pueden ayudarle a evitar el desorden en su documento o a no desviarse del argumento trazado. A continuación, verá ejemplos de usos habituales para las notas. Al igual que las fuentes citadas parentéticamente, las fuentes citadas en notas bibliográficas deben corresponder a las entradas de la lista de obras citadas.

Para citar una larga cadena de fuentes

[1] Véanse Quinto, "El mundo" 338; Gullón, "Fiesta" 6; Aleixandre, *La destrucción* 421; Bousoño, *Teoría de la expresión poética* 209-18; Mas; Matute, "Pecado de omisión" 49-52.

[2] Para una muestra de materiales sobre diversas experiencias en relación con cambios tecnológicos, véanse Taylor A1; Armstrong et al. 80-82; Craner 308-11; Fukuyama 42.

Para explicar una práctica inusual en la documentación

³ Las citas de las apostillas en francés son de la traducción de Oudin y van numeradas según la página donde aparecen. Para el poema "Flores del cielo", de Martí, la numeración para los versos sigue la edición de Schulman.

Para marcar las ediciones y las traducciones utilizadas

⁴ Salvo anotación contraria, las citas del *Quijote* siguen la edición de Francisco Rico.

⁵ Todas las traducciones son mías, salvo indicación contraria.

Las ediciones y las traducciones suelen requerir una nota únicamente cuando se cita más de una edición o traducción de la misma obra. El método más claro consiste en colocar la nota ahí donde se cita la obra por primera vez. Otra alternativa es crear una nota inicial sin numerar.

Notas finales o a pie de página

¹ En este ensayo, las traducciones al inglés de *Usos amorosos de la posguerra española* pertenecen a Margaret E. W. Jones. Todas las demás traducciones son mías.

² El capítulo "Globalización, cosmopolitismo y traducción cultural", de Jo Labanyi, podría ser, asimismo, una de las lecturas requeridas.

³ *Topolino* también puede ser traducido como "pequeño bribón".

Traducción de citas: 5.70.

[6.2] Notas de contenido

Las notas de contenido le ofrecen al lector o lectora comentarios o información que el cuerpo del texto no podría incluir. Utilícelas de las siguientes maneras:

Para ampliar aspectos de su texto

¹ A menudo a la heroína y a su posible esposo los mantienen separados los malentendidos, la atracción engañosa del héroe hacia otro personaje, obstáculos financieros o inconvenientes familiares.

² Sánchez Jiménez apunta que Lope de Vega manipula la realidad de los corrales y transforma al auditorio en vulgo (739).

³ Con contundencia asertiva, Sarlo expresa su pensamiento sobre la Argentina de los años noventa: "La Argentina, como casi todo Occidente, vive en una creciente homogeneización cultural donde la pluralidad de ofertas no compensa la pobreza de ideales colectivos, y cuyo rasgo básico es, al mismo tiempo, el extremo individualismo" (9).

Para explicar por qué escoge ciertas palabras

⁴ Aquí se refiere a una forma de conocimiento teórico.

⁵ Decidí traducir el verbo *to taste* (que Garcés interpreta como "probar") echando mano del verbo *saborear*. Esta decisión léxica tiene como objetivo insistir en el papel cognoscitivo implicado etimológicamente —desde Agustín de Hipona— en el acto mismo de saborear (*sapēre*: "saber" y "saborear").

Para justificar el alcance de su propia investigación

⁶ El debate actual sobre la inteligencia artificial en el estudio de lenguas sobrepasa los límites de este ensayo, por lo que remito a las consideraciones recientes al respecto de Antonio Pérez-Núñez.

⁷ No es asunto pertinente a la lógica de mis argumentos el hecho de que Fernando de Rojas sea o no sea el único autor de *La Celestina*.

Para proporcionar más ejemplos

⁸ En temas de explotación imperial por medio de tributos, es imprescindible estudiar en paralelo las colonias españolas y las portuguesas en América. Así procedió Eduardo Galeano en su obra de 1971 *Las venas abiertas de América Latina* (58).

⁹ Los lectores recordarán que, por ejemplo, los colores verde y rojo están cargados de un fuerte erotismo para las mujeres de *La casa de Bernarda Alba*.

Para presentar contraejemplos

¹⁰ Moraña desarrolla tesis alternativas para la figura del monstruo en importantes filósofos contemporáneos (183-235).

Para identificar o para comentar alusiones

¹¹ La referencia a una "verdad sesgada" podría ser una alusión al poema de Emily Dickinson.

Para apuntar hacia un área de investigación futura

[12] Sigue siendo indispensable realizar investigaciones desde esta perspectiva inexplorada.

Para identificar a autores cuyos nombres se sustituyen por *et al.* en la lista de obras citadas

[13] Los autores del libro *Observación de estrellas dobles* son Edgardo Rubén Masa Martín, Juan Luis González Carballo y Rafael Benavides Palencia.

Para incluir agradecimientos

[14] Danièle Letocha, investigadora y docente en nuestro programa de antropología filosófica, me sugirió la lectura de la *Oratio de dignitate hominis*.

[6.3] Notas: ¿Cómo presentarlas?

Las notas pueden ordenarse como notas a pie de página o como notas finales. Si bien en sus propias publicaciones la MLA utiliza notas finales, su profesora o profesor podría pedirle que use unas u otras. Para el formato numérico, seleccione números arábigos (*1, 2, 3*) en su procesador de textos. No utilice dentro de una nota la abreviatura *ibid.* (allí mismo) para remitir a información contenida en una nota anterior. Es probable que por defecto su procesador de textos convierta las llamadas en superíndices, tanto para las llamadas de notas que van en el cuerpo del texto como para las notas al final o a pie de página.

Si opta por situar la sección de notas al final del documento, podrá titularla *Notas*. Encierre entre paréntesis los números de página cuando estos interrumpan una oración o cuando vayan al final de una oración en una nota. Al igual que las citas parentéticas en el cuerpo del texto, las citas en las notas se localizan, generalmente, al final de la oración, pero pueden colocarse también a mitad, como en el primer ejemplo.

[1] En contra de intérpretes como Orjuela (25), o como Loveluck (493), desde la egología presente en *De sobremesa* es posible asegurar que José

Asunción Silva revela una gran maestría de unidad en la escritura narrativa de este diario-novela.

[2] Loveluck niega la unidad de la escritura narrativa en *De sobremesa*, pues la ficción es invadida por el ensayo y por la meditación (493).

Omita los paréntesis alrededor de los números de página cuando la nota simplemente señale al lector o lectora la ubicación de algún dato informativo en la fuente.

[3] Véase Loveluck 943.

> Posición de las citas parentéticas: 5.40.

[6.4] Posición de las notas en el cuerpo del texto

En el cuerpo del texto, las llamadas de nota generalmente se colocan después de un signo de puntuación. Siempre que sea posible, póngalas al final de la oración.

Los críticos están divididos en relación con el éxito o con el fracaso de la interacción de los géneros en el filme.[1]

La crisis identitaria aparece en el poema "Los consejos de Nainai". Los pensamientos de la voz poética se mezclan con las recomendaciones de su *nainai*, palabra en chino mandarín que significa "abuela materna".[2]

Las Casas insiste en que los predicadores que propagan el evangelio en el contexto de la guerra lograrán que "nunca aquellas ánimas pudiesen oír ni creer la palabra de Dios" (108).[3]

Una excepción es la raya, que va después, y no antes, de la llamada de nota.

Esta hipótesis subraya la relevancia —y la necesidad[4]— de corrientes teóricas y prácticas como el feminismo, como los estudios queer y de género y como, de manera más vasta, los estudios culturales.

Si la claridad exige que la llamada de nota no vaya al final de la oración, o si dicha oración exige más de una nota, busque el lugar que menos distraiga a sus lectores y que no dé lugar a malentendidos.

Posición de la nota en la mitad de una oración para dar claridad a las citas

A pesar del influyente llamado de Frederic Jameson a historizar,[5] Chakrabarty ha señalado una tendencia homogeneizante en esta concepción de la historia (111).

Posición de más de una nota en una oración

¿Habría más que paralelos mal comprendidos entre *Pedro Páramo* y la novela austríaca *El barón Bagge*,[6] como lo afirma Juan Villoro,[7] así como el crítico Drekonja-Kornat?

Apéndice

Abreviaturas

Las abreviaturas se utilizan a menudo en las listas de obras citadas y en las citas parentéticas, pero rara vez en la escritura académica propiamente dicha. Si utiliza abreviaturas en su documento de investigación, elija siempre las formas aceptadas —que suelen encontrarse en un diccionario reconocido—. Aunque la economía de espacio es importante, la claridad lo es más. Si una abreviatura puede desconcertar a sus lectores, evítela y escriba la palabra al completo.

Puntuación

Las abreviaturas representan palabras o grupos de palabras en las que se han eliminado sílabas o letras. Por ejemplo, *trad.* por *traducción*, *p.* por *página* o *etc.* por *et cetera* ("y lo demás"). El punto que termina cada abreviatura es necesario y lleva por nombre *punto abreviativo*. No existe este tipo de punto en aquellas abreviaturas con barra (/), como *c/* por *calle* o *km/h* por *kilómetros por hora*. En el caso de abreviaturas para grupos de palabras en plural, se pone un punto de cierre en cada elemento de la abreviatura, así como un espacio en blanco entre el punto del primer elemento y la primera letra del segundo elemento.

DD. HH. (derechos humanos)
RR. PP. (relaciones públicas)
EE. UU. (Estados Unidos)
JJ. OO. (Juegos Olímpicos)

En el caso de nombres de personas, cada inicial va seguida de un punto y un espacio, a menos que el nombre se reduzca por completo a las iniciales.

JFK (John Fitzgerald Kennedy)
S. E. Hinton (Susan Eloise)

Meses

Los nombres de los meses deberán ser abreviados en la lista de obras citadas.

en.	abr.	jul.	oct.
feb.	may.	ag.	nov.
mar.	jun.	sept.	dic.

Abreviaturas académicas usuales

En las listas de obras citadas y en las citas parentéticas deberán utilizarse las siguientes abreviaturas. Sin embargo, si cree que puedan dar lugar a malentendidos, escriba las palabras en su totalidad. Cuando las abreviaturas constan de una sola letra, el plural se forma duplicando dicha letra (p. ej., *pp.*); cuando constan de dos o más letras, el plural se forma añadiendo una *s* final (p. ej., el plural de *cap.* es *caps.*).

ap.	apéndice
cap.	capítulo
cit.	citado
	(preferentemente usado con *cit. en*: véase 5.72)
col.	columna
def.	definición
dept.	departamento
ed.	edición
	(pero deletree completamente *editor, edición de*)

e. g.	por ejemplo
	(del latín *exempli gratia*; seguido de una coma a menos que esté precedido de un signo de puntuación diferente)
et al.	y otros
	(del latín *et alii*, *et aliae*, *et alia*)
etc.	y lo demás
	(del latín *et cetera*; evite esta abreviatura en su documento de investigación; con excepción de las citas parentéticas y de la lista de obras citadas, trate de evitar las abreviaturas en el cuerpo del texto)
fig.	figura
i. e.	esto es o es decir
	(del latín *id est*; seguido de una coma a menos que esté precedido de un signo de puntuación diferente)
intr.	introducción
lib.	libro
ms., mss.	manuscrito, manuscritos
n, nn	nota, notas
núm.	número
p. ej.	por ejemplo
p., pp.	página, páginas
párr.	párrafo
pról.	prólogo
rev.	revisado
seud.	seudónimo
supl.	suplemento
vers.	versión
v., vv.	verso, versos
vol.	volumen

Siglas y acrónimos

Una sigla es una palabra formada por las iniciales de varios términos. La sigla permite referirse a asociaciones civiles o profesionales, firmas o empresas, instituciones científicas o educativas, organismos gubernamentales o privados, sistemas e incluso objetos, entre otras entidades.

Las siglas se pueden usar en el cuerpo del texto para referirse a organizaciones o términos complejos que se repiten con frecuencia. Siempre escriba con palabras completas un término o nombre la primera vez que lo menciona y proporcione en paréntesis las siglas que usará de ahí en adelante. Al enunciar oralmente una sigla, está admitido pronunciar el plural de dicha sigla como si existiera una s final. No obstante, no pluralice la sigla por escrito. Algunos ejemplos de siglas son FMI (Fondo Monetario Internacional), *DHLE* (*Diccionario histórico de la lengua española*), ONG (organización no gubernamental) y CD (disco compacto). Para este último ejemplo, en el lenguaje hablado es costumbre decir *los CDs*, en cambio, por escrito sería incorrecto y se usaría *los CD*.

Un acrónimo es una sigla que se pronuncia como si fuera una sola palabra en sí misma —de ahí que los acrónimos puedan llegar a integrar el léxico de una lengua—. ONU (Organización de las Naciones Unidas), OTAN (Organización del Tratado del Atlántico Norte), *ovni* (objeto volador no identificado) y *láser* (del inglés *light amplification by stimulated emission of radiation*) son acrónimos.

El acrónimo también puede consistir en la combinación de dos o más palabras, como sucede con *transistor* (del inglés *transfer resistor*), *teleñeco* (*televisión* y *muñeco*), *brexit* (del inglés *British exit*).

No se dejan ni espacios ni puntos entre las letras que componen una sigla o un acrónimo. Para los acrónimos de más de cuatro letras, usted puede limitarse a poner en mayúscula solo la primera letra del acrónimo en cuestión (p. ej., Unesco o UNESCO, Unicef o UNICEF).

Índice de materias